O Guia Completo para Quem Não é C.D.F.

Aprendendo Francês

Tradução da Quinta Edição
por Gail Stein

O Guia Completo para Quem Não é C.D.F.

Aprendendo
Francês

Tradução da Quinta Edição

por Gail Stein

ALTA BOOKS
E D I T O R A
Rio de Janeiro, 2012

O Guia Completo para Quem Não É C.D.F. — Aprendendo Francês, tradução da 5ª Edição Copyright © 2012 da Starlin Alta Editora e Consultoria Eireli. ISBN: 978-85-7608-715-1

Translated from original The Complete Idiot's Guide to Learning French© 2009 by Gail Stein, Inc. ISBN 978-1-59257-909-9. The translation is published and sold by permission Alpha Books, the owner of all rights to publish and sell the same. PORTUGUESE language edition published by Starlin Alta Editora e Consultoria Eireli. Copyright © 2012 by Starlin Alta Editora e Consultoria Eireli.

Todos os direitos reservados e protegidos por Lei. Nenhuma parte deste livro, sem autorização prévia por escrito da editora, poder ser reproduzida ou transmitida.

Erratas: No site da editora relatamos, com a devida correção, qualquer erro encontrado em nossos livros.

Marcas Registradas: Todos os termos mencionados e reconhecidos como Marca Registrada e/ou Comercial são de responsabilidade de seus proprietários. A Editora informa não estar associada a nenhum produto e/ou fornecedor apresentado no livro.

Impresso no Brasil

Vedada, nos termos da lei, a reprodução total ou parcial deste livro

Produção Editorial
Editora Alta Books

Gerência Editorial
Anderson Vieira

Supervisão Gráfica
Angel Cabeza

Supervisão de Qualidade Editorial
Sergio Luiz de Souza

Conselho de Qualidade Editorial
Adalberto Taconi
Anderson Vieira
Angel Cabeza
Natália Gonçalves
Pedro Sá
Sergio Luiz de Souza

Editoria de Séries
Cláudia Braga
Thiê Alves

Equipe de Design
Adalberto Taconi
Bruna Serrano
Iuri Santos
Marco Aurélio Silva

Equipe Editorial
Ana Lucia
Brenda Ramalho
Camila Werhahn
Cristiane Santos
Daniel Siqueira
Evellyn Pacheco
Jaciara Lima
Juliana de Paulo
Lara Gouvêa
Lícia Oliveira
Marcelo Vieira
Milena Souza
Paulo Camerino

Rafael Surgek
Vanessa Gomes
Vinicius Damasceno

Tradução
Solange Faraco

Revisão Gramatical
Renata Valérie
Thiê Alves

Revisão Técnica
Natasha de Pina
Bacharel em Língua Francesa

Diagramação
Patrícia Seabra

Marketing e Promoção
Daniel Schilklaper
marketing@altabooks.com.br

1ª reimpressão, agosto de 2015

Dados Internacionais de Catalogação na Publicação (CIP)

S819g   Stein, Gail.
    O guia completo para quem não é C.D.F. : aprendendo francês / por Gail Stein. – Rio de Janeiro, RJ : Alta Books, 2012.
    440 p. : il. ; 17 x 24 cm + 1 CD-ROM : digital ; 4 ¾ pol.

    Inclui índice e apêndice.
    Tradução de: The complete idiot's guide to learning French (5. ed.)
    ISBN 978-85-7608-715-1

1   1. Língua francesa - Compêndios para estrangeiros - Português. 2. Língua francesa - Conversação e frases - Português. I. Título.
2

CDU 804.0(035)
CDD 448.2421

Índice para catálogo sistemático:
1. Língua francesa : Compêndios   804.0(035)
(Bibliotecária responsável: Sabrina Leal Araujo – CRB 10/1507)

Rua Viúva Cláudio, 291 – Bairro Industrial do Jacaré
CEP: 20970-031 – Rio de Janeiro – Tels.: 21 3278-8069/8419 Fax: 21 3277-1253
www.altabooks.com.br – e-mail: altabooks@altabooks.com.br
www.facebook.com/altabooks – www.twitter.com/alta_books

Sumário Resumido

Parte 1:	Princípios Básicos	**1**

1 As Dez Principais Razões para Estudar Francês   3
Saiba por que o francês é o idioma para você.

2 Pronuncie Corretamente   13
Desenvolva a melhor pronúncia possível.

3 O Francês Que Você Já Sabe   29
*Seu vocabulário em francês é surpreendentemente amplo;
é uma simples questão de cognatos.*

4 Usando Expressões Idiomáticas   39
*As importantes lições deste capítulo ajudam você a se expressar
como um falante nativo.*

5 Domine a Gramática   51
*Aprenda os princípios básicos necessários para que você possa
se sair bem em francês.*

6 Francês – o Idioma Sexy   59
Masculino e feminino — os substantivos franceses variam em gênero.

7 Em Movimento!   73
Estude conjugação verbal sem sofrimento.

Parte 2:	Hora de Viajar	**89**

8 Cumprimentos e Saudações   91
Inicie uma conversa e vá em frente.

9 "Eu Gostaria de Conhecê-lo..."   103
*Faça apresentações, indique posse, descreva você mesmo e
membros da família e pergunte sobre outras pessoas.*

10 Circulando no Aeroporto   119
*É necessário aprender a indicar e indagar sobre lugares
e suas direções para poder ir e vir.*

vi O Guia Completo para Quem Não é C.D.F. – Aprendendo Francês

11 Nada de Atrasos   131
Receba dicas sobre como escolher o melhor meio de transporte; use e abuse dos números; saiba como dizer as horas.

12 Um Quarto com Vista   147
Quer um quarto fantástico? Aprenda como reservar um e como conseguir o conforto que deseja.

Parte 3: Hora da Diversão   161

13 E o Tempo Hoje Ficará...   163
Agora você pode entender a previsão do tempo. Você também aprende os dias da semana, os meses e as estações.

14 Turismo   175
Aprenda a chegar onde você deseja ir, fazendo as perguntas certas.

15 "Quero Comprar Até Cansar!"   191
Para comprar exatamente o que deseja, você precisa perguntar sobre cores, tamanhos, materiais e designs. Você também aprende como usar isto, este(a), estes(as) e aqueles(as) neste capítulo.

16 Uma Refeição Preparada em Casa, à Moda Antiga   209
Aprenda a pedir o que deseja, na quantidade certa.

17 Comendo Fora   223
Após este capítulo, você não terá dificuldade em pedir uma excelente refeição em francês. Você também aprende a expressar sentimentos.

18 Jogos e Diversão   243
Aprenda a convidar seus novos amigos franceses para fazer coisas "divertidas". Use os advérbios neste capítulo para descrever habilidades variadas.

Parte 4: Tempo Livre: Problemas   265

19 Casaco Rasgado? Óculos Quebrados? Serviços Pessoais   267
Este capítulo o ajudará a contratar serviços e fazer comparações, qualquer que seja o problema.

Sumário Resumido   **vii**

20   "Preciso de um Médico... Agora!"   283
Aprenda a descrever seus sintomas e compreender o diagnóstico.

21   "Ih, Esqueci de Colocar Minha Escova de Dente na Mala!"   297
Adquira os artigos de farmácia de que você precisa. Também aprenda a usar o verbo no passado.

22   Ligue para Casa... ou para Qualquer Outro Lugar   311
Aprenda a fazer uma ligação telefônica, a etiqueta correta ao telefone e o que fazer se houver algum problema.

23   Mantendo Contato   321
Você pode estar enviando correspondência ou recebendo uma encomenda. Este capítulo o manterá longe do departamento de correspondências não entregues.

Parte 5:   É Hora de Fazer Negócios   **333**

24   Para o Empresário   335
Aprenda a comprar artigos em uma papelaria e a lidar com faxes e fotocópias. Os minidicionários deste capítulo oferecem uma gama de termos relacionados a computadores e negócios. Além disso, aprenda a usar o verbo no futuro.

25   Comprando e Alugando um Imóvel   349
Consiga o melhor preço na propriedade que deseja. Você também aprende a usar o tempo condicional aqui.

26   O Assunto É Dinheiro   357
Use minidicionários de termos bancários e do mercado de ações. O subjuntivo também é introduzido aqui.

Apêndices

A   Listas de Verbos   367

B   Dicionários   379

Índice   401

Sumário

Parte 1:	**Princípios Básicos**	**1**
1	**As Dez Principais Razões para Estudar Francês**	**3**

Razões Realistas 4
Dicas para Iniciantes...5
Dicas para Aqueles Que Já Sabem um Pouco de Francês 6
Avance Rapidamente 7
Esqueça Seus Medos..8
Como Estudar 8
Como Ter Sucesso com um Idioma Estrangeiro Sem Muito Esforço *9*
Aprendendo Peculiaridades..*10*
Vinte Expressões Que Você Deve Saber...11

2	**Pronuncie Corretamente**	**13**

Ênfase por Igual 14
Ligações Não Perigosas – Elisões 14
Ligação..*14*
Elisão *14*
Adicione um Pequeno Acento..15
Aprimorando a Sua Pronúncia *15*
Marcas de Acentuação..*16*
Sons Vocálicos Simplificados..16
O Som Deve Ser Nasal!..21
Consoantes São Fáceis!..23
Respostas 28

3	**O Francês Que Você Já Sabe**	**29**

Eu Já Sei Isto! 29
Um Par Perfeito *30*
Um Par Quase Perfeito...*31*
Verbos Versáteis...*32*
Truques Especiais de Ortografia...*34*
O Que Pegamos Emprestado 35
Falsos Amigos (*Faux Amis*) 36
Respostas 38

4	**Usando Expressões Idiomáticas**	**39**

Expressões Idiomáticas Não São para Qualquer Um!....................................40
Expressões versus Gírias *40*
Faça Sua Escolha..*40*
Decolando 41
Chegou a Hora..*42*

	Para Onde?	43
	Então, Qual a Sua Opinião?	45
	Está Tudo Bem com Você?	46
	Querida, Como Está Frio Lá Fora!	47
	Respostas	49

5 Domine a Gramática — **51**

Ataque a Gramática 52
  Substantivos 52
  Verbos 52
  Adjetivos 53
  Advérbios 53
Usando um Dicionário Bilíngue 53
Respostas 57

6 Francês – O Idioma Sexy — **59**

A Guerra dos Sexos 59
  Marcadores de Substantivos 60
  Substantivos no Singular 61
  Substantivos Comuns de Dois Gêneros 62
  Substantivos com Mudança na Terminação 65
Quando Há Mais de Um 66
  Substantivos Plurais 67
  Outros Plurais 68
Respostas 71

7 Em Movimento! — **73**

Quem é o Sujeito? 74
Pronomes Pessoais 74
Mais Sobre Verbos 76
  Verbos Regulares 76
  Verbos Terminados em -er 77
  Verbos Terminados em -ir 80
  Verbos Terminados em -re 81
Vamos, Faça-me uma Pergunta! 82
  Tudo Bem Se Você Levantar a Voz 82
  A Expressão n'est-ce pas 83
  Est-ce que 83
  Dando uma Reviravolta 83
E a Resposta É... 85
Respostas 87

Sumário xi

Parte 2:	**Hora de Viajar**	**89**
8	**Cumprimentos e Saudações**	**91**

Conhecendo Novos Amigos...92
Ser ou Não Ser 93
Expressões com *Être*...94
Qual o Seu Ramo de Negócios? 96
A Curiosidade Matou um Gato... Mas Não Você................................98
    Pedindo Informações 98
    Pedindo Informações Usando Est-ce Que 99
    Pedindo Informações Usando Inversão.....................................100
Respostas 101

9	**"Eu Gostaria de Conhecê-lo..."**	**103**

Aqui Está o Clã 104
Você Me Pertence 105
    Expressar Posse com de 105
    Pronomes Possessivos 106
    Apresentações 108
Levando a Conversa Mais Adiante 109
Como Ele/Ela É? 111
Quando Há uma Multidão 115
Posicione-se 117
Respostas 118

10	**Circulando no Aeroporto**	**119**

No Avião...120
No Aeroporto..121
Chegando aos Lugares 123
Onde Fica...? 124
Lá Está... 124
    Indicações Mais Complicadas...125
    Dando Ordens..126
    Preposições 127
    Contrações 127
Você Está Surpreso e Confuso? 128
Respostas 129

11	**Nada de Atrasos**	**131**

Aviões, Trens e Carros 131
A Melhor Maneira de Ir 132
Cabe a Você..133
Encha o Tanque..134

xii   O Guia Completo para Quem Não é C.D.F. – Aprendendo Francês

Você Está no Caminho Certo...138
Algum Problema?..138
Quanto Custa? 139
Quantas Horas? 142
Respostas 145

12   Um Quarto com Vista   **147**

É um Ótimo Hotel! Mas Ele Tem...? 148
O Senhor Precisa de Alguma Coisa? 149
Subindo 151
Fazendo uma Modificação..153
Verbos Terminados em -cer 154
Verbos Terminados em -ger 155
Verbos Terminados em -yer 156
e + Consoante + Verbos Terminados em –er 156
é + Consoante + Verbos Terminados em -er...........................158
Respostas 159

Parte 3:   Hora da Diversão   **161**

13   E o Tempo Hoje Ficará...   **163**

Qual É a Temperatura Lá Fora? 164
Que Dia É Hoje? 166
O Melhor Mês para Viajar 167
As Quatro Estações...168
Data Marcada..168
Fazer ou Não Fazer?...171
Respostas 174

14   Turismo   **175**

Atrações para Visitar...176
O Que Ver..176
Você Gosta de Animais? 177
Dando Sugestões 178
Outras Expressões Úteis 179
O que Você Acha?...180
Viajando Por Aí 182
   Indo...184
   Vindo...185
O Pronome Francês y..186
Respostas 188

15   "Quero Comprar Até Cansar!"   **191**

É o Tipo de Loja de Que Eu Gosto! 192
   Pedras Preciosas e Joias..193
   Vestuário 194
   Cores 197

Tecidos	*198*
Leia as Etiquetas	*199*
Padronagens	*199*
O Que Usar?	199
Meu Objeto Preferido	200
Posição dos Pronomes Objeto	202
Você Quer? Peça!	203
Expressando Preferências	204
Expressando Opiniões	205
"Vou Levar Esse, Aquele, Um Desses e Alguns Daqueles..."	206
Respostas	208

16 Uma Refeição Preparada em Casa, à Moda Antiga — 209

É Melhor Você Comparar Preços	210
Indo Aqui e Ali	210
Medidas de Quantidade	216
"Eu Gostaria..."	218
Irregularidades dos Verbos Terminados em *-ir*	218
Respostas	222

17 Comendo Fora — 223

Escolha um Lugar Aonde Gostaria de Ir	224
Uma Mesa, Por Favor	*224*
Vamos Jantar Fora	*225*
Serveur, o Que Você Recomenda?	*228*
Esse Cardápio É Grego para Mim!	*229*
Estou com Fome – Vamos Comer!	231
Quente e Apimentado	233
O Que Fazer e o Que Não Fazer em uma Dieta	234
De Volta à Cozinha	*235*
Finais Caprichados	*235*
Beba Apenas em Minha Homenagem	237
Você Não Pode Ter Tudo	238
O Pronome *en*	239
Délicieux!	*241*
Merci Beaucoup	*242*
Respostas	242

18 Jogos e Diversão — 243

Os Esportes São a Minha Vida!	244
Quer Juntar-se a Mim?	245
O Equipamento Necessário	*248*
Um "Sim" Bem-educado	*249*
Uma Recusa e uma Desculpa	*250*

xiv O Guia Completo para Quem Não é C.D.F. – Aprendendo Francês

"Eu Não me Importo Mesmo" *251*
Outras Coisas para Fazer 251
   No Litoral *252*
   No Cinema e na TV *253*
   O Que Você Achou? *254*
   Faça uma Caminhada *255*
   No Concerto *256*
   Jouer à versus Jouer de *257*
Você é Bom Nisso? 257
   Exceções à Regra *259*
   Posição dos Advérbios *262*
Respostas 263

Parte 4: Tempo Livre: Problemas   **265**

19 Casaco Rasgado? Óculos Quebrados? – Serviços Pessoais   **267**

Mudando a Aparência 268
Problemas e Soluções 270
   Na Tinturaria *271*
   Na Lavanderia *272*
   No Sapateiro *273*
   No Oculista *273*
   Na Joalheria *274*
   Na Loja de Fotografia *274*
   Na Loja de Música *275*
   Outros Serviços *276*
Dando Ênfase 276
Comparando Lojas 279
   Isso É Altamente Irregular *281*
   Comparações de Igualdade *281*
Respostas 282

20 "Preciso de um Médico... Agora!"   **283**

Dói Bem Aqui 283
Estou com Dor no 286
Ai! Isso Dói! 287
E o Diagnóstico É... 289
   Há Quanto Tempo Você Está se Sentindo Assim? *289*
   Diga a Verdade *290*
O Que Você Está Fazendo a Si Próprio? 291
   É Reflexivo? *292*
   Posição dos Pronomes Reflexivos *294*
Respostas 295

Sumário **xv**

21 "Ih, Esqueci de Colocar Minha Escova de Dente na Mala!" **297**

"Preciso de uma Aspirina" 298

Pessoas Especiais, Necessidades Especiais 301

Venha Comigo 301

Você Deve Estar Vivendo no Passado.. 302

O Verbo Auxiliar avoir 302

Formando o Particípio Passado dos Verbos Regulares............... 303

Não Aconteceu Desta Forma 303

Perguntando Sobre o Passado 304

Perguntando Sobre o Passado Negativamente........................... 305

Particípio Passado de Verbos Irregulares 305

O Verbo Auxiliar être... 306

Respostas 309

22 Ligue para Casa... ou para Qualquer Outro Lugar **311**

Fazendo uma Ligação 312

"Alô? Quem Fala?" 314

Desculpe, Foi Engano..315

Telefones Celulares...316

Quais as Suas Obrigações?..316

O Que Você Fez a Si Mesmo?..318

Respostas 319

23 Mantendo Contato **321**

Enviando Sua Correspondência...322

Serviço com um Sorriso 323

O Que Devo Escrever? 324

Adoro Ler 324

Você Sabe Alguma Coisa Sobre Isso? 325

Sabe a Diferença? 326

O Que Estava Acontecendo?..327

Formação do Imperfeito 327

O Imperfeito e as Mudanças de Ortografia 329

O *Passé Composé* versus o Imperfeito 329

Respostas 331

Parte 5: É Hora de Fazer Negócios **333**

24 Para o Empresário **335**

"Preciso de Material!" 336

Fotocópias, Faxes e Computadores 336

Fazendo Cópias.. 337

Enviando Fax... 337

Operando o Computador 338

xvi   O Guia Completo para Quem Não é C.D.F. – Aprendendo Francês

Como Ser um Bom Empresário 341
Há Esperança para o Futuro 344
Aller + Infinitivo 344
O Tempo Verbal Futuro 344
O Tempo Futuro dos "Verbos Sapato" 345
Respostas 347

25 Comprando e Alugando um Imóvel   349

Alugue um Château 349
Lar Doce Lar 351
Você Deveria Comprar ou Alugar? 352
Essas São as Condições 354
Formação do Condicional 354
O Condicional dos "Verbos Sapato" 355
Respostas 356

26 O Assunto É Dinheiro   357

No Banco 357
Serviços de Que Preciso 359
Essas São as Minhas Necessidades 360
Formação do Presente do Subjuntivo 361
"Verbos Sapato" 362
Verbos Irregulares no Subjuntivo 363
Outras Expressões de "Necessidade" que Usam o Subjuntivo 365
Respostas 366

Apêndices

A   Listas de Verbos   367

B   Dicionários   379

Índice   401

Introdução

Você tem nas mãos um livro moderno, fácil de usar e um CD, que o auxiliará a desfrutar ao máximo desta experiência de aprendizagem. A abordagem leve, simples e clara oferece a confiança necessária para que você comece a se comunicar quase que instantaneamente, com razoáveis doses de sucesso acompanhadas de um estimulante senso de realização. O CD permite a aprendizagem do idioma de modo divertido: mais rápido e eficiente.

Aprender o idioma francês permite alargar os horizontes, abrindo caminhos para oportunidades infindáveis, experiências intrigantes e desafios emocionantes. Você só precisa abrir os olhos, os ouvidos, o coração e a alma para novas culturas, ideias criativas, perspectivas variadas e situações únicas que estão esperando por você ao redor do globo. O conhecimento do idioma francês é uma ferramenta prática, útil e de grande valia quando você menos esperar.

Este livro foi planejado para pessoas de todos os segmentos, com uma ampla e variada gama de interesses: da viagem aos negócios e de uma pura e simples paixão por aprender. Agarre a oportunidade de colocar o mundo da língua francesa à sua porta. Faça-o agora!

Como Este Livro Foi Organizado

Este livro o conduzirá do material mais básico até uma compreensão mais ampla dos padrões estruturais do idioma francês e, finalmente, a um nível mais alto de competência e proficiência na língua. Este não é um guia de frases úteis, dicionário, livro de gramática ou um guia turístico. Ele é original no sentido de que é uma combinação dos quatro itens acima, embalados em um só pacote. O objetivo é ensiná-lo a se comunicar com eficiência em situações comuns do dia a dia. Você conseguirá se socializar, pedir informações, expressar opiniões e ser persuasivo. De forma clara e simples, será capaz de obter o que quer e o que precisa. Quer você seja um estudante, turista, empresário ou um amante de línguas, seu formato simples e fácil de usar oferece o conhecimento e as habilidades de que precisa. Cada capítulo, estruturado de forma temática, une vocabulário, frases úteis e gramática e fornece material autêntico e atividades que levam a um entendimento profundo dos falantes da língua francesa e de sua cultura. Seguem, abaixo, alguns exemplos do que se pode esperar encontrar aqui:

A **Parte 1, "Princípios Básicos",** começa com uma discussão sobre a importância do idioma francês no mundo de hoje. Um guia prático de pronúncia, desenvolvido para o estudante tímido, é então apresentado. Em seguida, você encontrará uma demonstração de seu conhecimento prévio de muitas palavras francesas, frases e expressões. Não agonize diante da gramática; os termos básicos elementares e as regras são apresentados da maneira menos dolorosa possível, juntamente com as expressões idiomáticas, gírias e os gestos típicos. Desde o início, você será capaz de elaborar e responder perguntas simples e engajar-se em conversas básicas.

A **Parte 2, "Hora de viajar"**, proporciona informações úteis e dicas para planejar uma viagem a um país de língua francesa e aproveitar ao máximo essa experiência. Você aprenderá como cumprimentar outras pessoas, se apresentar e falar sobre si mesmo e sobre seus companheiros de viagem. Para os curiosos, fazer perguntas será bem fácil. Os capítulos da parte 2 o ajudarão a circular no aeroporto, encontrar transporte terrestre e até mesmo alugar um carro. Você também se tornará proficiente em indicar e indagar sobre lugares e suas direções. Por fim, a parte 2 o auxiliará a obter um quarto com todo o conforto material que desejar.

A **Parte 3, "Hora da diversão"**, irá prepará-lo para experimentar momentos fantásticos e cheios de diversão. Essa seção tem a particularidade de tornar a viagem dos seus sonhos realidade: alimentação, compras, esportes, atrações turísticas, eventos musicais e atividades de lazer. Você aprenderá a planejar suas atividades conforme a previsão do tempo, dar sugestões e expressar opiniões e preferências. Os capítulos sobre alimentação garantem que seu apetite seja satisfeito e que a dieta seja mantida. Se amar comprar, o capítulo 15 permite que você compre o que quiser: desde a moda da *haute couture* até *souvenirs* para todos aqueles que ficaram em casa.

A **Parte 4, "Tempo livre: problemas"**, irá ajudá-lo a lidar com as inconveniências simples e de menor importância, bem como as de natureza mais sérias. Recorra a essa parte quando precisar cortar o cabelo, remover uma mancha, mandar consertar sua máquina fotográfica, mudar as lentes de contato, trocar o salto do sapato, comprar medicamentos mediante receita médica, ou enviar um e-mail. Você será capaz até mesmo de explicar o que aconteceu no passado.

A **Parte 5, "É Hora de fazer negócios"**, foi escrita com o propósito de atender às necessidades das pessoas que desejam realizar transações bancárias. Aqui, você aprenderá como fazer depósitos e retiradas, abrir uma conta bancária e fazer um empréstimo. Você também aprenderá a realizar tarefas, tais como enviar faxes, fazer fotocópias e usar o computador. A parte 5 também inclui minidicionários para termos relativos a bancos, computadores, negócios e mercado de ações. Quando terminar este capítulo, você conseguirá comprar ou alugar uma propriedade no exterior e expressar suas necessidades atuais e futuras.

O Que Há no CD

Você também pode escutar os exercícios deste livro para ter uma boa pronúncia.

Um CD suplementar foi acrescido à 5ª edição do livro, para tornar sua experiência de aprendizagem mais completa e satisfatória. Escute o CD acompanhado do livro ou quando estiver dirigindo. Você escutará as palavras mais importantes em francês, frases e expressões usadas por falantes nativos. Esses termos serão seguidos por pausas para que você repita as palavras, frases e expressões após o locutor. Assim, você adquirirá a pronúncia de um falante nativo rapidamente!

Se estiver verdadeiramente empenhado em aprender francês, ao terminar este livro e o CD suplementar, você terá estudado e praticado as habilidades que permitirão que se sinta confiante em situações tanto sociais quanto de negócios. Com tempo, paciência e vontade para esforçar-se, você será capaz de se comunicar com sucesso em um idioma bonito, em um período de tempo relativamente curto. Boa sorte!

Extras

Além das listas de vocabulário, frases e expressões úteis e explicações gramaticais, este livro oferece muitos fatos informativos à parte do texto, em quadros.

Un, deux, trois

Esses quadros apresentam dicas para a aprendizagem e para aprimorar seu francês de modo rápido e divertido.

Attention!

Esses alertas o ajudarão a evitar erros desnecessários e constrangedores.

Intensificador de Memória

Consulte esses quadros se necessitar de um curso de atualização de gramática ou para entender rapidamente novas regras.

Além disso, você visualizará um ícone de CD por todo o livro. Esse ícone indica as palavras, frases e expressões que você pode escutar no CD.

Como Usar Este Livro e o CD

Este livro e o CD que o acompanha foram desenvolvidos sob medida para você: seja um aluno iniciante de francês ou mais experiente; sejam seus objetivos voltados para negócios, prazer; ou esteja querendo aprimorar suas habilidades orais, de leitura ou de escrita.

Os parágrafos introdutórios de conversação ajudam-no a compreender – por meio de exemplos pessoais, engraçados e anedóticos – porque você pode precisar da informação que vem a seguir.

As abrangentes listas de vocabulário oferecem uma ampla variedade de escolha de palavras que poderá precisar em situações específicas. Essas listas são ideais para referência: elas *não* estão ali para serem memorizadas em sua totalidade. Selecione apenas as palavras que julgar necessárias e concentre-se em aprendê-las. As outras estarão ao seu alcance em caso de necessidade. Você nunca sabe quando elas podem ser úteis.

A gramática é apresentada com explicações e exemplos concisos e claros. Seu objetivo deve ser o de desenvolver uma compreensão das regras que operam o sistema da língua francesa para que elas possam ser usadas automaticamente, sem ter que agonizar em cima de traduções literais incompreensíveis, que não o qualificarão para coisa alguma. Antes que possa se comunicar em um nível no qual você pode ser compreendido e compreender o que lhe é dito, você precisa apenas de um conhecimento básico de gramática. Quanto mais ouvir e falar francês, mais rapidamente as regras gramaticais se acomodarão e se tornarão parte do processo comunicativo, de um modo bastante semelhante ao que ocorreu quando você aprendeu português quando criança.

Os materiais autênticos de leitura oferecem uma ideia do que se pode encontrar em diversas situações em um país de língua francesa: desde informações gerais em um folheto turístico e orientações de como chegar a um monumento, até instruções sobre o funcionamento das coisas, anúncios de jornais e boletins meteorológicos. Use esse material para aprimorar suas habilidades de compreensão. Enquanto estiver lendo, lembre-se de que não é nada racional querer identificar e entender cada palavra e cada vírgula em um texto. Um objetivo mais plausível seria o de simplesmente obter um entendimento geral do que foi lido e ser capaz de tirar proveito disso.

Exercícios para praticar a habilidade escrita, muitos deles baseados em materiais autênticos, estão disponíveis para reforçar as regras gramaticais e proporcionar o uso daquilo que você internalizou da melhor forma possível. À medida que suas habilidades orais, de leitura e de escuta melhoram, suas habilidades de escrita também melhoram. Tenha em mente que quanto mais você ler, melhor será sua escrita.

A questão fundamental aqui é: este livro e o CD podem ser usados da forma que você julgar mais conveniente para atingir os objetivos que tenha determinado para si. Apenas mergulhe e assista ao que é capaz de fazer!

Agradecimentos

Gostaria de agradecer as contribuições, sugestões, suporte e o interesse das seguintes pessoas: Natercia Alves, Marie-Claire Antoine, Barbara Gilson, Martin Hyman, Christina Levy, Nancy Lasker (da L'Oreal) e Marie-Madeleine Saphire.

Agradecimentos Especiais ao Revisor Técnico

O CD que acompanha o livro original foi revisado duas vezes por um especialista que verificou a exatidão do material que você utilizará para aprender a falar o idioma francês. Os agradecimentos especiais se estendem a Angélica Koerner.

Marcas Registradas

Todos os termos mencionados neste livro que são reconhecidos ou presumidos como sendo marcas registradas ou marcas de serviços foram devidamente escritos com inicial maiúscula. As editoras não podem atestar a veracidade dessas informações. O uso de um termo neste livro não deve ser considerado como algo que prejudique a validade de qualquer marca registrada ou marca de serviço.

Parte 1

Princípios Básicos

Aprender as regras gramaticais simples e básicas é a maneira mais rápida, fácil e eficiente para assimilar o francês sem muito esforço. Basta estudar algumas regras simples.

Seja sincero: você fica desanimado só de pensar em gramática? Então, surpresa! Como verá, na parte 1, as regras são fáceis e não testam nem um pouco sua habilidade de memorização. Você também aprenderá a usar expressões idiomáticas e poderá até ser confundido com um falante nativo! Comece agora mesmo e, antes que perceba, estará se comunicando em francês com naturalidade e segurança.

Capítulo 1

As Dez Principais Razões para Estudar Francês

Neste Capítulo

- Onde e quando se pode usar o francês
- Desenvolva uma estratégia de aprendizagem plausível de uso
- Dicas úteis
- Vinte expressões que se deve saber

Você está com este livro nas mãos e, ao folheá-lo, provavelmente está pensando "*Será que devo ou não devo?*". Certamente, você deve estar se perguntando se o francês será difícil, se terá tempo, se o esforço despendido para estudar o idioma valerá à pena, se irá até o fim e se escutará o CD. O meu nome pode não ser rei Davi, mas aqui estão as dez principais razões pelas quais você precisa aprender francês:

10. Você não consegue largar os romances de *Colette*.

9. Você gostaria de torcer pelo time de hóquei *Canadiens de Montréal* em francês.

8. Você gostou tanto do musical *Les Misérables,* que decidiu ler a versão original inteira – todas as 600 e poucas páginas.

4   Parte 1: Princípios Básicos

7. Você não é um *gourmand* e sim um *gourmet* e gostaria de prová-lo.

6. Nunca se sabe quando se pode esbarrar em Catherine Deneuve.

5. Você quer impressionar seu namorado ou sua namorada em um restaurante francês.

4. Você adora filmes franceses, mas acha que as legendas atrapalham muito.

3. Se não souber francês, você não poderá frequentar a praia na Martinica onde se pratica *topless*.

2. Duas palavras: culinária francesa.

E, finalmente, a melhor razão de todas:

1. Você quer conhecer O *Pequeno Príncipe*, de St. Exupéry.

Razões Realistas

E, então, está totalmente convencido de que o francês é o idioma certo para você? Se ainda estiver um pouco duvidoso, vamos dar uma olhada em algumas razões práticas, realistas pelas quais você deveria estudar francês. Examine as seguintes razões mais sérias e plausíveis que indicam que este livro é para você:

10. Você é um músico e a França é um país onde a cultura é levada a sério.

9. Você é um *artiste*.

8. Você adora filmes franceses e gostaria muito de entender o que os atores dizem sem a distração das legendas mal traduzidas.

7. Embora não seja ganancioso, você gostaria de ganhar mais dinheiro.

6. Você deseja provar que é inteligente.

5. Você gostaria de visitar ou morar em um país de língua francesa.

4. Você adora cozinhar e tem paixão por pratos e sobremesas francesas maravilhosas.

3. Você adora comer.

2. Você gostaria de ser totalmente irresistível e acredita que, falando francês, poderá atrair aquele alguém especial.

1. Você adora viajar.

Dicas para Iniciantes

Para iniciantes, a aprendizagem de um idioma estrangeiro pode parecer uma tarefa assustadora. Há tanto para se aprender: pronúncia correta, vocabulário, gramática etc. Como e por onde começar? Veja, a seguir, alguns conselhos sobre o que fazer e o que não fazer para começar:

O que fazer...

Comece concentrando-se no guia de pronúncias. A prática e o domínio antecipados dos sons do idioma tornam os capítulos que se seguem mais fáceis de serem apreendidos.

Concentre-se em suas prioridades em relação ao idioma. Se estiver planejando viajar, aprenda o vocabulário e as expressões que usará em sua viagem.

Aprenda primeiro o básico, especialmente as idiossincrasias do idioma que o tornam diferente do português: o fato de que o gênero dos substantivos em francês nem sempre coincide com o gênero dos substantivos correspondentes em português; de que o "s" final das palavras não é pronunciado, exceto quando a palavra seguinte se inicia com um som vocálico e, nesse caso, há um encontro fonêmico; dentre outras.

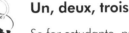

Un, deux, trois

Se for estudante, preste mais atenção às estruturas gramaticais e conjugações verbais. Caso seja um empresário, familiarize-se com as palavras e expressões necessárias para realizar um negócio.

Divirta-se com sua aprendizagem. Não precisa ter pressa. Estude um pequeno segmento de cada vez, até você dominá-lo.

O que não fazer...

Não se assuste com a quantidade de material em cada capítulo. Certamente não se espera que você aprenda ou apreenda todo o conteúdo, mesmo após progresso significante. Use o livro e o CD como recursos e guias de referência. Estude várias vezes o material que considerar mais útil e desafiador, até que se sinta à vontade para usá-lo. Com o tempo, você constatará que os capítulos parecerão cada vez mais fáceis, à medida que você for adicionando conhecimento com base naquilo que já domina.

Não se apresse. Este livro foi planejado para ser estudado e reestudado. Tenha-o sempre à mão como referência.

Não tenha medo de pular as partes que você não usará ou aquelas que achar muito difíceis no início. Será sempre possível voltar a estudá-las posteriormente.

Não se precipite em emprestar este manual a algum amigo, doá-lo ou leiloá-lo em seu *site* favorito. Mesmo se achar que já domina o francês, nunca se sabe quando você terá uma simples dúvida cuja resposta se encontra nas páginas deste livro.

Dicas para Aqueles Que Já Sabem um Pouco de Francês

Caso já tenha tido a oportunidade de estudar francês, é possível que se sinta bastante familiarizado com o idioma e confiante em suas habilidades linguísticas e orais para passar rapidamente pelos capítulos iniciais que cobrem os princípios básicos. Para você, algumas partes deste livro talvez funcionem como uma recapitulação, que o ajudará a refinar suas habilidades. Aqueles que se encontram em um nível intermediário considerem os seguintes: *"o que fazer"* e *"o que não fazer"*:

O que fazer...

Revise rapidamente o que você já sabe e depois passe algum tempo aperfeiçoando as habilidades mais necessárias.

Não se esqueça de que há mais de uma maneira de expressar a maioria das ideias e que as informações contidas neste livro proporcionam escolhas. Selecione as expressões mais fáceis de serem lembradas. Concentre-se em sua aprendizagem, mas sempre lembrando que há outras alternativas, caso venha a precisar delas.

Empenhe-se em desenvolver ao máximo suas habilidades de comunicação oral e escrita, pois elas são de suma importância caso viaje ou faça parte do mundo dos negócios. Para falar bem, escute atentamente. Para escrever bem, concentre-se na leitura de tudo o que estiver ao seu alcance.

Concentre-se em seus objetivos de longo prazo. Pergunte a si mesmo que resultados gostaria de atingir após ter lido e estudado os vários capítulos deste livro.

O que não fazer...

Não espere perfeição. Falantes nativos de qualquer idioma cometem erros sem nem mesmo percebê-los.

Não se preocupe demais com o seu sotaque a ponto de evitar a comunicação. Falantes nativos reconhecerão e darão valor a quaisquer tentativas de falar ou escrever um idioma estrangeiro. Na maioria dos casos, eles poderão até mesmo mudar seus trajetos para ajudá-lo.

Não conte com a possibilidade de traduzir palavra por palavra de um idioma para outro. Na maioria dos casos, isso não funciona. Na melhor das conjunturas, a tradução faz com que o seu francês soe afetado e esquisito. Faça uso de expressões idiomáticas e coloquiais para falar como um nativo.

Não espere aprender cada palavra e regra gramatical contidas no livro. Isso seria impraticável e, consequentemente, frustrante e autodestrutivo. Você pode pesquisar qualquer coisa que não tenha aprendido ou da qual não se lembre. Então, assim como os iniciantes, não se desfaça deste livro. Use-o como um constante guia de referência.

Avance Rapidamente

O melhor e mais infalível método para se tornar proficiente em algo é atirar-se de cabeça. Permita-se mergulhar em qualquer coisa desde que seja em francês. Tenha um caso de amor com a língua e sua cultura. Siga essas sugestões para garantir uma relação duradoura e satisfatória:

Examine seus objetivos, avalie honestamente suas habilidades linguísticas e acompanhe seu próprio ritmo. Respeite o seu tempo, não se apresse e reserve um período especial do dia para devotar-se somente ao francês.

Un, deux, trois
Se estiver planejando uma viagem à França, visite o *site* oficial de Turismo do Governo Francês em www.franceguide.com.

Invista em um bom dicionário bilíngue ou pegue um emprestado. As variedades de bolso (custando normalmente entre 15 e 25 reais) podem adaptar-se às necessidades de alguns aprendizes, mas podem revelar-se, de alguma forma, deficientes para outros. Examine, cuidadosamente, o que está disponível na livraria ou em sua biblioteca local antes de tomar qualquer decisão a respeito daquilo que é melhor para você. Várias editoras publicam dicionários populares, fáceis de usar, que fornecem uma lista completa de termos coloquiais atuais. Dentre eles, os melhores incluem os de autoria da Larousse. É possível encontrá-los em qualquer livraria, nos mais variados tamanhos.

Aproveite todas as oportunidades possíveis para ouvir o idioma. Alugue filmes em francês e tente não ler as legendas em português. Na internet, ouça estações de rádio de serviço público ou assista a canais de televisão com programas em francês. Procure, em livrarias e bibliotecas públicas ou escolares, por CDs de idiomas, um recurso para praticar a habilidade auditiva que o ajudará a dominar o sistema de sons do francês. Crie seu próprio material de áudio e utilize-o para aprimorar o seu sotaque. Peça permissão para usar laboratórios de línguas e programas de computador disponíveis em muitas escolas e universidades. Assista a DVDs de filmes em suas versões francesas, com ou sem as legendas em português (para um desafio maior).

Leia tudo o que estiver ao alcance de suas mãos: contos de fadas, livros infantis, histórias em quadrinhos (*Asterix* é a minha favorita, mas você pode querer ler *Iznogud, Lucky Luke* e *Tintim*), jornais (*Le Monde, France-Soir, Le Fígaro, Libération, Le Dauphin Libéré*) e revistas (*Paris Match, Elle, L'Express, Marie-Claire*). Se não for muito tímido, leia em voz alta para praticar a pronúncia e compreensão ao mesmo tempo.

Navegue na internet. Você pode ir a muitos lugares e ver muitas coisas por meio do seu computador. Tire proveito de tudo o que a internet tem a oferecer.

8   Parte 1: Princípios Básicos

Crie um *coin français* (um canto francês) em algum lugar conveniente em sua casa. Decore-o com cartazes ou artigos. Coloque etiquetas adesivas em objetos cujos nomes deseja aprender e exponha-as de modo que a visualização seja fácil. Mantenha todo o seu material junto e organizado nesse local especial.

Esqueça Seus Medos

Algumas pessoas têm muito medo de estudar uma língua estrangeira. Elas acham que será um trabalho árduo, muito difícil, ou que exigirá muito tempo. Na realidade, se você for com calma e se controlar para não se preocupar demasiadamente com a gramática e a pronúncia, terá bons resultados. Para que se sinta mais tranquilo, tente lembrar-se do seguinte:

- Não se deixe intimidar pela gramática. Todos cometem erros – até mesmo os falantes nativos. Além do mais, são necessárias apenas uma ou duas palavras corretas (especialmente verbos) para ser entendido.

- Não se deixe intimidar pela pronúncia. Adote seu melhor sotaque francês. Não seja tímido; fale, fale, fale! Qualquer país possui vários sotaques regionais diferentes. Certamente o seu se encaixará em algum deles!

- Não se deixe intimidar pelos franceses. Eles são pessoas maravilhosas e aceitam qualquer um que se esforce verdadeiramente para comunicar-se.

- Não se deixe intimidar quando as pessoas dizem que o idioma francês é difícil. Como você poderá constatar, quase que imediatamente, aprender francês é fácil e divertido.

Como Estudar

Como professora de francês e espanhol nos ensinos Fundamental e Médio em Nova York por mais de 33 anos, tenho visto e lidado com todos os tipos de alunos que se possa imaginar – desde os que continuaram seus estudos e se graduaram com mérito nas melhores escolas da *Ivy League* (formada por oito das mais antigas universidades dos Estados Unidos), até aqueles que abandonaram a escola. Com exceção dos extraordinariamente raros indivíduos que, contrários a todas as probabilidades, sobressaem na aprendizagem de uma segunda língua sem abrir um livro, o restante de nós tem que estudar.

Ao longo dos anos, compilei uma lista de sugestões para ajudar os alunos a adquirir melhores hábitos de estudo e fazer da tarefa de aprender um idioma estrangeiro algo mais agradável. Vou compartilhá-la nas próximas seções, porque desejo que você tenha sucesso na sua aprendizagem.

Como Ter Sucesso com um Idioma Estrangeiro Sem Muito Esforço

Convenhamos: a maioria esmagadora de nós não consegue aprender um idioma intuitivamente. Entenda que é preciso estudar para ter sucesso; não há como fugir disso. Assim sendo, quanto mais esforços você empreender, mais recompensas terá.

Será preciso memorizar algumas expressões-chave, uma vez que elas serão úteis em diversas situações. Por exemplo, você pode usar *Je voudrais* (Eu gostaria) para expressar: *Je voudrais manger.* (Gostaria de comer.) *Je voudrais aller en France.* (Gostaria de ir para a França.) *Je voudrais acheter ceci.* (Gostaria de comprar isso.) *Je voudrais une chambre.* (Gostaria de um quarto.) Aprenda as expressões e, então, integre a palavra ou expressão que se encaixa nas circunstâncias específicas.

Pesquisas em Psicologia demonstraram que, para a retenção máxima dos fatos, a hora ideal para estudar é logo ao acordar ou antes de ir para a cama. Assim, deixe o seu *Guia Completo para Quem Não É C.D.F.* sobre sua mesa de cabeceira ou o CD suplementar no seu *laptop*, ao lado da cama.

Enquanto estiver estudando, use tantos sentidos quanto puder. Isso ajuda a reforçar o conteúdo novo que aprendeu de várias formas possíveis. Lembre-se de que um idioma é adquirido em quatro etapas: audição, fala, leitura e depois, escrita.

Pense em francês sempre que possível. Não pare para traduzir. Veja se pode formular suas ideias na segunda língua.

Pratique um pouco todo dia. Períodos curtos de prática e estudo são muito mais eficazes do que uma seção longa, arrastada e intensiva.

Use aquilo que você já sabe em português para ajudá-lo a comunicar-se e entender o idioma francês. Muitas palavras em francês e em português possuem a mesma raiz latina, então, se ouvir ou vir palavras que parecem familiares, há uma boa chance de deduzir seu sentido correto. Aprenda e use tantos cognatos (palavras com significado igual ou quase igual em ambos os idiomas) quanto puder.

Organize-se. Mantenha todo o seu material em um só lugar.

Se possível, encontre um parceiro que deseje aprender o idioma com você. Se trabalharem conjuntamente, os resultados logo aparecerão. Pratiquem e testem um ao outro regularmente.

Definitivamente, a melhor maneira de se aprender e dominar uma língua estrangeira é ensiná-la a outra pessoa. Não é possível ensinar alguma coisa que não entendemos ou conhecemos muito bem; assim, se formos capazes de ensiná-la, isso significa que temos um bom conhecimento.

Aprendendo Peculiaridades

Pronúncia – Se um de seus objetivos é pronunciar as palavras como um falante nativo, escute tudo o que puder em francês: televisão, programas de rádio, filmes e música. Quanto mais escutar, mais rápido será capaz de falar o idioma.

Fale o máximo possível com qualquer pessoa que encontrar. Não seja tímido. Se estiver sozinho, grave sua voz e escute. Guarde a sua primeira gravação. Estude e pratique um pouco mais e, então, grave novamente. Compare as duas gravações para avaliar seu progresso.

Vocabulário – Saber o vocabulário apropriado para uso em diversas situações é a chave para aprimorar as habilidades de comunicação. Faça cartões didáticos para vários grupos de palavras (legumes, termos relacionados à hotelaria, termos de negócios e assim por diante). Escreva a palavra em português de um lado e sua correspondente em francês do outro. Comece com a tarefa mais fácil: leia a palavra em francês e veja se é capaz de dizer seu significado em português. Agora, a parte mais difícil: leia a palavra em português e veja se pode dar seu equivalente em francês. Determine um período de tempo todos os dias para praticar vocabulário.

Coloque etiquetas em sua casa (móveis, quartos, salas, comida) e no carro também. Dessa forma, você mergulhará a fundo no idioma e aprenderá à medida que for executando as tarefas domésticas diárias.

Tente isto: dobre uma folha de papel em quatro colunas no sentido do comprimento. Na primeira coluna, escreva todas as palavras em português que quer aprender em francês. Guarde o livro e o CD. Tente pronunciar e depois escreva as palavras em francês na segunda coluna. Após completar a segunda coluna, dobre para trás a primeira coluna e veja se consegue escrever as palavras em português na terceira coluna. Agora, confira seu resultado. Considere todas as palavras certas como aprendidas. As palavras escritas erradas e as que você não sabia deverão ser estudadas novamente com mais atenção antes da próxima etapa desta prática: dobrar para trás as duas primeiras colunas para tentar completar a quarta com a palavra correta em francês mais uma vez. Proceda desta maneira, usando os dois lados do papel, até ter dominado todas as palavras que julgar importantes. Lembre-se de que anotar o que estudou ajuda a reforçar o que aprendeu.

Coluna 1	Coluna 2	Coluna 3	Coluna 4
pera	poire	pera	(palavra aprendida)
maçã	pome (incorreto; necessita de mais estudo)	maçã (correto)	pomme

Conjugações verbais – você deve certificar-se de que seus verbos concordem com os sujeitos que utilizar para que o seu francês soe impecável. Para tal, use cartões didáticos para praticar oralmente a conjugação dos verbos.

Pratique, também, falando os verbos em voz alta, à medida que os escreve no papel. Escreva os verbos várias vezes até que os tenha memorizado.

Vinte Expressões Que Você Deve Saber

Qualquer que seja o motivo pelo qual você está estudando francês, as 20 expressões na tabela abaixo são absolutamente indispensáveis para sua aprendizagem.

Português	Francês	Pronúncia
Por favor	S'il vous plaît	*sil vu plé*
Muito obrigado.	Merci beaucoup.	*mêrci bôku*
De nada.	De rien; Pas de quoi.	*de riêN*; pá de kuá*
Desculpe.	Pardon; Excusez moi.	*pardoN; eksküzê muá*
Meu nome é...	Je m'appelle...	*je mapéle*
Eu gostaria...	Je voudrais...	*je vudré*
Eu preciso...	I'l me faut...; J'ai besoin de...	*il me fo; jé bezueN de*
Você tem...?	Avez-vous...?	*avê vu*
Por favor, me dê...	Donnez-moi s'il vous plaît...	*donê muá sil vu plé*
Por favor, você poderia me ajudar?	Pourriez-vous m'aider, s'il vous plaît?	*puriê vu médê sil vu plé*
Você fala português?	Parlez-vous portuguais?	*parlê vu portügué*
Eu falo um pouco de francês.	Je parle un peu de français.	*je parle aN pê de francé*
Não entendo.	Je ne comprend pas.	*je ne coNpraN pá*
Repita, por favor.	Répétez s'il vous plaît.	*rêpêtê sil vu plé*
O que você disse?	Qu'est-ce que vous avez dit?	*kéceke vuzavê di*
Estou perdido(a).	Je me suis égaré(e).	*je me sui êgarê*
Estou procurando...	Je cherche...	*je xérxe*

continua

12   Parte 1: Princípios Básicos

Continuação

Português	Francês	Pronúncia
Onde fica o banheiro?	Où sont les toilettes?	*u soN lé tualéte*
Onde é a delegacia de polícia?	Où est le commissariat de police?	*u é le comiçariá de police*
Onde é a embaixada brasileira?	Où est l'ambassade brésilienne?	*u é laNbaçade brêsiliene*

*Veja a seção "O som deve ser nasal", no Capítulo 2, para uma explicação sobre o N em caixa alta nas pronúncias.

Bonne chance! (bone xaNce; Boa sorte!)

Capítulo 2

Pronuncie Corretamente

Neste Capítulo

- Como lidar com a pronúncia acentuada
- Siga o fluxo
- Aperfeiçoe a sua pronúncia
- Atente para a fonética

Ao falar francês, é natural que deseje fazê-lo como nos filmes: parecer irresistível, romântico, *sexy*, sofisticado e chique. Então, perca a inibição, capriche no sotaque, repita e pratique os sons do idioma. Embora um pouco diferentes do português, esses sons não são difíceis de produzir. Basta seguir as regras, aprender a pronúncia correta dos símbolos fonéticos, ter paciência e você estará no caminho certo!

Este é um capítulo que *dá trabalho*. Não é emocionante nem tampouco divertido – mas seja persistente e vá até o fim. Como qualquer outra coisa que você precise aprender (um esporte, um hobby, um ofício, uma profissão), há trabalho envolvido e é preciso que você se comprometa e se esforce. Considere a aprendizagem de um idioma como uma rotina de condicionamento ou exercício mental. Comece lentamente e, aos poucos, acelere o ritmo até alcançar um nível que considere apropriado para você. Lembre-se de que não vale a pena se esgotar na primeira prática. Agarre essa oportunidade e pratique, pratique, pratique. *Oh là là* – em muito pouco tempo, você estará falando francês como um nativo!

Ênfase por Igual

Em francês, cada sílaba de uma palavra tem, aproximadamente, a mesma acentuação, de modo que, ao falar, tente pronunciar cada sílaba com a mesma ênfase. Só é preciso lembrar que a última sílaba de um grupo de palavras deve ser um pouco mais enfatizada. Fale suavemente, com musicalidade e uniformemente. O meu conselho é: mantenha-se em um ritmo uniforme.

Ligações Não Perigosas – Elisões

Liaison (ligação) e *elision* (elisão) são dois elementos do idioma francês que proporcionam sua fluidez e sua bela melodia ao atenuar as asperezas da pronúncia. Vamos dar uma olhada nesses dois recursos para que fiquem mais claros.

Ligação

A ligação se refere à união da consoante final de uma palavra com a vogal inicial da próxima. Há muitas regras em francês que explicam quando a ligação é obrigatória, opcional e proibida. Poderíamos ter páginas e mais páginas a respeito dessas regras, mas você provavelmente nunca se lembraria delas. Em vez disso, basta seguir o guia de pronúncia fornecido neste capítulo e o código fonético para as palavras e expressões encontrado ao longo deste livro.

Faça uma ligação quando a pronúncia da última consoante de uma palavra preceder a vogal inicial da palavra seguinte. Vejamos, por exemplo, a expressão *vous arrivez*. O *s* final (pronunciado *z*) da primeira palavra *vous* (pronunciada *vu*) é ligado ao início da próxima palavra, *arrivez*. A pronúncia dessa palavra é agora *zarrivê*, e a ligação obrigatória foi efetuada sem nenhum problema.

Expressão		Pronúncia com Ligação
Vous arrivez	(você chega)	*vu zarivê*
Mon amis	(meu amigo)	*moN nami*

Elisão

A elisão ocorre com dois sons vocálicos pronunciados: um no final de uma palavra e o outro no início da próxima. A primeira vogal cai e é substituída por um apóstrofo. Para pronunciar as palavras, basta fundi-las, como mostra a tabela a seguir.

Palavras	Elisão	Pronúncia
Je arrive (eu chego)	J'arrive	*jarive*
Le hôtel (o hotel)	L'hôtel	*lôtél*

Se tentar pronunciar os dois sons vocálicos separadamente, eles entram em conflito e você, provavelmente, terá a impressão de que há uma palavra entalada na sua garganta. A elisão é um processo natural e proporciona fluidez ao idioma.

Adicione um Pequeno Acento

Se esta for sua primeira experiência com uma língua estrangeira, você provavelmente ficará um pouco surpreso com a acentuação gráfica (como em *"Oh là là"* visto anteriormente e em *"hôtel"* na tabela acima). Os acentos gráficos em francês são muito mais frequentes do que em português, mas pense neles como guias de pronúncia que o ajudarão a falar francês como um nativo.

Aprimorando a Sua Pronúncia

Para algumas pessoas, a pronúncia francesa é apreendida sem muito esforço. Se você teve a sorte de nascer com um "bom ouvido", é provável que seja um bom cantor ou toque um instrumento musical com facilidade. Dessa forma, você será capaz de imitar o ritmo, a entonação e a acentuação do francês falado sem problemas.

Para a maioria de nós, entretanto, a pronúncia apresenta alguns problemas. Se for o caso, você está em boa companhia. Uma dessas pessoas é o meu professor de Literatura Francesa na Universidade Rhodes, em Memphis, Tenessee, formado na Universidade de Oxford, Inglaterra, e que chegou a ser diretor do Departamento de Línguas Românicas. Ele era bem charmoso, interessante, educado, muito intelectualizado, lia muito e era muito culto. Mas ele também tinha a pior pronúncia francesa que eu já ouvi. Pronunciava cada palavra, cada sílaba e cada letra de maneira tão desarmônica e com tamanha ênfase e acentuação que os alunos até fechavam os olhos na tentativa de minimizar os sons que ele produzia. Ele se tornou memorável por "assassinar" a pronúncia.

> **Un, deux, trois**
> Para perder a inibição e melhorar sua pronúncia, leia jornais, revistas e literatura em francês em voz alta.

Em meus dias de inocência, eu sempre imaginava porque aquele professor ensinava uma língua cuja pronúncia apresentava tantas dificuldades para ele. Mas, quando me recordo, percebo que, na verdade, sua pronúncia horrível não fazia a menor diferença. Por quê? Porque todos compreendíamos tudo o que ele dizia. E essa, *débutant(e)*, é uma ótima lição para todos nós. Não importa o seu sotaque (e ele não seria pior do que o daquele professor); contanto que você faça uso do vocabulário correto, as pessoas entenderão o que você quer dizer. Ninguém rirá de você. É possível que eles digam apenas "*Pardon?*" com mais frequência. Mas, no final, o seu nível de competência em pronúncia não é tão importante assim. Então, relaxe, esforce-se o máximo que puder e, acima de tudo, não desanime.

Marcas de Acentuação

Em francês, há cinco diferentes acentos gráficos usados para: mudar o som das letras (*é* versus *è*, *à* versus *â* etc.); diferenciar o sentido de duas palavras cuja ortografia é a mesma (*a* [tem] e *à* [para ou em], *ou* [ou] e *où* [onde] etc.); ou para substituir o **s** que, há muitos séculos, fez parte de uma palavra no francês antigo. A seguir, apresento algumas especificidades dos acentos gráficos.

Um *accent aigu* (´) é usado apenas no *e* (*é*). É produz o som *ê*, como em *bebê*.

Um *accent grave* (`) é usado com o *a* (*à*), *e* (*è*), e *u* (*ù*). No *e* (*è*), o acento grave produz o som *é*, como em *café*. E ele não muda o som do *a* (`a) ou do *u* (*ù*).

Um *accent circonflexe* (^) pode ser usado em todas as vogais: *â, ê, î, ô, û*. Os sons vocálicos são mais longos para *â* e *ô*, ligeiramente mais longos para *ê* e praticamente imperceptíveis para *î* e *û*.

Um *cédille* (¸) é usado apenas no *c* (*ç*). Quando o **c** vier antes do *a, o* ou *u*, pronuncie a letra como um *c* suave (o som de *s*).

Um *tréma* (¨) ocorre na segunda vogal de uma série de vogais. Este acento indica que as duas vogais são pronunciadas separadamente, cada uma com seu som distinto: Haïti (aiti), Noël (noél).

Sons Vocálicos Simplificados

As vogais francesas são um pouco complicadas porque, em geral, cada vogal possui vários sons diferentes. Regras específicas e acentuação gráfica ajudam a determinar como uma vogal deve ser pronunciada. Nas tabelas a seguir, há algumas palavras que irão ajudar a praticar certas pronúncias. Mas não se esqueça do seguinte: H e Y são geralmente considerados vogais em francês.

Letra	Símbolo	Guia de Pronúncia
a, à, â	*a*	Pronuncie *a* como em *ato*.

Capítulo 2: Pronuncie Corretamente   17

Abra bem a boca (mas nem tanto) e diga *ahhh...*

ça	la	ma	sa	ta	va	papa	Canada
sá	*lá*	*má*	*sá*	*tá*	*vá*	*papá*	*kanadá*

Letra	Símbolo	Guia de pronúncia
é, –er e *–ez* finais; *es* em algumas palavras de uma sílaba; algumas combinações *ai, et*	*ê*	Pronuncie *ê* como em p**ere**rê.

É, –er e *–ez* finais são sempre pronunciados *ê*. Em vez de tentar memorizar as regras (um pouco vagas), pratique o seguinte:

bébé	danser	chez	des	ai
bêbê	*daNsê*	*xê*	*dê*	*ê*
télé	arriver	nez	les	gai
têlê	*arivê*	*nê*	*lê*	*guê*
été	désirer	allez	mes	et
êtê	*dêsirê*	*alê*	*mê*	*ê*

Letra	Símbolo	Guia de pronúncia
e em palavras monossilábicas ou no meio de uma palavra seguido de uma única consoante	*e*	Este fonema não existe em português. A pronúncia é o som entre o *e* e o *o*.

Esta é uma outra regra que exige atenção demais para uma simples conversação em francês. Consulte o guia de pronúncia até que a regra seja incorporada:

ce	je	le	ne	de
se	*je*	*le*	*ne*	*de*
regarder	venir	repasser	demander	prenons
regardê	*venir*	*repasê*	*demaNdê*	*prenon*

Letra	Símbolo	Guia de pronúncia
è, ê e *e* (mais duas consoantes ou consoante final pronunciada), *et, ei, ai*	*é*	Pronuncie *é* como em *café*.

18   Parte 1: Princípios Básicos

Neste estágio, não se sobrecarregue com regras. Se tiver dúvida, deixe o guia de pronúncia resolvê-la para você. Com prática você acaba chegando lá.

très *tré*	mère *mére*	père *pére*	achète *axéte*	bibliothèque *biblioték*
fête *féte*	tête *téte*	être *étre*	même *méme*	prêter *prétê*
est *é*	sept *séte*	rester *réstê*	concert *coNsér*	Suzette *suzéte*
quel *kél*	sel *sél*	chef *xéf*	cher *xér*	cette *séte*
ballet *balé*	bonnet *boné*	jouet *jué*	complet *komplé*	cabinet *kabiné*
seize *séze*	treize *tréze*	Seine *séne*	peine *péne*	pleine *pléne*
aider *édê*	jamais *jamé*	chaise *xéze*	mais *mé*	américaine *amêrikéne*

Letra	Símbolo	Guia de Pronúncia
i, î, y, ui	*i*	Pronuncie *i* como em *bife*.

Sorria e mostre os dentes ao dizer *i*:

il *il*	ici *isí*	midi *midí*	timide *timíde*	visiter *visitê*
Sylvie *silví*	lycée *lisê*	mystère *mistére*	dîne *dine*	île *ile*
huit *uít*	nuit *nuí*	qui *kí*	guide *guide*	bruit *bruí*

Letra	Símbolo	Guia de Pronúncia
i + ll, l quando precedidos de vogal	*i*	Pronuncie *i* como em *íon*.

Capítulo 2: Pronuncie Corretamente   **19**

Nas combinações *ill, ail* ou *eil*, o *l* é mudo:

fille	famille	gentille	billet	grille
fíie	*famíie*	*jantíie*	*bíié*	*gríie*

soleil	œil	travail	détail	taille
soléi	*éi*	*travái*	*dêtái*	*táie*

Letra	Símbolo	Guia de Pronúncia
i + ll apenas nas palavras a seguir	*il*	Pronuncie como em *vila*.

Em toda regra há uma exceção. Neste caso, porque as exceções não são tantas, vale a pena memorizar as palavras – até porque elas são usadas com bastante frequência:

ville	village	mille	million	tranquille
vile	*vilaje*	*mile*	*milioN*	*traNkile*

Letra	Símbolo	Guia de Pronúncia
o (antes de *se*), *o* (último som pronunciado em uma palavra), *ô*, *au, eau*	*ô*	Pronuncie *o* com som fechado como em vovô.

Mantenha os lábios arredondados para pronunciar este som *o* fechado. Mais uma vez, para este som *o*, você terá que aprender várias combinações de letras. Mas, por enquanto, siga o guia de pronúncia:

radio	trop	mot	stylo	vélo
radiô	*trô*	*mô*	*stilô*	*vêlô*

hôtel	allô	tôt	bientôt	hôpital
ôtél	*alô*	*tô*	*bientô*	*ôpitál*

au	aussi	jaune	autre	auteur
ô	*ôsí*	*jône*	*ôtre*	*ôtêur*

eau	beau	cadeau	gâteau	manteau
ô	*bô*	*kadô*	*gatô*	*mantô*

20   Parte 1: Princípios Básicos

Letra	Símbolo	Guia de Pronúncia
o seguido por uma consoante pronunciada, exceto *s*	o	Pronuncie o *o* um pouco mais aberto.

Este som do *o* não é tão redondo e fechado como o anterior. Será preciso praticar um pouco para que você possa distinguir entre esses dois sons do *o*. Não se preocupe - pode ser que ninguém preste muita atenção também. Mas, ao praticar, procure ouvir a diferença.

notre	pomme	donner	téléfone	octobre
notre	*pome*	*donê*	*têlêfone*	*oktobre*

Letra	Símbolo	Guia de Pronúncia
ou, où	u	Pronuncie **u** como em tat**u**.

Arredonde bem os lábios para pronunciar *u*:

toujours	écouter	douze	doux	beaucoup
tujur	*êkutê*	*duze*	*du*	*boku*

Letra	Símbolo	Guia de Pronúncia
oy, oi	uá	Pronuncie **ua** como em **gua**raná.

Abra bem a boca para pronunciar *uá*:

moi	trois	soir	froid	voiture
muá	*truá*	*suá*	*fruá*	*vuatüre*
pourquoi	voyage	voyez		
purkuá	*vuáiage*	*vuáiê*		

Letra	Símbolo	Guia de Pronúncia
u, û	ü	Não há equivalente em português. Soa entre **u** e **i**.

Realmente, não há nenhum som em português que seja equivalente ao som do *u* francês. Para um bom resultado pronuncie o som *u* de *uva* enquanto tenta pronunciar *i* de *menina*. Ao tentar produzir o som, concentre-se em arredondar bem os lábios e franzi-los, como se tivesse comido picles bem azedo. Talvez seja o mais próximo que você chegue desse som. Mas se pronunciar *u*, não se preocupe; as pessoas entenderão o que você quer dizer. Este é um som estrangeiro que requer muita concentração e prática.

super	sur	tu	du	une	salut
süper	*sür*	*tü*	*dü*	*üne*	*salü*

O Som Deve Ser Nasal!

Para produzir um som nasal francês, é preciso usar o nariz e a boca. Veja como isso é feito: tampe o nariz e use a boca para produzir o som vocálico. Não é simples? É lógico que você não vai andar por aí tampando o nariz com os dedos. Essa é apenas uma técnica para mostrar-lhe como deve ser um som nasal.

Nós estamos tão acostumados à pronúncia do português, que nunca paramos para analisar como produzimos os sons. Ao aprender uma língua estrangeira, é necessário refletir sobre os sons que queremos emitir.

Sons nasais ocorrem quando uma vogal é seguida de um *N* ou *M* numa mesma sílaba. No próximo guia de pronúncia, você verá um som vocálico seguido por *N*. Isso indica que o som deve ser nasal.

 Attention!
Cuidado! Há um som nasal nas seguintes combinações: vogal + *MM*, vogal + *M* + vogal, vogal + *NN*, vogal + *N* + vogal. Por exemplo, *homme* é pronunciado *oM*; *bonne* é pronunciado *boNe*.

Nasal Francesa	Símbolo	Guia de Pronúncia
an (*am*), *en* (*em*)	*aN*	Semelhante ao **an** de **an**de, com ênfase no **n**.

Agora, tampe o nariz, diga *ande*, e em pouco tempo você estará pronunciando o som nasal corretamente. Preste atenção ao *N* que indica o som nasal.

22   Parte 1: Princípios Básicos

français	dans	anglais	grand	lampe
fraNsé	*daN*	*aNglé*	*graN*	*laNpe*
maman	ambiance	ambition	en	encore
mamaN	*aNbiaNse*	*aNbisioN*	*aN*	*aNkór*
souvent	attendre	décembre	temps	employé
suvaN	*ataNdre*	*dêsaNbre*	*taN*	*aNpluáiê*

Nasal Francesa	Símbolo	Guia de Pronúncia
in (im), ain (aim)	*eN*	Não há som equivalente em português. É um som intermediário entre *a* e *e*.

Tampe o nariz novamente e pratique os sons:

cinq	Martin	cousin	demain	américain
seNk	*marteN*	*kuzeN*	*demeN*	*amêrikeN*
simple	important	impossible	impatient	faim
seNple	*eNportaN*	*eNposible*	*eNpasiaN*	*feN*

Nasal Francesa	Símbolo	Guia de Pronúncia
oin	*uen*	Pronuncie mais ou menos como em *aguenta*, mas o som do *e* é intermediário, entre *a* e *e*, como no som anterior.

Você já deve estar se acostumando aos sons nasais. Tente os seguintes:

loin	coin	moins	point	soin
lueN	*kueN*	*mueN*	*pueN*	*sueN*

Nasal Francesa	Símbolo	Guia de Pronúncia
ien	*ieN*	Não há similar em português. Como nos dois casos anteriores, o som do *e* é intermediário entre *a* e *e*.

Tente os seguintes sons:

bien	rien	vient	italien	Lucien
bieN	*rieN*	*vieN*	*italieN*	*LüsieN*

Nasal Francesa	Símbolo	Guia de Pronúncia
on (om)	oN	Pronuncie como em **on**de.

Tente mais alguns sons nasais:

on	bon	sont	non	onze
oN	*boN*	*soN*	*noN*	*oNze*
pardon	tomber	bombe	comprendre	combien
pardoN	*toNbê*	*boNbe*	*coNpraNdre*	*coNbiêN*

Nasal Francesa	Símbolo	Guia de Pronúncia
um (um)	aN	Pronuncie como em **an**de.

Tenha paciência e pratique os últimos sons nasais:

un	brun	lundi	parfum	emprunter
aN	*braN*	*laNdi*	*parfaN*	*aNpraNtê*

Consoantes São Fáceis!

A maior parte das consoantes finais não é pronunciada, com exceção dos *c, r, f* e *l* finais. Tome cuidado, o som *s* final não é pronunciado em francês. Se pronunciá-lo, irá denunciar seu amadorismo em relação ao idioma.

Tente pronunciar as seguintes palavras:

Éric	Luc	avec	parc
êrik	*lük*	*avek*	*park*
amour	bonjour	tour	cour
amur	*bonjur*	*tur*	*kur*
neuf	sauf	chef	actif
nêf	*sôf*	*xef*	*aktif*
il	Michel	journal	cheval
il	*mixél*	*jurnal*	*xeval*

Mas...

salut	dessert	beaucoup	minutes
salü	*desér*	*boku*	*minüte*

24   Parte 1: Princípios Básicos

Letra	Símbolo	Guia de Pronúncia
b, d, f, k, l, m, n, p, s, t, v, z	os mesmos	Pronuncie como em português.

Essas letras também são fáceis, pois elas são pronunciadas como em português. A seguir, apresento algumas regras que devem ser observadas para a pronúncia de outras consoantes.

Letra	Símbolo	Guia de Pronúncia
c (som forte – como em *casa* – antes de *a, o, u* ou consoante), *qu*, *q* no final da palavra	k	Pronuncie *c* como em *casa*.

Lembre-se de pronunciar o *c* com um som duro:

carte	court	document	classe	qui
karte	*Kur*	*docümaN*	*klase*	*ki*
quoi	quatre	pourquoi	laque	cinq
kuá	*katre*	*purkuá*	*lake*	*saNK*

Letra	Símbolo	Guia de Pronúncia
c (som suave – como em *cidade*– antes de *e, i, y*), *ç, s* no início da palavra, *s* próximo a uma consoante, -*tion*(*t*), *x* (apenas nas palavras mencionadas a seguir)	s	Pronuncie como em *cidade*.

Como pode ser observado, assim como em português, há várias maneiras de registrar o som *s* em francês. Pratique:

ce	cinéma	Nancy	ça	nation
se	*sinemá*	*naNsi*	*sá*	*nasioN*
attention	invitation	action	six	dix
ataNsioN	*eNvitasioN*	*aksioN*	*sis*	*dis*

Letra	Símbolo	Guia de Pronúncia
ch	x	Pronuncie *ch* como em *chinês*.

Capítulo 2: Pronuncie Corretamente   25

Nós, falantes de português, não apresentamos dificuldade para pronunciar este som, uma vez que ele está presente em nosso idioma.

chanter	chocolat	sandwich	toucher	chercher
xaNtê	*xokolá*	*saNduixe*	*tuxê*	*xerxê*

Letra	Símbolo	Guia de Pronúncia
g (som forte antes de *a, o, u,* ou antes de consoante, *gu*(antes de *i, e, y*)	*g/gu*	Pronuncie *g* como em *gato* e *gu* como em *guia*.

Estas palavras não devem apresentar problema:

garçon	gomme	goûter	glace	légume
garsoN	*gome*	*gutê*	*glase*	*lêgüme*
Guy	bague	fatigué	guide	Guillaume
gi	*bague*	*fatiguê*	*guide*	*guiiôme*

Letra	Símbolo	Guia de pronúncia
g (som suave antes de *e, i, y*), *ge* (antes de *a, o*), *j*	*j*	Pronuncie o *j* como em *hoje*.

A pronúncia deste som não deveria apresentar problema para nós, falantes de português:

garage	girafe	Gisèle	Égypte
garaje	*jirafe*	*jizéle*	*êjipte*
âge	orange	manger	voyageons
aje	*oraNje*	*maNjê*	*vuaiajoN*
je	jour	jaune	jupe
je	*jur*	*jône*	*jüpe*

Letra	Símbolo	Guia de Pronúncia
gn	*nh*	Pronuncie **nh** como em *minha*.

A pronúncia deste som também não deve apresentar problema para falantes do português. Mas é sempre bom praticar:

montagne	Espagne	gagner	accompagner
montanhe	*espanhe*	*ganhê*	*akoNpanhê*

26   Parte 1: Princípios Básicos

Letra	Símbolo	Guia de Pronúncia
h	—	sempre mudo

Chegamos à letra mais fácil de todas. O *h* é sempre mudo em francês. Na maioria das vezes ele é usado como uma vogal e, consequentemente, requer elisão com a vogal que o preceder: *l'homme* (o homem). Em outras ocasiões, o *h* é usado como consoante e não requer elisão com a vogal precedente: *Le héros* (o herói). Para saber como o *h* está sendo usado, é preciso consultar um dicionário, onde a consoante *h* geralmente é indicada por um asterisco (*).

huit	hôtel	heure	homme
ui	*ôtel*	*êure*	*ome*

Letra	Símbolo	Guia de Pronúncia
r	*r*	Pronuncie **rr** como em *carro*.

O *r* francês requer a participação da sua garganta. Ele é mais gutural do que o nosso *rr*. Pratique da seguinte maneira: primeiro, acomode sua língua na parte inferior da boca e posicionando-a contra os dentes. Mantenha-a pressionada ali, fora do caminho. Limpe a garganta ou gargareje e pronuncie o *r* no fundo da garganta ao mesmo tempo. Este é o *r* francês.

Alguns conselhos: não enrole o *r* (como fazem os espanhóis). Não enrole sua língua (como fazem os americanos). Pratique bastante, mas não será muito difícil para nós, falantes do português.

merci	au revoir	parler	rentrer
mérsi	*ôrevuá*	*parlê*	*rantrê*

Letra	Símbolo	Guia de Pronúncia
s (entre vogais), -*sion*	*z*	Pronuncie **z** como em *zero*.

Este som é fácil:

musée	musique	cousin	télévision
müzê	*müzike*	*kuzeN*	*têlêvizioN*

Letra	Símbolo	Guia de Pronúncia
th	*t*	Pronuncie **t** como em **t**udo.

Capítulo 2: Pronuncie Corretamente   27

Veja:

Catherine	thé	théâtre	sympathique
katerine	*tê*	*têatre*	*saNpatiKe*

Letra	Símbolo	Guia de Pronúncia
x	ks	Pronuncie *x* como em tá*x*i.

Este último som (isso mesmo, finalmente chegamos ao fim) pode ser traiçoeiro. Pratique-o bem:

extra	mixte	excellent	exprimer
ekstra	*mikste*	*ekselaN*	*eksprimê*

Attention!

A pronúncia do *x*, quando este for precedido por outra vogal, tem o som de **gz**:

exotique	example	exactement	exagéré
egzotike	*egzample*	*egzaktemaN*	*egzajêrê*

Surpreenda com Sua Pronúncia

Agora que você é um especialista, faça uso da sua melhor pronúncia francesa e pratique pronunciar os seguintes nomes que foram retirados de um catálogo de telefones de Paris:

1. Eric Leparc
2. Colette Lapierre
3. Michel Lechien
4. Alain Lechat
5. Agnès Leloup
6. Roland Lamouche
7. Patrick Lebœuf
8. Solange Laforêt
9. Philippe Lebec
10. Florence LaVigne
11. Monique Lepont
12. Daniel La Tour

Attention!

Muitos sobrenomes franceses começam com *Le* e *La* e têm sua origem em elementos da natureza. Quando os nomes das pessoas se referem a belezas naturais, isso acrescenta um charme extra ao idioma.

Respostas

Surpreenda com Sua Pronúncia

1. *érik La park*
2. *kolete lapiére*
3. *mixél lexieN*
4. *aleN lexá*

5. *anhes lelu*
6. *rolaN lamuxe*
7. *patrike lebêuf*
8. *solanje laforê*

9. *filipe lebek*
10. *floraNse lavinhe*
11. *monike lepuaN*
12. *daniel latur*

Capítulo 3

O Francês Que Você Já Sabe

Neste Capítulo

- ◈ Os cognatos auxiliam a compreensão
- ◈ Truques de ortografia que funcionam
- ◈ Palavras francesas usadas em português
- ◈ Evitando erros

Café, restaurant, amateur, boutique, bureau – você já sabe muitas palavras em francês. Talvez você ainda não se deu conta, mas seu vocabulário é cheio de palavras e frases francesas. Você verá que elas são muito fáceis de usar e entender com um mínimo de esforço.

No final deste capítulo, você estará no caminho certo para produzir frases simples, porém inteligentes, que lhe possibilitarão expressar sentimentos, pensamentos e opiniões.

Eu Já Sei Isto!

Não há absolutamente nada de bom nesta televisão! Depois de assistir ao noticiário francês da TV a cabo, meu marido (que não possui nenhum sangue francês circulando em suas veias) corre para a locadora local para escolher algum tipo de diversão para a noite. Uma hora depois, ele volta com um largo sorriso nos lábios e exclama alegremente: "*Oiseau* [uazô; palavra francesa

30 Parte 1: Princípios Básicos

para 'pássaro,' – esse é o seu apelido carinhoso para mim], tenho uma surpresa para você". Fico esperando cheia de ansiedade o nome de um super lançamento. Em vez disso, ele me diz que escolheu o filme francês mais recente que encontrou nas prateleiras.

Como uma *francophile*, eu deveria pular de alegria. Porém, é possível ler um ar de decepção no meu rosto. Verdade seja dita, acho os filmes franceses destituídos de aventura; não gosto de estudo de personagens; e as legendas desviam muito a atenção. Por outro lado, meu marido mal pode esperar para colocar o filme no aparelho de DVD e não consigo entender o porquê. Ele estudou francês durante dois anos na universidade, mas isso aconteceu há mais de 30 anos. E era **eu** quem fazia todos os seus deveres de casa! E suas médias finais (6.0) não eram nenhuma indicação de um caso de amor com o idioma francês.

Então, por que filmes franceses? Ele gosta de filmes exóticos; adora ouvir a língua; e acredite ou não, ele consegue entender o que os atores estão dizendo. Como pode? Como aluno, ele nunca fez exercícios de compreensão oral. Como, então, esse homem faz isso?

Os *cognatos* seriam a chave para esse mistério. Definindo resumidamente, um cognato é uma palavra que possui significado e ortografia exatamente ou quase iguais aos de uma palavra em português. Algumas vezes, tomamos emprestada essa palavra do francês, letra por letra, e a incorporamos ao nosso vocabulário. Com certeza, os cognatos são pronunciados diferentemente de um idioma para outro, mas o significado da palavra francesa fica bastante óbvio para qualquer falante do português.

Um Par Perfeito

A tabela a seguir contém uma lista de cognatos (palavras que possuem exatamente o mesmo significado tanto em francês quanto em português). Use o tempo que for necessário para treinar a pronúncia das palavras em francês e compare-as ao seu equivalente em português. Seu objetivo deve ser o de pronunciá-las como um falante nativo.

Em francês, todos os substantivos (pessoas, lugares, coisas e ideias) possuem gênero masculino ou feminino. Isso não é estranho para nós, falantes de português, já que nosso sistema linguístico opera da mesma forma. Entretanto, os gêneros dos substantivos franceses nem sempre coincidem com o gênero de seus correspondentes em português. Mas, por ora, lembre-se de que, se desejar dizer que o idioma francês é fácil, basta fazer como em português, você deve usar o artigo definido: "*Le français est facile*".

Ao ler a tabela a seguir, observe que a maioria dos substantivos em francês está listada sob o artigo definido *le* ou *la*. Esses artigos significam *o/a* e, como em português, indicam o gênero do substantivo (masculino ou feminino, respectivamente). Se você for observador, notará que *l'* é usado com substantivos iniciados por uma vogal.

Intensificador de Memória

Não há um modo fácil de determinar o gênero de muitos substantivos em francês. Muitas vezes, o gênero do substantivo que denota um ser ou uma entidade assexuada não corresponde ao gênero da palavra equivalente em português (exemplo: o mar = *la mer*). Veja o Capítulo 6 para explicações mais detalhadas sobre este assunto. No momento, lembre-se de que *le* é o artigo masculino para substantivos no singular, *la* é para substantivos femininos no singular, e *l'* é para qualquer substantivo singular que se inicia com uma vogal.

Cognatos Perfeitos

Adjetivos		Substantivos	
	Le	*La*	*L'*
élégante	ballet	camélia	animal
êlêgante	*balé*	*kamêliá*	*animal*
abdominal	chef	cabine	arlequin
abdominal	*xéf*	*kabine*	*arlekeN*
normal	hamburger	charrette	islam
normal	*ambürger*	*xaréte*	*islaN*
civil	domino	raquette	hôtel
sivil	*dominô*	*rakéte*	*ôtél*
central	jardin	vedette	abdomen
saNtral	*jardeN*	*vedéte*	*abdomêN*

Um Par Quase Perfeito

A tabela a seguir lista os cognatos que possuem quase a mesma forma em francês e em português. Leve o tempo que considerar necessário praticando a pronúncia das palavras em francês e compare-as com seus equivalentes em português. Lembre-se de que seu objetivo deve ser o de parecer um falante nativo.

Observe que, como em português, todos os adjetivos em francês devem concordar em número e gênero com os substantivos que os modificam. (As regras que governam a concordância de adjetivos serão discutidas detalhadamente no Capítulo 9.)

Cognatos Quase Perfeitos

Adjetivos		Substantivos	
	Le	La	L'
confortable	docteur	cathédrale	agence
koNfortable	*dóktêur*	*katêdrale*	*ajaNse*
élégant	professeur	caricature	appartement
êlêgaN	*profesêur*	*karikatüre*	*apartemaN*
intéressant	programme	famille	artiste
eNtêresaN	*programe*	*famíie*	*artiste*
populaire	supermarché	fontaine	employé
popülére	*süpermarxê*	*fonténe*	*aNpluaiê*
sérieux	téléphone	musique	hôtel
sêriêu	*têlêfone*	*müsike*	*ôtél*
sincère	théâtre	personne	oncle
seNsére	*têatre*	*persone*	*oNcle*
splendide	touriste	salade	organisme
splaNdide	*turiste*	*salade*	*organisme*
superbe	vatican	soupe	oculiste
süpérbe	*vatikaN*	*supe*	*ocüliste*

Verbos Versáteis

Attention!

Em francês, assim como em português, os verbos são conjugados para concordar com seus sujeitos. As regras que regem a conjugação verbal serão explicadas no Capítulo 7.

Muitos dos verbos (palavras que denotam ação e estado) em francês são tão parecidos com seus equivalentes em português que você identificará seus significados quase que imediatamente. A maioria dos verbos se encaixa em uma dessas três famílias: a família *-er*, a família *-ir*, e a família *-re*. Esse conceito é familiar também para nós, falantes da língua portuguesa, já que também temos famílias de verbos, que denominamos 1ª, 2ª e 3ª conjugações.

Por ora, você verá que, sem sombra de dúvida, a família *-er* é a mais extensa das famílias de verbos em francês. Consideram-se *verbos regulares* quaisquer verbos que pertençam a uma família, enquanto aqueles que não pertencem a nenhuma são chamados de *irregulares*. Cada família tem

Capítulo 3: O Francês Que Você Já Sabe   33

seu próprio conjunto de regras, que serão explicadas no Capítulo 7. Quanto aos verbos irregulares, esses deverão ser memorizados.

Observe, abaixo, as três principais famílias de verbos e veja se é possível determinar os significados dos verbos apresentados na tabela.

Famílias de Verbos

Verbos terminados em –er

accompagner	examiner	observer	recommender
akoNpanhê	*egzaminê*	*observê*	*rekomaNdê*
adorer	alimenter	critiquer	centraliser
adôrê	*alimaNtê*	*kritikê*	*saNtralizê*
abandonner	engager	passer	narrer
abaNdonê	*aNgajê*	*pasê*	*narê*
séquestrer	utiliser	violer	voter
sêkéstrê	*ütilizê*	*violê*	*votê*
obliger	associer	persuader	articuler
oblijê	*asosiê*	*persüadê*	*artikülê*
encourager	entrer	nécessiter	réparer
aNkurajê	*aNtrê*	*nêsesitê*	*rêparê*
commender	hésiter	procéder	réserver
komaNdê	*êzitê*	*prosêdê*	*rêzervê*
restaurer	ignorer	préparer	réviser
restôrê	*inhorê*	*prêparê*	*rêvizê*
danser	supporter	présenter	irriter
daNsê	*süportê*	*prêzaNtê*	*iritê*
décider	lutter	imprimer	vérifier
dêsidê	*lütê*	*aNprimê*	*vêrifiê*

Verbos terminados em -ir   Verbos terminados em –re

applaudir	vendre
aplôdir	*vaNdre*
partir	défendre
partir	*dêfaNdre*
punir	répondre
pünir	*rêpoNdre*

Parte 1: Princípios Básicos

> ## Você conseguiu!
>
> É tão fácil assimilar os cognatos que você provavelmente será capaz de ler e entender as frases abaixo:
>
> 1. Le docteur examine le bébé.
> 2. Maman prépare la soupe et la salade.
> 3. La famille adore la télévision.
> 4. Le touriste réserve l'avion.
> 5. L'enfant adore la musique moderne.

> ## O Que Você Acha?
>
> Vamos imaginar que você é um turista em um país de língua francesa. Use o que aprendeu para expressar as opiniões a seguir para um outro turista:
>
> 1. O jardim é esplêndido.
> 2. A fonte é soberba.
> 3. O artista é popular.
> 4. A música é horrível.
> 5. O restaurante é elegante.
> 6. O hotel é confortável.

Truques Especiais de Ortografia

Alguns truques especiais de ortografia podem ajudar a determinar o significado de algumas palavras. Na tabela abaixo, observe que se acrescentarmos um *s* após a letra acentuada com um circunflexo ou com um acento agudo, fica mais fácil deduzir o significado da palavra em português. Então, tente completar a lista:

Truques Especiais

Acento (^)	Português	Acento (´)	Português
bête	besta	écarlate	escarlate
béte		êkarlate	
conquête	conquista	*école*	escola
KoNkéte		*êcole*	

Capítulo 3: O Francês Que Você Já Sabe 35

Acento (^)	Português	Acento (´)	Português
coûter *kutê*	custar	*épars* *êpar*	esparso
fête *féte*	festa	*épier* *êpiê*	espiar
forêt *fôré*	floresta	*écouter* *êkutê*	escutar
hôpital *ópital*	hospital	*éponge* *êponje*	esponja
entrecôte aNtrekôte	entrecosto	*épouse* *êpuze*	esposa
honnête *ónete*	_____	*état* *êtá*	_____
bâtard *batár*	_____	*étrange* *êtraNje*	_____
côte *kóte*	_____	*étude* *êtüde*	_____
dégoût *dêgu*	_____	*répondre* *rêpoNdre*	_____

Na primeira coluna, você encontrou *honesto, bastardo, costa* e *desgosto?* Muito bem! E na segunda coluna, você deduziu *estado, estranho, estudo* e *responde?* Eu sabia que você aprenderia rapidamente!

O Que Pegamos Emprestado

Você é um cozinheiro *gourmet* ou um *chef?* Você mora próximo a um *boulevard?* Em uma sociedade multicultural como o Brasil, aceitamos rapidamente valores, padrões e muitas outras coisas que tomamos emprestadas de outras culturas, contanto que elas se adaptem aos nossos desejos, às nossas necessidades e tornem nossas vidas significantes, gratificantes e interessantes. Assim, tomamos emprestadas muitas palavras do idioma francês e as utilizamos no dia a dia. Adotamos essas palavras e as integramos em nosso vocabulário. É fácil admitir, incorretamente, que essas palavras são da língua portuguesa - mas não são!

36 Parte 1: Princípios Básicos

Conscientização do Francês

A maioria de nós utiliza amplamente as palavras e expressões, em francês, listadas abaixo. Tente defini-las, se puder:

1. à la carte
2. c'est la vie
3. chic
4. crème de la crème
5. déjà vu
6. objet d'art
7. pièce de résistance
8. R.S.V.P.
9. rendez-vous
10. voilá

Falsos Amigos (*Faux Amis*)

Então, justamente quando você acha que sabe tudo, ou que tenha entendido as regras perfeitamente, as exceções surgem impedindo, assim, que você se torne muito confiante. Os *faux amis* (falsos amigos) – ou falsos cognatos – são palavras que possuem ortografia exatamente ou quase igual, tanto em francês quanto em português, mas com significados muito diferentes em cada idioma e podendo até mesmo pertencer a classes gramaticais diferentes.

Não caia na armadilha de achar que toda palavra em francês que se parece com uma em português é, automaticamente, um cognato. Não é tão simples assim. Cuidado com os *faux amis*, alguns dos quais se encontram listados na tabela abaixo.

Falsos Amigos

Francês	Classe Gramatical	Significado em Português	Falso Amigo em Português	Classe Gramatical
depuis *depuí*	preposição	desde	depois	preposição
l'auge *lôje*	substantivo	pia, bebedouro	auge	substantivo
pourtant *purtaN*	advérbio	entretanto	portanto	advérbio
sobre *sobre*	adjetivo	sóbrio	sobre	preposição
le mot *le mô*	substantivo	palavra	mote	substantivo
la chute *la xüte*	substantivo	queda	chute	substantivo
subir *sübir*	verbo	sofrer	subir	verbo
la tasse *la tase*	substantivo	xícara	taça	substantivo
la ville *la vile*	substantivo	cidade	vila	substantivo
fracasser *frakasê*	verbo	partir, quebrar	fracassar	verbo
le carton *le karton*	substantivo	papelão	cartão	substantivo
la presse *la prese*	substantivo	imprensa	pressa	substantivo

continua

38 Parte 1: Princípios Básicos

Falsos Amigos (continuação)

Francês	Classe Gramatical	Significado em Português	Falso Amigo em Português	Classe Gramatical
vide *vide*	adjetivo	vazio	vide	verbo
la pente *la paNte*	substantivo	inclinação, declive	pente	substantivo
l'anectode *l'anekdote*	substantivo	historieta	anedota	substantivo
mais *mé*	conjunção	mas	mais	advérbio

Respostas

Você Conseguiu!

1. O médico examina o bebê.
2. A mãe prepara a sopa e a salada.
3. A família adora a televisão.
4. O turista reserva o avião.
5. A criança adora a música moderna.

O Que Você Acha?

1. Le jardin est splendide.
2. La fontaine est superbe.
3. L'artiste est populaire.
4. La musique est horrible.
5. Le resturant est élégant.
6. L'hôtel est confortable.

Conscientização do Francês

1. O que está no cardápio regular.
2. É a vida.
3. Chique.
4. A elite.
5. Algo já visto.
6. Objeto de arte.
7. A melhor parte.
8. Favor responder.
9. Encontro.
10. Aqui está.

Capítulo 4

Usando Expressões Idiomáticas

Neste Capítulo

- ◈ Expressões idiomáticas, suas definições e seus usos
- ◈ Gírias, suas definições e quando usá-las

As expressões idiomáticas são bastante importantes para a compreensão total e correta de um idioma. Pense em uma mulher jovem e bonita andando pelo Champs-Élysées, uma arborizada e elegante avenida em Paris. Dois homens caminhando em direção oposta aproximam-se e a olham da cabeça aos pés. Ela ouve um dos homens dizer casualmente para o outro *"Oh là là. Elle a du chien"*. A jovem, tendo estudado francês por um ano ou dois na escola, entende *elle* (ela) and *chien* (cachorro). Imediatamente, ela deduz que os dois a chamaram de "cachorra". Se for extremamente ousada, ela talvez dê um soco na cara de um deles.

Entretanto, essa jovem acabou de cometer um tremendo erro. O que ela não entendeu é que a expressão *avoir du chien* significa "ser bonito, sexy". O equivalente em português ao que os dois homens disseram na realidade foi: "Cara, ela é uma gata".

Expressões Idiomáticas Não São para Qualquer Um!

Então, o que são exatamente as expressões idiomáticas? Em qualquer *idioma*, uma *expressão idiomática* é uma palavra ou expressão cujo sentido não pode ser entendido prontamente, nem por sua gramática nem pelas palavras usadas. Você já viu essas expressões, mesmo que não esteja consciente delas:

Sua vida é um mar de rosas.

Cair de quatro por alguém.

Ele é meu braço direito.

Estar no fundo do poço.

Expressões *versus* Gírias

Qual a diferença entre uma expressão idiomática e uma gíria? A *gíria* refere-se a palavras ou frases coloridas e populares que não fazem parte do vocabulário padrão de um idioma. Consideramos a gíria como linguagem não convencional. Muitas gírias evoluíram a partir da necessidade de descrever coisas ou situações específicas. Aqui estão alguns exemplos de gírias em português:

Dá um tempo!

Cai na real!

Que azarão!

As expressões idiomáticas são aceitas em português falado e escrito, enquanto as gírias, apesar de usadas em conversações, são consideradas como linguagem de padrão inferior no discurso escrito e no oral formal. O uso de muitas gírias é, no mínimo, considerado vulgar.

Faça Sua Escolha

Dê uma olhada em algumas das expressões populares abaixo que usamos na língua portuguesa. Tenho certeza de que você logo perceberá que seria impossível traduzi-las para o francês com o mesmo significado. Certamente, elas não podem ser traduzidas palavra por palavra. O que são as expressões a seguir? Expressões idiomáticas ou gírias?

Não arranque os cabelos antes da hora. d'água.

Não faça tempestade em copo

Estamos com a corda no pescoço.

Arregace as mangas!

Você conseguiu reconhecer que estas são expressões idiomáticas que usamos o tempo todo em português? Muito bom! Compare agora estas com as que vêm a seguir:

Capítulo 4: Usando Expressões Idiomáticas   41

Foi sinistro!   Ele pagou o maior mico...

Você notou como essas gírias diferem das expressões idiomáticas? Excelente! Provavelmente você não irá usar muitas gírias em francês; entretanto as expressões idiomáticas serão bastante úteis.

Existem muitas expressões idiomáticas em francês. Neste capítulo veremos seis categorias que podem ser úteis: viagens e transportes, tempo, localização e direção, opiniões, condições físicas e condições climáticas. Outras expressões idiomáticas são apresentadas nos capítulos apropriados.

Decolando

Vamos imaginar que você está viajando. Poderíamos perguntar: "Você vai de avião ou de navio?". Existem várias alternativas em francês para a preposição *de* em português. Por exemplo, brinquedo *de* plástico (jouet *en* plastique), cana *de* açúcar (canne *à* sucre), *de* cor (*par* coeur). Se você disser, por exemplo, "*Je vais à l'avion*", o sentido será outro, que você irá até o avião. Por esta razão, é bom que invista um pouco de tempo para aprender as expressões idiomáticas apresentadas no quadro abaixo.

> ## Intensificador de Memória
>
> A preposição *en* é geralmente, mas não sempre, usada quando se quer dizer que alguém está utilizando um meio de transporte.

Expressões Idiomáticas para Viagens e Transportes

Expressão	Pronúncia	Significado
à cheval	a xeval	a cavalo
à pied	a piê	a pé
en automobile	aN notomobile	de automóvel
en avion	aN navioN	de avião
en bateau	aN batô	de barco
en bus	aN büs	de ônibus
en métro	aN mêtrô	de metrô
en moto	aN motô	de moto
en taxi	aN taksi	de táxi
en train	aN treN	de trem
en velo	aN vêlô	de bicicleta
en voiture	aN vuatüre	de carro

Chegou a Hora

Para alguns viajantes, tempo é fator essencial. Eles querem ter certeza de que serão acordados bem cedo pela manhã. Eles desejam entrar em ação o mais rápido possível. Para outros, o tempo não tem a menor importância. Eles nem mesmo usam relógio. Como estão de férias, tempo não é importante. Entretanto, quer você seja uma pessoa preocupada com o tempo ou não, as expressões na tabela abaixo serão muito úteis.

Expressões Idiomáticas de Tempo

Expressões	Pronúncia	Significado
à bientôt	*a biaNtô*	até breve
à ce soir	*a se suar*	até de noite
à demain	*a demeN*	até amanhã
à l'heure	*a lêur*	na hora
à la fois	*a la fuá*	na mesma hora
à samedi	*a samedi*	até sábado
à temps	*a taN*	a tempo
à tout à l'heure	*a tuta lêur*	até breve
au bout de	*ô bu de*	no final de
au revoir	*ô revuar*	até logo
de bonne heure	*de boN nêure*	cedo
de jour en jour	*de jur an jur*	gradualmente
de temps à autre	*de taN zaôtre*	ocasionalmente
de temps en temps	*de taN zaN taN*	de tempos em tempos
du matin au soir	*Du mateN ô suar*	de manhã à noite
en même temps	*aN meme taN*	ao mesmo tempo
en retard	*aN retar*	tarde
il y a (+ tempo)	*iliá*	há (+ tempo)
par jour (semaine, mois)	*par jur (semene, muá)*	por dia, por semana, por mês
tout à l'heure (no passado)	*tu ta lêur*	dentro de instantes, há (pouco) tempo atrás
tout de suite	*tu de suite*	imediatamente

Capítulo 4: Usando Expressões Idiomáticas **43**

Intensificador de Memória

Use a preposição *à* para expressar *até* antes de um período de tempo, quando tiver a expectativa de ver alguém no futuro próximo. Por exemplo, *à lundi* (até segunda-feira).

Quando?

Qual expressão idiomática de tempo, em francês, você usaria nas seguintes situações?

1. Ao se despedir de um amigo no final do dia, você diria...

2. Se seu chefe deseja que alguma coisa seja feita imediatamente, ele quer que ela seja feita...

3. Se você tem uma entrevista marcada para as 9h da manhã e você chega às 10h, você chega...

4. Se você tem uma entrevista marcada para as 9h da manhã e você chega às 8h, você chega...

5. Se você vai encontrar um amigo hoje mais tarde, você o(a) encontrará...

6. Se você vai ao cinema de vez em quando, você vai...

7. Se você trabalha o dia inteiro, você trabalha...

8. Se estiver se despedindo de um amigo hoje, mas sabe que o verá amanhã novamente, você dirá...

Para Onde?

Provavelmente, dentre as expressões idiomáticas, as mais úteis são aquelas que expressam como chegar onde desejamos. A maioria dos homens, naturalmente, jamais sonharia em pedir orientações. Eles precisam provar que podem se localizar sozinhos. Assim, quando eu e meu marido nos desviamos do caminho conhecido, sou eu que sempre vou ao posto de gasolina mais próximo para pedir informações. Gosto de saber exatamente

44 Parte 1: Princípios Básicos

para onde estou indo e, caso me perca, quero orientações precisas. As expressões de lugar e direção na tabela abaixo são bem importantes para qualquer viajante. (E, a propósito, sim, esta lista também é para homens.)

Expressões Indicativas de Localização e Direção

Expressão	Pronúncia	Significado
à côté (de)	*a kotê (de)*	próximo a, ao lado de
à droite	*a druate (de)*	à direita (de)
à gauche	*a goxe (de)*	à esquerda (de)
à l'etranger	*a lêtraNjê*	no exterior
à la campagne	*a la kaNpanhe*	no campo
à la maison	*a la mezoN*	em casa
à part	*a par*	à parte
à travers	*a travér*	do outro lado, através
au loin	*ô lueN*	ao longe
au millieu (de)	*ô miliê*	no meio (de)
au-dessous de	*ô desu (de)*	abaixo, embaixo
au-dessus (de)	*ô desü (de)*	acima, sobre
de l'autre côté (de)	*de lôtre kotê (de)*	do outro lado (de)
du côté (de)	*dü kotê (de)*	no sentido de, em direção a
en bas	*aN bá*	na parte inferior
en face (de)	*aN fase*	em frente, oposto a
en haut	*aN ô (de)*	em cima (de)
en plein air	*aN ple nér*	ao ar livre, do lado de fora
en ville	*aN vile*	no centro da cidade
le long de	*le loN de*	ao longo de
par ici (là)	*parisí (la)*	por aqui (por lá)
tout droit	*tu druá*	sempre em frente
tout près	*tu pré*	perto

Chegando São e Salvo

Você consegue chegar ao seu destino. No mapa de ruas de uma cidade, abaixo, existem seis prédios para você identificar:

la pharmacie Legrand	*o cinéma Rex*
le café Lebrun	*le restaurant Bonaparte*
le théâtre Odéon	*Le musée d'Art moderne*

Leia as orientações abaixo e marque os prédios no boulevard Victor Hugo:

À gauche de la pâtisserie il y a le théâtre Odéon. Et à côté du théâtre il y a le café Lebrun. En face du café se trouve le restaurant Bonaparte. À droite de la pâtisserie, il y a la pharmacie Legrand. De l'autre côté du boulevard, en face, est le cinéma Rex. À gauche du cinéma et tout droit devant le théâtre se trouve le musée d'Art moderne.

Le boulevard Victor Hugo

la pâtisserie

Então, Qual a Sua Opinião?

Todos nós, em algum momento, temos uma opinião a respeito de alguma coisa. Alguns de nós certamente expressam mais suas opiniões do que outros. Quer você esteja falando sobre as condições de seu voo, o que comeu, o filme a que assistiu, as pessoas que conheceu, ou sua vida em geral, é necessário saber como expressar suas emoções. A tabela abaixo provavelmente o ajudará.

Expressando Opiniões com Expressões Idiomáticas

Expressão	Pronúncia	Significado
à mon avis	*a moN navi*	na minha opinião
à vrai dire	*a vré dire*	para dizer a verdade
au contraire	*ô kontrére*	ao contrário

continua

Expressando Opiniões com Expressões Idiomáticas (continuação)

Expressão	Pronúncia	Significado
bien entendu	*biaN naNtaNdü*	naturalmente
bien sûr	*biaN sür*	naturalmente
bon marché	*bom marxê*	barato
c'est-à-dire	*sé ta dire*	quer dizer
ça m'est égal	*sa me tégal*	não tem importância para mim/eu não me importo
ça ne fait rien	*sa ne fé riaN*	isso não importa
d'accord	*dakór*	concordo/tudo bem
de mon côté	*de moN kotê*	quanto a mim/ da minha parte
jamais de la vie	*jamé de la vi*	nunca/fora de questão
n'importe	*naNporte*	não importa
ressembler à	*resaNblê a*	parecer
sans doute	*saN dute*	sem dúvida
tant mieux	*taN miê*	tanto melhor
tant pis	*taN pí*	tanto pior
tout à fait	*tu ta fé*	totalmente
tout de même	*tu de meme*	da mesma forma

Está Tudo Bem Com Você?

Sempre use o verbo *avoir* (ter) para expressar condição física. Todas as expressões na tabela a seguir, como você poderá observar, começam com o verbo *avoir*, que significa "ter". Como em português, é preciso conjugar *avoir*, já que o sujeito da frase muda; porém este tópico será discutido mais adiante, no Capítulo 9. Por ora, concentre-se apenas em como você está se sentindo – J'ai (*jé*; eu tenho) – usando as expressões para condições físicas na tabela abaixo.

Expressões para Condições Físicas e Sensações

Expressão	Pronúncia	Significado
avoir besoin	*avuar bezuaN*	precisar
avoir chaud	*avuar xô*	ter calor
avoir envie	*avuar aNví*	querer/ desejar
avoir faim	*avuar feN*	ter fome
avoir froid	*avuar fruá*	ter frio
avoir honte (de)	*avuar oNte (de)*	ter vergonha (de)
avoir l'air (+adj)	*avuar lér*	parecer
avoir l'air de (+inf)	*avuar lér de*	parecer
avoir mal à	*avuar mal a*	ter dor em
avoir peur (de)	*avuar pêur (de)*	ter medo de
avoir quelque chose	*avuar kelke xôze*	ter alguma coisa errada
avoir reason	*avuar rezon*	ter razão
avoir soif	*avuar suáf*	ter sede
avoir sommeil	*avuar soméi*	ter sono
avoir tort	*avuar tór*	estar errado
avoir _____ ans	*avuar _____ aN*	ter _____ anos

Querida, Como Está Frio Lá Fora!

Os viajantes, de modo geral, têm certa obsessão pela previsão do tempo. Isso parece fazer bastante sentido, se considerarmos que muitos planos de viagem são dependentes do tempo. O idioma francês aborda o clima de um modo um pouco diferente do nosso. Se você dissesse ao seu anfitrião *"Il est chaud"*, ele certamente pensaria que você estava se referindo a algo quente demais para ser tocado. O francês usa somente o verbo *faire* (fazer) para descrever a maioria das condições meteorológicas. Em português, usamos não apenas o verbo fazer, como também o verbo estar. Mas se você estiver na França, faça como os franceses. Então, estude a tabela a seguir.

As condições meteorológicas são sempre expressas impessoalmente, como no português, usando a expressão *Il fait...* (faz). É possível usar o verbo *faire* com outros substantivos e pronomes, mas não quando estiver falando sobre o tempo.

Expressões Sobre Condições Meteorológicas

Expressões	Pronúncia	Significado
il fait beau	*il fé bô*	o tempo está bom
il fait chaud	*Il fé xô*	faz calor, está quente
il fait des éclairs	*ilfé de zéklér*	está relampejando
Il fait doux	*Il fé du*	está ameno
il fait du soleil	*Il fé dü solei*	faz sol
il fait du tonnerre	*Il fé dü tonére*	está trovejando
il fait du vent	*Il fé dü vaN*	está ventando
il fait frais	*Il fé fré*	está fresco
il fait froid	*Il fé frua*	faz frio
Il fait jour	*Il fé jur*	é dia, está claro
il fait mauvais	*Il fé move*	o tempo está feio
Il fait nuit	*Il fé nui*	é noite, está escuro
Quel temps fait-il?	*kél taN fé til?*	Como está o tempo?

Usando as Expressões

Que expressões, em francês, você usaria nas seguintes situações?

1. Você quer dizer a um amigo que o tempo está bom.

2. Você quer dizer a um amigo que o encontrará mais tarde, à noite.

3. Um amigo quer saber como você vai para St. Martin. Diga que vai de barco: Je vais _____ .

4. Você é abordado na rua e um estranho pede orientações de como chegar ao museu. Diga para seguir sempre em frente: Il est _____ .

5. Você quer dizer a um amigo que ele está certo: Tu as _____ .

6. Um amigo pergunta se você deseja ir ao cinema. Diga que para você tanto faz.

Respostas

Quando?

1. *au revoir*
2. *tout de suite*
3. *en retard*
4. *de bonne heure*
5. *tout à l'heure*
6. *de temps em temps (de temps à autre)*
7. *du matin au soir*
8. *à demain*

Chegando São e Salvo

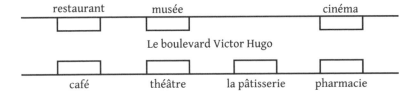

Usando as Expressões

1. *Il fait beau.*
2. *À ce soir.*
3. *en bateau*
4. *tout droit*
5. *raison*
6. *Ça m'est égal.*

Capítulo 5

Domine a Gramática

Neste Capítulo

- Um curso intensivo de gramática básica
- Dicas de como usar um dicionário bilíngue

A abordagem atual para aprender uma língua estrangeira é certamente muito diferente da do passado, já que houve uma minimização da importância de regras gramaticais e ênfase na comunicação. Assim, se deseja falar francês como um francês/francesa, você ficará feliz em saber que falar uma língua estrangeira não significa, necessariamente, que terá que traduzir mentalmente palavra por palavra de um idioma para o outro e concentrar-se em memorizar páginas e páginas de regras.

Com certeza, era assim que se ensinava naquele tempo (e por pura experimentação!). Mas as autoridades no assunto finalmente reconheceram que comunicar não significa andar com um dicionário embaixo do braço. Ao contrário, comunicar significa aprender a usar o idioma com suas estruturas, do modo como um falante nativo o faz. Para tal, você precisa saber a gramática básica assim como as expressões idiomáticas e os coloquialismos que os nativos utilizam.

Se a gramática é seu ponto fraco, não se desespere. Nosso foco aqui é estritamente em suas habilidades comunicativas. Assim, se você tiver deficiências em uma área, compense-a com outra: use linguagem corporal, gestos faciais, bom senso e um dicionário para se fazer compreendido.

Ataque a Gramática

Quando ouve a palavra *gramática*, você sente um frio na boca do estômago como quando alguém menciona a palavra *matemática*? Alguma vez você já teve o prazer de analisar uma oração? Ainda tenho memórias vivas de muitos termos gramaticais aparentemente inúteis.

Não é necessário que seja um especialista em gramática para aprender um idioma estrangeiro. Tudo do que você realmente precisa é da compreensão de quatro classes gramaticais básicas: substantivos, verbos, adjetivos e advérbios. Não fique nervoso. Vou mostrar como isso tudo é simples.

Substantivos

Os **substantivos** referem-se a pessoas, lugares, coisas ou ideias. Assim como no português, os substantivos em francês podem ser substituídos por pronomes (*ele, ela, eles, elas*). Também como em nosso idioma, todos os substantivos em francês possuem um gênero. Isto significa dizer que todos os substantivos têm *sexo*, o que deve chamar sua atenção. Mas desculpe-me por desapontá-lo, pois nesse caso sexo refere-se à designação masculino ou feminino do substantivo.

Mais uma vez, como no português, em francês, todos os substantivos variam em número (singular ou plural). Os artigos (palavras que representam *o/a* ou *um/uma*) servem como marcadores de substantivos e normalmente ajudam a indicar gênero e número. Mas, mesmo que não consiga identificar o gênero de um substantivo, ainda assim você será compreendido, desde que use a palavra correta. (Você aprenderá mais sobre gênero no Capítulo 6.)

Verbos

Os **verbos** são palavras que denotam ação ou estado das coisas. Tanto em português quanto em francês, nós os conjugamos. A palavra *conjugar* soa bem mais apavorante do que ela realmente é. Em português, conjugar é tão automático (nós conjugamos verbos praticamente desde que nascemos) que nem percebemos quando o fazemos. Eu tinha uma amiga que estudou francês durante quatro anos e nunca entendeu o conceito de conjugação verbal. (Ela faltou à aula naquele dia). O conceito é bem simples.

Conjugar significa usar a forma correta do verbo para que ele concorde com o sujeito. Por exemplo, em português, dizemos *eu sou*, mas *você é*, *ele é*, e assim por diante; *eu olho*, mas *ela olha*. Simplesmente não funciona misturar e combinar os sujeitos e as formas verbais, esteja você falando português ou francês. Imagine como seria estúpido se um francês falando português dissesse "Eu é".

Você terá que se esforçar para usar a forma do verbo que combine com o sujeito, mas não se desespere. Mesmo que use a forma errada do verbo, você será compreendido. Com certeza, você entenderia um estrangeiro que dissesse: "Você ser muito legal". (A conjugação verbal será explicada com mais detalhes no Capítulo 7.)

Adjetivos

Os **adjetivos** auxiliam na descrição dos substantivos. Como em português, os adjetivos concordam em gênero (sexo) e número com os substantivos que eles modificam. Em outras palavras, em uma frase em francês, as palavras têm que combinar entre si. Se o substantivo for singular, seu adjetivo também deve estar no singular. Se o substantivo for feminino, você deve dar ao adjetivo que estiver usando, a forma feminina correta.

Em português, na maioria das vezes, os adjetivos são colocados depois do substantivo que eles modificam: *a casa azul*. Em francês ocorre o mesmo. A maioria dos adjetivos vem *depois* dos substantivos que eles descrevem: *la maison bleue.* Como você pode observar, os dois idiomas são similares quanto a este aspecto. (Você terá mais explicações a respeito deste assunto no Capítulo 9.)

Advérbios

Os **advérbios** são palavras que descrevem os verbos, adjetivos ou outros advérbios. Exatamente como em português, muitos dos advérbios em francês terminam em -*ment* (-*mente*): *Il danse lentement.* Os advérbios provavelmente apresentarão poucos problemas ao longo da aprendizagem do idioma. (Os advérbios serão discutidos em maiores detalhes no Capítulo 18.)

Usando um Dicionário Bilíngue

É claro que você sabe usar um dicionário de português. Mesmo que não saiba a ortografia exata de uma palavra que esteja procurando, você acaba tropeçando nela. Mas o uso de dicionários bilíngues requer, ainda que mínimo, algum conhecimento gramatical. Acredite ou não, um teste com consulta a um dicionário é provavelmente mais difícil do que qualquer teste para o qual você tivesse que estudar.

Quando começar a usar um dicionário bilíngue, a primeira coisa que você deve fazer é abri-lo no início e achar a página que contém a lista de abreviações. Geralmente, a lista é bastante longa e completa, mas apenas algumas abreviações são realmente essenciais e necessitam de sua atenção.

54　Parte 1: Princípios Básicos

adj.　Adjetivo.

adv.　Advérbio.

f.　Indica um substantivo *feminino*. (O gênero dos substantivos é explicado no Capítulo 6).

n.　Substantivo (às vezes *s* é usado). A designação *n.* em geral é usada se o substantivo puder ser masculino ou feminino.

m.　Indica um substantivo *masculino*.

pl.　Indica um substantivo no *plural* (mais detalhes sobre substantivos plurais no Capítulo 6).

p.p.　Indica o *particípio passado* de um verbo. O particípio passado é necessário quando usar um verbo no passado. (Segue explicação no Capítulo 21.)

v.i.　Indica um verbo *intransitivo*, quer dizer um verbo com sentido completo que não precisa de complemento: *Eu ando.*

> ### Attention!
>
> Alguns verbos podem ser tanto transitivos como intransitivos, dependendo do contexto e de seu significado. Lembre-se de que é necessário usar um objeto direto quando o verbo for designado como transitivo.

v.t.　Indica um verbo *transitivo* que pode ser seguido por um objeto direto: *Ele tirou o chapéu* (*tirar* não tem sentido completo) ou que pode ser usado na voz passiva, na qual o sujeito sofre ou recebe a ação: *Eu fui visto.*

v.r.　Indica um verbo *reflexivo*, no qual o sujeito pratica a ação e sofre os efeitos dessa ação. *Eu me penteio.* (Os verbos reflexivos serão discutidos no Capítulo 20.)

Vamos testar a sua habilidade para usar um dicionário bilíngue francês-português, português-francês. Comecemos com a palavra em português *cabo*. Observe as frases a seguir e como o significado da palavra *cabo* muda:

Ele é **cabo** do exército. (substantivo)

A panela não tem **cabo**. (substantivo)

É preciso trocar os **cabos** da embarcação. (substantivo)

O **Cabo** das Agulhas fica na África do Sul. (substantivo)

Capítulo 5: Domine a Gramática 55

Temos que levar a **cabo** este projeto. (substantivo)

É preciso dar **cabo** desse lixo. (substantivo)

Pesquise a palavra *cabo* no dicionário e você terá:

cabo / ca.bo

sm **1** poignée. **2** *Geogr* cap. **3** *Mil* caporal, brigadier. **4** *Náut* amarre. **cabo de reboque** câble de remorque. **cabo de vassoura** manche du balai. **cabo elétrico** câble électrique. **dar cabo de** conclure. **levar a cabo** mener à bien. **TV a cabo** TV à câble.

Agora, tente completar as frases a seguir com a forma correta de **cabo**, em francês:

1. *Ela chegou ao cabo da Boa Esperança.* Em francês temos: *Elle est arrivé au* _____ *de Bonne-Espérance.* A resposta é *cap.*

2. *É preciso dar cabo deste debate lamentável.* Em francês: *Il faut* _____ *ce débat lamentable.* A resposta é *conclure.*

3. *Os cabos do barco são novos.* Em francês: *Les* _____ *du bateau sont nouvelles.* Resposta: *amarres.*

4. *O meu irmão é cabo da marinha nacional.* Em francês: *Mon frère est un* _____ *de la Marine nationale.* Resposta: *brigadier.*

5. *Não temos TV a cabo.* Em francês: *Nous n'avons pas la TV* _____ . Resposta: *à câble.*

Como pôde observar, para encontrar os significados corretos da palavra que deseja usar, é necessário:

- Certificar-se de que está usando a classe gramatical correta: substantivo, verbo, adjetivo ou advérbio.

- Conferir a sua escolha pesquisando a palavra francesa que utilizou e verificando se o significado em português é aquele que deseja.

- Verificar se está usando a forma correta da palavra em termos de número (singular/plural) e gênero (masculino/feminino).

56 **Parte 1: Princípios Básicos**

Pesquise Isto

Use um dicionário bilíngue e tente encontrar a palavra correta para completar cada uma das frases em francês a seguir. Neste exercício, você já encontrará os artigos apropriados.

1. Comprei uma camisa de manga comprida.

   J'ai acheté une chemise à _____ longue.

2. A manga é minha fruta preferida.

   La _____ est mon fruit préféré.

3. O português é minha língua materna.

   Le portugais est ma _____ maternelle.

4. A língua é o órgão do paladar.

   La _____ est l'organe du goût.

5. O sol é uma estrela.

   Le soleil est une _____ .

6. Ela é uma estrela de teatro.

   Elle est une _____ de théâtre.

7. A orquídea é uma planta.

   L'orchidée est une _____ .

8. Não tenho a planta da casa.

   Je n'ai pas le _____ de la Maison.

Mais uma Pesquisa

Use o dicionário bilíngue para completar cada uma das seguintes frases em francês. Os artigos já foram incluídos.

1. Há um ponto de interrogação aqui.

   Il y a un _____ d'interrogation ici.

2. Ali há um ponto de ônibus.

   Il y a un _____ d'autobus là-bas.

Capítulo 5: Domine a Gramática 57

3. Há um banco branco no meu jardim.

   Il y a un _____ blanc dans mon jardin.

4. Tenho uma conta no banco.

   J'ai un compte en _____ .

5. Ela é muito paciente.

   Elle est très _____ .

6. O médico vai examinar o paciente.

   Le médicin va examiner le _____ .

7. Ele estava presente na reunião.

   Il était _____ à la réunion.

8. Ele me deu um presente.

   Il ma fait un _____ .

Respostas

Pesquise Isto

1. manche
2. mangue
3. langue
4. langue
5. étoile
6. vedette
7. plante
8. plan

Mais uma Pesquisa

1. point
2. arrêt
3. banc
4. banque
5. patiente
6. patient
7. présent
8. cadeau

Capítulo 6

Francês – O Idioma Sexy

Neste Capítulo

- ◆ Maneiras de determinar o gênero
- ◆ Marcadores de gênero
- ◆ Mudando do singular para o plural

Em francês, assim com em português, todo substantivo é classificado como masculino ou feminino, singular ou plural. Ou seja, substantivos em francês variam em gênero e número. O que determina o gênero dos substantivos em francês? Às vezes é bem óbvio, às vezes há algumas pistas e, outras vezes, é simplesmente imprevisível. Este capítulo ensina a fazer as conexões certas.

A Guerra dos Sexos

Se estiver falando sobre um homem ou uma mulher, o gênero é óbvio. Mas e se quiser falar sobre uma loja que você viu no outro dia? A palavra *boutique* por si só não dá nenhuma indicação sobre seu gênero. Você então deduz que é feminino porque as mulheres gostam de frequentar lojas? Na atual conjuntura, esse tipo de dedução é perigoso. Há, no entanto, artifícios que podem ser usados para determinar o gênero, artifícios esses que você aprenderá ao longo deste capítulo. Por exemplo, a palavra *boutique* termina com *que*. A maioria das palavras francesas com essa terminação é feminina.

60 Parte 1: Princípios Básicos

Attention!

Cuidado ao tentar usar o bom senso para adivinhar os gêneros: maquiagem, meia-calça e livro de bolso são masculinos, enquanto carro, camisa e pescaria são femininos.

Imagine que você quer comprar uma gravata que viu na loja. Seria normal deduzir que *cravate* é masculino, uma vez que os homens as usam mais frequentemente do que as mulheres. Mas a sua dedução estaria incorreta. Na verdade, *cravate* é feminino, assim como em português. "Mas por quê?", você deve estar pensando. "Isso não faz muito sentido, a palavra nem termina com a vogal *a*, como em português". Você está certo, não faz sentido. E, infelizmente, não há pistas ou artifícios para ajudar com essa e muitas outras palavras.

Intensificador de Memória

Com palavras começando com vogal ou som vocálico (h, y), os artigos definidos *le* e *la* tornam-se *l'*. Assim sendo, aprenda qual artigo indefinido, *un* ou *une*, é usado com as palavras iniciadas por vogal.

Então, o que fazer? Você deve aprender quais terminações são, frequentemente, masculinas e quais são femininas; quanto às outras, você deve memorizar a palavra associada com seu *marcador* (*le*[*un*] ou *la* [*une*]). Caso esqueça qual é o marcador, há sempre um bom dicionário francês que pode ser consultado.

Mas lembre-se: mesmo se cometer um erro quanto ao gênero, contanto que use o vocabulário correto, você será compreendido.

Marcadores de Substantivos

Marcadores de substantivos são artigos ou adjetivos que indicam se um substantivo é *masculino* (*m.*) ou *feminino* (*f.*), *singular* (*sing.*) ou *plural* (*pl.*). Os marcadores mais comuns, mostrados na tabela a seguir, são os *artigos definidos* expressando "o", "a", "os" e "as" e os *artigos indefinidos* expressando "um", "uma", "uns", "umas". O *e* final do artigo *une* nunca é suprimido. Entretanto, ele muda a pronúncia da palavra *un* (*aN*) para *une* (*üne*).

Marcadores de Substantivos no Singular

	Masculino	Feminino
o, a	le (l') (le)	la (l') (la)
um, uma	un (aN)	une (üne)

Substantivos no Singular

A identificação do gênero dos substantivos na tabela a seguir é muito fácil, uma vez que eles se referem, obviamente, ao sexo masculino ou feminino.

Substantivos de Gênero Óbvio

Substantivo	Pronúncia	Português
Masculinos		
le père	*le pére*	pai
le grand-père	*le graN-pére*	avô
le garçon	*le garsoN*	menino
l'ami	*lami*	amigo
un homme	*aN nome*	homem
un oncle	*aN noNkle*	tio
un cousin	*aN kuzeN*	primo
un ami	*aN ami*	amigo
Femininos		
la mère	*la mére*	mãe
la grand-mère	*la graN-mére*	avó
la fille	*la fíie*	filha
l'amie	*lami*	amiga
une femme	*üne fame*	mulher
une tante	*üne taNte*	tia
une cousine	*üne kuzine*	prima
une amie	*üne ami*	amiga

Todos os substantivos devem ser identificados como masculinos ou femininos. Use *le* para expressar o artigo definido (o) e *un* para expressar o artigo indefinido (um) antes de um substantivo masculino no singular. Use *la* para expressar o artigo definido (a) e *une* para expressar o artigo indefinido (uma) antes de um substantivo feminino no singular. Use *l'* antes de qualquer substantivo no singular que inicie com uma vogal ou *h* mudo, independentemente do gênero.

Substantivos Comuns de Dois Gêneros

Alguns substantivos podem ser tanto masculinos quanto femininos (são os chamados substantivos comuns de dois gêneros). Para indicar se você está se referindo a um homem ou uma mulher, simplesmente troque o marcador para adequá-lo à identidade da pessoa:

Le touriste (masculino) prend (está tirando) des photos.

La touriste (feminino) aussi prend des photos.

Ao pesquisar uma dessas palavras no dicionário, você não encontrará um simples *m.* ou *f.* Alguns dicionários as designam com um *s.* para substantivo, ou simplesmente indicam *m/f.* A tabela a seguir lista substantivos que podem ser tanto masculinos quanto femininos. Para distinguir entre os dois gêneros, é preciso escolher o marcador correto, de acordo com a pessoa sobre a qual você está falando.

Substantivos Comuns de Dois Gêneros, Parte 1

Palavra	Pronúncia	Significado
artiste	*artiste*	artista
camarade	*kamarade*	amigo/a
concierge	*koNsiérje*	porteiro(a)/zelador(a)
élève	*êléve*	aluno/a
enfant	*aNfaN*	criança
malade	*malade*	doente
secrétaire	*sekrêtére*	secretária/o
touriste	*turiste*	turista

Observe esta frase interessante:

Jacques Cousteau est une personne importante.

Assim como em português, alguns substantivos são sempre masculinos ou femininos, independentemente do sexo da pessoa. Observe que a lista dos substantivos "sempre masculinos" na tabela a seguir, os quais geralmente se referem a profissões, é muito mais extensa do que a lista dos substantivos "sempre femininos".

Capítulo 6: Francês – O Idioma Sexy   63

Substantivos Comuns de Dois Gêneros, Parte 2

Sempre Masculinos	Sempre Femininos
agent de police (*ajaN de polise*; policial)	connaissance (*konesaNse*; conhecido)
bébé (*bêbê*; bebê)	personne (*persone*; pessoa)
chef (*xef*; chefe)	star (*star*; estrela)
dentiste (*daNtiste*; dentista)	vedette (*vedete*; vedete)
écrivain (*êkriveN*; escritor)	victime (*viktime*; vítima)
ingénieur (*eNjêniêur*; engenheiro)	
mannequin (*manekeN*; modelo)	
médicin (*mêdiseN*; médico)	
pompier (*poNpiê*; bombeiro)	
peintre (*peNtre*; pintor)	
professeur (*profesêur*; professor)	

As terminações encontradas na tabela a seguir podem ser úteis para determinar o gênero de um substantivo e para facilitar a concordância. Mas isso requer memorização e prática de sua parte. Quando estiver em dúvida quanto ao gênero de um substantivo, consulte um dicionário e procure pelo *m.* ou *f.*, pesquisando cuidadosamente em caso de dúvida quanto ao gênero.

Terminações Masculinas e Femininas

Terminações Masculinas	Exemplo	Terminações Femininas	Exemplo
-acle	spetacle (*spetakle*)	-ade	limonade (*limonade*)
-age*	garage (*garaje*)	-ale	cathédrale (*katêdrale*)
-al	animal (*animal*)	-ance	chance (*xaNse*)
-eau**	château (*xatô*)	-ence	essence (*esaNse*)
-et	ticket (*tikê*)	-ette	baguette (*bagéte*)
-ier	papier (*papiê*)	-ie	magie (*mají*)
-isme	cyclisme (*siklisme*)	-ique	boutique (*butike*)

Continua

64   Parte 1: Princípios Básicos

Terminações Masculinas e Femininas (continuação)

Terminações Masculinas	Exemplo	Terminações Femininas	Exemplo
-ment	changement (*xaNjemeN*)	-oire	histoire (*istuáre*)
		-sion	expression (*ekspresioN*)
		-tion	addition (*adisioN*)
		-ure	coiffure (*kuafüre*)

Exceto page (paje) (f.) página; plage (plaje) (f.) praia; rage (raje) (f.) raiva; cage (caje) (f.) gaiola; nage (naje) (f.) nada.
**Exceto eau (ô) (f.) água; peau (pô) (f.) pele*

Marque os Substantivos

Você está em uma loja de presentes. Use o artigo indefinido *un* ou *une* para dizer ao vendedor o que você deseja.

Exemplo: chaînette *f.* (*xénete*; corrente)

Je voudrais une chaînette, s'il vous plaît.

Por favor, eu gostaria de uma corrente.

1. _____ écharpe *f.* (*êxarpe*; lenço para o pescoço)
2. _____ tee-shirt *m.* (*ti-xert*; camiseta)
3. _____ tableau (*tablô*; quadro)
4. _____ collier (*koliê*; colar)
5. _____ ceinture (*saNtüre*; cinto)
6. _____ bougie (*buji*; vela)
7. _____ bracelet (*braselê*; pulseira)
8. _____ journal (*jurnal*; jornal)

Substantivos com Mudança na Terminação

No que diz respeito a alguns substantivos, o gênero feminino é obtido com a simples adição de um *e* no final da forma masculina. Isso leva a uma mudança na pronúncia de qualquer substantivo feminino cuja forma masculina termina em *consoante*. Na forma masculina, a consoante final não é pronunciada, mas quando o *e* é acrescentado para formar o feminino, a consoante deve ser pronunciada. Outra alteração se dá no som nasal final da terminação masculina -*in* (*aN*), que perde sua nasalidade quando a terminação feminina se torna -*ine* (*ine*). Observe as alterações na tabela abaixo.

Substantivos com Mudança na Terminação

L' (L'), Un	La (L'), Une
ami (*ami*; amigo)	amie (*ami*; amiga)
avocat (*avoká*; advogado)	avocate (*avokate*; advogada)
client (*kliaN*; cliente)	cliente (*kliaNte*; cliente)
cousin (*kuzeN*; primo)	cousine (*kuzine*; prima)
employé (*aNpluaiê*; empregado)	employée (*aNpluaiê*; empregada)
étudiant (*êtüdiaN*; estudante)	étudiante (*êtüdiaNte*; estudante)
voisin (*vuazeN*; vizinho)	voisine (*vuazine*; vizinha)

Algumas terminações masculinas de substantivos (geralmente as que se referem a profissões), muito convenientemente, possuem uma terminação feminina correspondente, cuja pronúncia também difere da masculina, como você poderá observar na tabela abaixo.

Mais Substantivos com Mudança na Terminação

Terminação Masculina	Terminação Feminina
-an paysan (*péizaN*; camponês)	-anne pasanne (*péizane*; camponesa)
-el contractuel (*koNtraktüel*; guarda de trânsito)	-elle contractuelle (*koNtraktüele*; guarda de trânsito)
-er pâtissier (*patisiê*; confeiteiro)	-ère pâtissière (*patisiére*; confeiteira)

Continua

Mais Substantivos com Mudança na Terminação (continuação)

Terminação Masculina	Terminação Feminina
-eur vendeur (*vaNdêur*; vendedor)	-euse vendeuse (*vaNdêuze*; vendedora)
-ien mécanicien (*mêkaniciaN*; mecânico)	-ienne mécanicienne (*mêkanisiene*; mecânica)
-on patron (*patron*; patrão)	-onne patronne (*patróne*; patroa)
-teur spectateur (*spéktatêur*; espectador)	-trisse spectatrice (*spéktatrise*; espectadora)

Quando Há Mais de Um

Quando um substantivo francês se refere a mais de uma pessoa, um lugar, objeto ou uma ideia, ele deve ser transformado em plural, exatamente como no português. Mas a simples alteração do substantivo não é suficiente; o marcador também deve ser transformado em plural. Ao estudar a tabela abaixo, observe que, no plural, os marcadores de substantivos masculinos e femininos para *os/as* e *alguns/algumas* são os mesmos.

Marcadores de Substantivos no Plural

Masculino	Feminino	Masculino	Feminino
os	as	les	les
uns	umas	des	des

O que isso significa? O fato de *le, la* e *l'* tornarem-se *les* no plural e de *un* e *une* tornarem-se *des*, não permite determinar o gênero de nenhum substantivo apenas com a observação do marcador. Marcadores de substantivos no plural indicam apenas que o falante/escritor está se referindo a mais de um ser. Isso significa que é preciso aprender os substantivos acompanhados de seus marcadores no singular.

> ### Intensificador de Memória
>
> Em um grupo misto de elementos masculinos e femininos, a forma masculina plural sempre prevalece. *Les amis*, por exemplo, pode se referir a amigos do sexo masculino ou a um grupo de amigos de ambos os sexos. No caso de apenas amigas estarem presentes, use *les amies*.

Substantivos Plurais

A formação da maioria dos substantivos plurais em francês é realmente bem fácil. Tudo o que se deve fazer é acrescentar um *s* mudo à forma singular:

le garçon (*le garsoN*)
les garçons (*lé garsoN*)

un garçon (*aN garsoN*)
des garçons (*dé garsoN*)

la fille (*la fíie*)
les filles (*lé fíie*)

une fille (*üne fíie*)
des filles (*dé fíie*)

l'enfant* (*laNfaN*)
les enfants** (*lézaNfaN*)

un* enfant (*aNnaNfaN*)
des enfants** (*dézaNfaN*)

*Elisão

**Ligação

Está lembrado da elisão e da ligação no Capítulo 2? Use o guia de pronúncia e una os sons ligados pelo apóstrofo: *l'homme* (*lome*) e *j'écute* (*jêküte*), e ligue o som da consoante final com a vogal inicial: *les hôtels* (*lézótel*) e *nous arrivons* (*nouzarivoN*). Não pronuncie o *s* final, se quiser que o seu francês pareça autêntico.

As letras *s*, *x* e *z* são usadas para formar o plural em francês. Assim sendo, o que acontece quando se tem um substantivo que termina com uma dessas letras? Absolutamente nada!

le prix (*le pri*; preço, prêmio)

les prix (*lé pri*)

le fils (*le fis*; filho)

les fils (*lé fis*)

le nez (*le nê*; nariz)

les nez (*lé nê*)

68   Parte 1: Princípios Básicos

Palavras terminadas em -s:

l'ánanas (*lananá*; abacaxi)

l'autobus (*lôtobüs*; ônibus)

le bas (*le bá*; meia-calça)

le bras (*le brá*; braço)

le colis (*le koli*; pacote)

le corps (*le kor*; corpo)

le dos (*le dô*; costas/dorso)

la fois (*la fuá*; vez)

le héros (*le érô**; herói)

le mois (*le muá*; mês)

le jus (*le jü*; suco)

le palais (*le palé*; palácio)

le pardessus (*le pardesü*; casaco)

le pays (*le péí*; país)

le repas (*le repá*; refeição)

le tapis (*le tapí*; tapete)

*H é usado aqui como consoante, consequentemente, não requer elisão.

Palavras terminadas em -x:

la croix (*la kruá*; cruz)

la voix (*la vuá*; voz)

Mais de Um

É muito provável que, ao viajar, você veja mais de um palácio, museu, uma igreja etc. Caso deseje descrever ou falar sobre esses lugares, você vai querer que os seus plurais estejam afiados. Como a prática faz a perfeição, tente dizer que você está vendo mais de um dos objetos, lugares e uma das edificações contidos na lista abaixo.

Exemplo: héros: Je vois des héros

boutique   automobile

croix   tapis

restaurant   magazine

palais   autobus

Outros Plurais

A letra -x é usada, em francês, para formar plurais. Quando está no final da palavra não é pronunciada.

Com palavras terminadas em -eau:

le bateau (*le batô*; barco)   les bateaux

le bureau (*le bürô*; escritório/escrivaninha) les bureaux

le cadeau (*le kadô*; presente)   les cadeaux

Capítulo 6: Francês – O Idioma Sexy   **69**

le chapeau (*le xapô*; chapéu)	les chapeaux
le château (*le xatô*; castelo)	les châteaux
le couteau (*le kutô*; faca)	les couteaux
l'eau *f.* (*lô*; água)	les eaux
le gâteau (*le gatô*; bolo)	les gateaux
le manteau (*le maNtô*; casaco)	les manteaux
le morceau (*le môrsô*; pedaço)	les morceaux
l'oiaseau (*luazô*; pássaro)	les oiseaux
le rideau (*le ridô*; cortina)	les rideaux
le tableau (*le tablô*; quadro)	les tableaux

Com palavras terminadas em *–eu*, exceto *le pneu* (*le pnu*; pneu)/*les pneus*:

le cheveu (*le xevêu*; cabelo)	les cheveux
le jeu (*le jêu*; jogo)	les jeux
le lieu (*le liêu*; lugar)	les lieux
le neveu (*le nevêu*; sobrinho)	les neveux
l'animal (*lanimal*; animal)	les animaux
le cheval (*le xeval*; cavalo)	les chevaux
l'hôpital (*lôpital*; hospital)	les hôpitaux
le journal (*le jurnal*; jornal)	les journaux

Attention!

Embora, em francês, seja possível referir-se a um fio de cabelo como *un cheveu* (por exemplo, se houve um cabelo em sua comida), *cabelo*, em geral, é designado como *les cheveux.*

Acrescente *x* para formar o plural de alguns substantivos terminados em *-ou*:

le bijou (*le biju*; joia)	les bijoux
le caillou (*le káiiú*; cascalho)	les cailloux
le genou (*le jenú*; joelho)	les genoux
le joujou (*le jujú*; brinquedo)	les joujoux

Assim como em português, há algumas palavras cuja forma é sempre plural (*óculos, férias*), em francês elas também são encontradas. Veja alguns substantivos que podem ser úteis:

les ciseaux (*m.*) (*lé sizô*; tesoura)	les lunettes (*f.*) (*lé lünete*; óculos)
les gens (*m.*) (*lé jaN*; pessoas)	les vacances (*f.*) (*lé vakaNse*; férias)

A aprendizagem de uma língua estrangeira não seria um desafio se não houvesse irregularidades. Veja, a seguir, alguns plurais irregulares que podem ser úteis:

l'œil *m.* (*léi*; olho)	les yeux (*leziêu*)
le travail (*le travái*l; trabalho)	les travaux (*lé travô*)
madame (*madame*; senhora)	mesdames (*médame*)
mademoiselle (*mademuazéle*; senhorita)	mesdemoiselles (*médemuazéle*)
monsieur (*mesiêu*; senhor)	messieurs (*mésiêu*)

Alguns substantivos compostos (geralmente escritos com hífen) não mudam no plural, somente os artigos mudam.

le gratte-ciel (*le gratesiél*; arranha-céu)	les gratte-ciel
le hors d'oeuvre* (*le ordovre*; aperitivo)	les hors d'oeuvre
le rendez-vous (*le raNdevu*; encontro)	le rendez-vous

*Não há elisão com o h de hors d'oeuvre.

Prática com Plurais

Se você for como eu, está sempre procurando alguma coisa devido à distração ou a uma total falta de senso de direção. Experimente dizer a alguém o que você está procurando:

Exemplo: barcos: Je cherche les bateaux.

1. castelos	4. jornais	7. tesoura
2. óculos	5. pacotes	8. brinquedos
3. pessoas	6. palácios	

Respostas

Marque os Substantivos

1. une
2. un
3. un
4. un
5. une
6. une
7. un
8. un

Mais de Um

Je vois les boutiques.

Je vois les croix.

Je vois les restaurants.

Je vois les palais.

Je vois les automobiles.

Je vois les tapis.

Je vois les magazines.

Je vois les autobus.

Prática com Plurais

1. les châteaux
2. les lunettes
3. les gens
4. les journaux
5. les colis
6. les palais
7. les ciseaux
8. les joujoux

Capítulo 7

Em Movimento!

Neste Capítulo

- ◆ Pronomes pessoais
- ◆ Conjugação dos verbos regulares
- ◆ Verbos regulares comuns

No Capítulo 6, você aprendeu sobre os substantivos: como determinar seus gêneros e como colocá-los no plural. Os substantivos e os pronomes usados para substituí-los são muito importantes, já que é possível usá-los como sujeito de uma frase. Neste capítulo, você aprenderá a comunicar seus pensamentos em francês usando substantivos ou pronomes e os verbos que expressam ações.

Planejar e fazer uma viagem imaginária para um país de língua francesa ajudará você a saber como se sair bem em quase todas as situações do dia a dia nas quais você precisaria do idioma. Imagine os lugares aonde poderia ir: as cidades movimentadas, as praias, as cidades medievais. Imagine os lugares que poderia visitar: os museus, as catedrais, os parques, os jardins. Considere as pessoas que poderia conhecer: franceses, canadenses, haitianos, africanos. As possibilidades são intermináveis. Comecemos, então, pelo básico.

Quem É o Sujeito?

Você está viajando em uma excursão e todos parecem ter seus roteiros já programados. *Você* gostaria de tirar retratos dos bonitos vitrais das janelas da catedral de Notre Dame. A mulher ao seu lado, *ela* insiste em ver a Torre Eiffel. O casal à sua direita, *eles* prefeririam passar o dia fazendo compras. E o guia, bem, *ele* está bem aborrecido neste momento. Para expressar aquilo que as pessoas fazem, é preciso que você aprenda sobre verbos. Os verbos necessitam de um sujeito, quer ele esteja expresso, como em...

Eu gostaria de visitar o Louvre.

O guia está esperando por nós.

Ou subentendido, como em uma ordem...

Vá ao Centro Pompidou. (O sujeito está subentendido como *você*.)

Um sujeito pode ser tanto um substantivo como um pronome, que substitui o substantivo:

O/A artista está pintando uma paisagem.

Ele/Ela está pintando uma paisagem.

Un, deux, trois

On (que pode significar se, você, nós, ou eles) pode ser bastante útil se você desejar falar sobre as pessoas em geral. Por exemplo: não se deve pedir carona. Mesmo que *se* se refira a mais de uma pessoa, o verbo deve vir na terceira pessoa do singular.

Pronomes Pessoais

Exatamente como em português, os pronomes pessoais em francês, encontrados na tabela abaixo, têm pessoa e número (singular ou plural).

Pronomes Pessoais

Pessoa	Singular		Plural	
primeira	je* (*je*)	eu	nous (*nu*)	nós
segunda	tu** (*tü*)	tu/você	vous**** (*vu*)	vós/ vocês
terceira	il (*il*)	ele	ils***** (*il*)	eles
	elle (*éle*)	ela	elles****** (*éle*)	elas
	on*** (*oN*)	você, nós, eles, elas		

Capítulo 7: Em Movimento! 75

O que os asteriscos representam? Veja a informação abaixo:

* O pronome pessoal *je* requer elisão e torna-se *j'* antes de uma vogal ou letra com som vocálico (*h, y*).

** O pronome pessoal *tu* é usado quando se estiver falando com um amigo, parente, uma criança ou um animal de estimação. *Tu* é denominado forma familiar (informal). O *u* de *tu* jamais é suprimido pela elisão: *tu arrives*.

*** O pronome pessoal *on* pode significar "você", "nós", ou "eles" e é seguido por um verbo na terceira pessoa do singular. O *on* também pode ser sujeito indeterminado.

**** O pronome pessoal *vous* é usado no singular para demonstrar respeito a uma pessoa mais velha ou quando se dirigir a alguém com quem você não tenha intimidade. *Vous* é sempre usado quando se dirigir a mais de uma pessoa, independentemente de familiaridade. *Vous* é conhecido como a forma polida de tratamento.

***** O pronome sujeito *ils* é usado para se referir a mais de um elemento masculino ou a um grupo misto de elementos masculinos e femininos.

****** O pronome sujeito *elles* é usado para se referir apenas a um grupo de elementos femininos.

Tu ou *Vous*?

Você usaria *tu* ou *vous* ao se dirigir a essas pessoas:

1. um médico
2. seu primo
3. um amigo
4. um vendedor
5. uma mulher na fila do ônibus
6. dois amigos
7. um policial a quem você está pedindo informações
8. um grupo de amigos

Os pronomes são bastante úteis porque eles possibilitam a fluidez no falar, já que não é preciso ficar repetindo os nomes. Imagine como seria enfadonho escutar "*Luc é francês, Luc é de Paris, Luc poderia ser um ótimo guia turístico*". Uma versão melhorada seria "*Luc é francês, ele é de Paris, e ele poderia ser um*

76 Parte 1: Princípios Básicos

ótimo guia turístico". Use os pronomes para substituir nomes próprios (o nome de uma pessoa ou pessoas), como demonstrado na tabela a seguir.

Substantivo	Pronome	Substantivo	Pronome
Lucien	il	le restaurant	il
Marie-Claire	elle	la boutique	elle
Luc et Jean	ils	le restaurant et le café	ils
Marie et Anne	elles	la boutique et la poste	elles
Luc et Anne	ils	le restaurant et la boutique	ils

Quem é Quem?

Você é como eu? Um fofoqueiro incurável? Imagine que você acaba de voltar de uma festa fabulosa e agora está levando seu amigo para casa, de carro. Naturalmente, vocês estão ansiosos para falar sobre todos os *invités* (convidados) da festa. Qual pronome você usaria para falar sobre as seguintes pessoas: *Charles? Lucie et Sylvie? Berthe? Pierre? Luc et Henri? Robert et Suzette? Janine, Charlotte, Michèle, et Roger? Paul, Roland, et Annick?*

Qual pronome você usaria para substituir os seguintes substantivos, assuntos que apareceriam em suas conversas sobre a festa: *La fête? Le bal costumé? La musique et le décor? Les vêtements? Le travail et le coût? La cuisine et la nourriture ? L'ambiance? L'hôte et l'hôtesse?*

Mais Sobre Verbos

Você gosta de praticar *bungee jump*? Participar de competições de dança de salão? Paraquedismo? Ou você é um sedentário atraído por atividades como ler livros ou assistir à televisão? Não importa quais são suas preferências, você terá que aprender a usar os verbos para expressar qualquer ação, movimento ou estado. Os verbos podem ser denominados "regulares", quando seguem um mesmo modelo de conjugação; e como "irregulares", quando não o fazem. Este capítulo examina apenas os regulares. (Os verbos irregulares serão tratados individualmente ao longo do livro, um de cada vez, à medida que for necessário, e também no Apêndice A.)

Verbos Regulares

Os verbos são normalmente apresentados no infinitivo, a forma básica do verbo (em português as terminações *ar*, *er* e *ir*): amar, vender, partir. Um infinitivo, seja em francês ou em português, é a forma do verbo antes de ser conjugado. Conjugamos verbos o tempo todo em português, sem ao menos prestar atenção ao fato de que estamos fazendo isso. *Conjugação* refere-se à mudança da terminação de um verbo para que ele concorde com seu sujeito. Por exemplo, pense no verbo dançar. O infinitivo é *dançar* e é conjugado da seguinte forma:

Eu danço	Nós dançamos
Tu danças	Vós dançais
Ele/ela dança	Eles/elas dançam

Com verbos irregulares, como por exemplo o verbo *ser*, a forma muda completamente:

Eu sou	Nós somos
Tu és	Vós sois
Ele/ela é	Eles/elas são

Como em português, os verbos regulares em francês pertencem a uma de três grandes famílias de verbos, cujos infinitivos terminam em -*er, -ir,* ou -*re*. Os verbos dentro de cada família são todos conjugados exatamente da mesma maneira. Assim, após ter aprendido o padrão de conjugação para uma família você poderá conjugar todos os verbos pertencentes a ela.

Quando sozinhos, os verbos são geralmente descritos em sua forma infinitiva. Se desejar expressar o que uma pessoa está fazendo, é preciso escolher um pronome pessoal e, então, aprender as conjugações.

Verbos Terminados em *-er*

Vamos começar com a família mais fácil e mais extensa. Isso o colocará mais à vontade logo de início. Para conjugar os verbos -*er*, suprima o -*er* do infinitivo (par**ler**) e então adicione as terminações apresentadas na tabela a seguir.

Formas Singulares	Formas Plurais
Je parl**e** (Eu falo)	Nous parl**ons** (Nós falamos)
Tu parl**es** (Tu falas)	Vous parl**ez** (Vós falais)
Il parl**e** (Ele fala)	Ils parl**ent** (Eles falam)
Elle parl**e** (Ela fala)	Elles parl**ent** (Elas falam)
On parl**e** (Fala-se, nós falamos, eles falam)	

Agora, você pode conjugar qualquer verbo terminado em -*er* que seja regular. Então, se desejar vangloriar-se de seus feitos, o céu é o limite:

Parte 1: Princípios Básicos

Je gagne beaucoup d'argent.
Eu ganho muito dinheiro.

Je joue três bien aux sports.
Eu pratico esportes muito bem.

Jê dîne dans les restaurants les plus élégants.
Eu janto nos melhores restaurantes.

Viu como é fácil?

Verbos Terminados *-er* Mais Comuns

Verbo	Pronúncia	Significado
aider	*édê*	ajudar
annoncer	*anoNsê*	anunciar
bavarder	*bavardê*	conversar
changer	*xaNjê*	mudar
chercher	*xerxê*	procurar
commencer	*komaNsê*	começar
danser	*daNsê*	dançar
demander	*demaNdê*	perguntar
dépenser	*dêpaNsê*	gastar (dinheiro)
donner	*donê*	dar
écouter	*êkutê*	escutar
étudier	*êtüdiê*	estudar
expliquer	*eksplikê*	explicar
exprimer	*eksprimê*	expressar
fermer	*fermê*	fechar
fonctioner	*foNksionê*	funcionar
garder	*gardê*	guardar
habiter	*abitê*	morar
indiquer	*eNdikê*	indicar
jouer	*juê*	jogar, tocar
laver	*lavê*	lavar
manger	*maNjê*	comer
marcher	*marxê*	andar
nager	*najê*	nadar

Capítulo 7: Em Movimento! 79

Verbo	Pronúncia	Significado
oublier	*ubliê*	esquecer
parler	*parlê*	falar
penser	*paNsê*	pensar
préparer	*prêparê*	preparar
présenter	*prêsaNtê*	apresentar, oferecer
quitter	*kitê*	deixar, remover
regarder	*regardê*	olhar
regretter	*regretê*	arrepender-se
rencontrer	*raNkontrê*	encontrar
retourner	*returnê*	voltar
sembler	*saNblê*	parecer
signer	*sinhê*	assinar
télephoner	*têlefonê*	telefonar
travailler	*travaiê*	trabalhar
voyager	*vuaiajê*	viajar

Observação: Um sujeito pode ser acompanhado por dois verbos consecutivos. Quando isso acontecer, conjugue apenas o primeiro verbo. O segundo permanecerá no infinitivo:

Je désire danser. Il aime jouer au tennis.
Eu quero dançar. Ele ama jogar tênis.

Conjugação 1

Use a forma correta do verbo para expressar o que cada pessoa está fazendo nas férias.

Exemplo: (regarder) Je *regarde* le spetacle.

1. (traverser) Il _____ la rue.

2. (demander) Elles _____ l'adresse.

3. (chercher) Nous _____ le musée.

4. (accompagner) J' _____ ma famille.

5. (louer) Vous _____ un appartement.

6. (monter) Tu _____ à la tour.

Verbos Terminados em *-ir*

Para conjugar os verbos *-ir,* suprima o *ir* do infinitivo (chois**ir**) e, então, adicione as terminações. Vamos examinar as formas conjugadas de *choisir* (escolher).

Formas Singulares	Formas Plurais
Je chois**is** (Eu escolho)	Nous chois**issons** (Nós escolhemos**)**
Tu chois**is** (Tu escolhes)	Vous chois**sez** (Vós escolheis)
Il chois**it** (Ele escolhe)	Ils chois**issent** (Eles escolhem**)**
Elle chois**it** (Ela escolhe)	Elles chois**issent** (Elas escolhem**)**
On chois**it** (escolhe-se, nós escolhemos, eles escolhem)	

Verbos Terminados em *-ir* Mais Comuns

Verbo	Pronúncia	Significado
agir	*ajir*	agir
avertir	*avertir*	advertir, avisar
blanchir	*blanxir*	branquear
choisir	*xuazir*	escolher
finir	*finir*	terminar
guérir	*gêrir*	curar
jouir	*juir*	desfrutar
maigrir	*mégrir*	emagrecer
obéir	*obêir*	obedecer
punir	*pünir*	punir
réfléchir	*rêflêxir*	refletir
réussir	*rêüsir*	triunfar, sair-se bem

Conjugação 2

Chegou a hora de saber se você está apto a enfrentar o desafio. Tenha cuidado com os infinitivos, como por exemplo, *choisir* e *réussir,* que já possuem *i* e *s* em seus radicais. Ao terminar de conjugá-los, eles podem parecer um pouco estranhos (*Nous réussissons, tu choisis*), mas eles estão corretos. Tenha confiança e dê a forma correta do verbo para expressar o que cada turista faz:

1. (finir) Nous _____ à huit heures.
2. (applaudir) Tu _____ au théâtre.
3. (réussir) Elle _____ à parler français.
4. (choisir) Je _____ un bon tour.
5. (agir) Vous _____ bien.
6. (remplir) Alice et Berthe _____ les formulaires.

Verbos Terminados em *-re*

Os verbos terminados em *-re* são de longe a menor família de verbos. Os verbos *attendre* (esperar), *entendre* (escutar) e *vendre* (vender) são verbos considerados de alta frequência: você os usará e os ouvirá regularmente; assim, será preciso que se comprometa a memorizá-los. Para conjugar os verbos *-re*, suprima o *-re* do infinitivo (attend**re**) e então adicione as terminações.

Formas Singulares	Formas Plurais
J'attend**s** (Eu espero)	Nous attend**ons** (Nós esperamos)
Tu attend**s** (Tu esperas)	Vous attend**ez** (Vós esperais)
Il attend (Ele espera)	Ils attend**ent** (Eles esperam)
Elle attend (Ela espera)	Elles attend**ent** (Elas esperam)
On attend (espera-se, nós esperamos, eles esperam)	

Verbos Terminados em *-re* Mais Comuns

Verbo	Pronúncia	Significado
attendre	*ataNdre*	esperar
descendre	*desaNdre*	descer
entendre	*aNtaNdre*	escutar
perdre	*perdre*	perder
répondre	*rêpondre*	responder
vendre	*vaNdre*	vender

82 Parte 1: Princípios Básicos

As formas da terceira pessoa do singular de *rompre* (quebrar) e *interrompre* (interromper) são ligeiramente irregulares.

il/elle rompt   il/elle interrompt

Conjugação 3

As pessoas em férias fazem todo o tipo de coisas. Use seu conhecimento dos verbos *-re* para descrever o que elas fazem. Neste exercício, escolha o verbo que melhor complete o sentido da frase. Depois, complete as frases com a forma verbal correta para explicar o que cada turista está fazendo.

attendre (esperar)   rendre (voltar)

perdre   (perder)   entendre (escutar)

descendre (descer)   répondre (responder)

1. Tu _____ le métro.
2. Elles _____ en ville.
3. Nous _____ notre plan de la ville.
4. Vous _____ à des questions.
5. Il _____ les nouvelles (as notícias)
6. Je _____ les documents.

Vamos, Faça-me uma Pergunta!

Ao planejar uma viagem, você terá muitas perguntas que gostaria de fazer. Vamos nos concentrar nas fáceis - aquelas que demandam resposta "sim" ou "não".

Há quatro maneiras de demonstrar que você está fazendo uma pergunta:

◆ Entonação

◆ A expressão *n'est-ce pas* (não é?)

◆ *Est-ce que* no início da frase

◆ Inversão

Veremos cada uma delas mais detalhadamente.

Tudo Bem Se Você Levantar a Voz

O modo mais fácil de mostrar que está fazendo uma pergunta é simplesmente mudar sua entonação no final da frase. Para isso, coloque um ponto de interrogação imaginário no final de uma afirmação e produza modulação ascendente de voz.

Tu penses au voyage?
Você está pensando sobre a viagem?

Observe como, no início, a sua voz é mais baixa e vai se elevando gradualmente até o final da frase.

Quando usar a mesma frase como declaração de um fato, observe que sua voz ascende e depois se abaixa ao final da frase.

Tu penses au voyage.
Você está pensando na viagem.

A Expressão *n'est-ce pas*

Outra maneira fácil de fazer a mesma pergunta é adicionar a expressão *n'est-ce pas* (*néce pá*; não é?) no final da frase.

Tu penses au voyage, n'est-ce pas?

Est-ce que

Ainda, outro modo simples de fazer a mesma pergunta é colocar *est-ce que* (*éce ke*) no início da frase. *Est-ce que* não é traduzido, mas a expressão indica que será sucedida por uma pergunta.

Est-ce que tu penses au voyage?

Est-ce que torna-se *est-ce qu'* antes de vogal ou som vocálico (*h, y*):

Est-ce qu'il pense au voyage?

Dando uma Reviravolta

O último modo de se formular perguntas é por meio da inversão, o que é feito muito mais na escrita do que na conversação. Inversão significa inverter a ordem do pronome pessoal e do verbo em sua forma conjugada. Muitas regras regulam a inversão, o que pode tornar a situação complicada. Entretanto, não se desespere. Caso você se sinta mais confortável usando um dos outros três métodos mencionados, use-os, sem dúvida. Você ainda estará falando o idioma francês de forma perfeitamente correta, será entendido e sua pergunta será respondida. Para aqueles que aceitarem o desafio, seguem as regras, abaixo.

84 Parte 1: Princípios Básicos

Evite fazer a inversão com o pronome *je*. É inadequado e raramente usado.

Só é possível inverter pronomes pessoais com verbos conjugados. *Não* faça inversão com substantivos! Observe alguns exemplos e veja como funciona a inversão com os pronomes pessoais:

Tu penses au voyage.	Penses-tu au voyage?
Nous expliquons bien.	Expliquons-nous bien?
Vous parlez français.	Parlez-vous français?
Ils commandent du vin.	Commandent-ils du vin?
Elles habitent à Paris.	Habitent-elles à Paris?

Adicione um -*t* quando o sujeito for *il* ou *elle* para evitar duas vogais juntas. Isso normalmente acontece apenas com o verbos -*er*. Quanto aos verbos -*ir* e -*re,* as formas verbais de *il* e *elle* já terminam com consoante:

Il travaille aujourd'hui.	Travaille-t-il aujourd'hui?
Elle contacte l'agent.	Contacte-t-elle l'agent?
Il finit son dessert.	Finit-il son dessert?
Elle attend le bus.	Attend-elle le bus?

Quando o sujeito for um substantivo e você quiser usar a inversão, *é necessário* substituir o substantivo pelo pronome apropriado. É possível manter o substantivo no início da pergunta, porém, você deverá inverter o pronome correspondente com a forma verbal conjugada:

Le chanteur *est-il* français?

O pronome *il* foi escolhido porque *le chanteur* (cantor) é um substantivo singular masculino. Não foi necessária a adição do -*t*- porque o verbo termina em consoante.

La robe *est-elle* trop petite?

O pronome *elle* foi escolhido porque *la robe* (o vestido) é um substantivo feminino singular. Mais uma vez, o acréscimo do -*t*- não foi necessário, pois o verbo termina em consoante.

Le docteur et le dentiste *travaillent-ils* aujourd'hui?

O pronome *ils* foi escolhido porque estamos nos referindo a mais de um substantivo masculino.

Les brochures *sont-elles* à notre disposition?

O pronome *elles* foi escolhido porque estamos nos referindo a um substantivo feminino plural.

Le gâteau et la mousse *sont-ils* excellents?

O pronome *ils* foi escolhido porque, quando nos referimos a dois substantivos de gêneros distintos, o masculino plural é sempre usado.

Lembre-se de que quer você esteja usando a entonação, *est-ce que*, *n'est-ce pas* ou a inversão, você estará indagando sobre a mesma informação: uma resposta que requer um sim/*oui* (ui) ou não/non (noN).

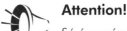

Attention!

Só é possível fazer a inversão com um pronome pessoal. Se tentar fazer isso com um substantivo, você vai parecer um amador. Se achar esta regra difícil de lembrar, use uma das outras três maneiras mais fáceis para formular uma pergunta.

> Il pose des questions intelligentes?
> Est-ce qu'il pose des questions intelligentes?
> Il pose des questions intelligentes, n'est-ce pas?
> Pose-t-il des questions intelligentes?

Eu Desafio Você: Faça-me uma Pergunta!

Imagine que está sentado em um ônibus com o grupo de sua excursão. Infelizmente, você está preso em um engarrafamento na *autoroute*, e você e seus companheiros de viagem estão inacreditavelmente entediados. Para que o grupo se ocupe, você resolve fazer perguntas sobre todos que estão no ônibus, incluindo você. Usando os sujeitos e as ações listados abaixo, escreva as perguntas de todas as maneiras que conseguir:

1. nous/parler trop
2. il/descendre souvent en ville
3. vous/accomplir beaucoup
4. Marie/téléphoner toujours à sa famille
5. tu/attendre toujours les autres
6. les garçons/jouer au tennis
7. elles/écouter le guide
8. Luc et Anne/sembler heureux

E a Resposta É...

Se você é uma pessoa otimista que gosta de fazer várias coisas, provavelmente vai querer saber como responder "sim". Para responder "sim" a uma pergunta afirmativa, use *oui* (ui) e depois faça sua declaração:

> Vous dansez?
> Oui, je danse.

86 Parte 1: Princípios Básicos

Para responder "sim" a uma pergunta negativa, use *si*:

Tu ne danses pas bien?
Si, je danse bien.

Talvez você esteja de mau humor e tudo e todos o estão deixando muito irritado, ou talvez "não" seja simplesmente uma resposta honesta. Para responder negativamente (não), use *non* (*noN*) e adicione *ne* e *pas* (não), respectivamente, antes e depois da forma conjugada do verbo. Lembre-se de que se existirem dois verbos, somente o primeiro será conjugado.

Vous fumez?
Non, je ne fume pas.
Non, je ne désire pas fumer.

Também é possível variar suas respostas negativas colocando as seguintes expressões negativas antes e depois do verbo conjugado.

ne ... jamais (*ne ... jamé*)	Je ne fume jamais.
nunca	Eu nunca fumo.
ne ... plus (*ne ... plü*)	Je ne fume plus.
não mais	Eu não fumo mais.
ne ... rien (*ne ... riaN*)	Je ne fume rien.
nada, coisa alguma	Não fumo nada.

Respostas

Tu ou *Vous*?

1. vous
2. tu
3. tu
4. vous
5. vous
6. vous
7. vous
8. vous

Quem é Quem ?

Charles: il

Lucie et Sylvie: elles

Pierre: il

Luc et Henri: ils

Roberte et Suzette: ils

Janine, Charlotte, Michèlle et Roger: ils

Paul, Roland et Annick: ils

La fête: elle

Le bal costumé: il

La musique et le décor: ils

Les vêtements: ils

Le travail et le coût: ils

La cuisine et la nourriture: elles

L'hôte et l'hotesse: ils

Conjugação 1

1. traverse
2. demandent
3. cherchons
4. accompagne
5. louez
6. montes

Conjugação 2

1. finissons
2. applaudis
3. réussit
4. choisis
5. agissez
6. remplissent

Conjugação 3

1. attends
2. descendent
3. perdons
4. répondez
5. entend
6. rends

Parte 1: Princípios Básicos

Eu Desafio Você: Faça-me uma Pergunta!

1. Nous parlons trop?
   Nous parlon trop, n'est-ce pas?
   Est-ce que nous parlons trop?
   Parlons-nous trop?

2. Il descend souvent en ville?
   Il descend souvent en ville, n'est-ce pas?
   Est-ce qu'il descend souvent en ville?
   Descend-il souvent en ville?

3. Vous accomplissez beaucoup?
   Vous accomplissez beaucoup, n'est-ce pas?
   Est-ce que vous accomplissez beaucoup?
   Accomplissez-vous beaucoup?

4. Marie téléphone toujours à sa famille?
   Marie téléphone toujours à sa famille, n'est ce pas?
   Est-ce que Marie téléphone toujours à sa famille?
   Marie téléphone-t-elle toujours à sa famille?

5. Tu attends toujours les autres?
   Tu attends toujours les autres, n'est-ce pas?
   Est-ce que tu attends toujours les autres?
   Attends-tu toujours les autres?

6. Les garçons jouent au tennis?
   Les garçons jouent au tennis, n'est-ce pas?
   Est-ce que les garçons jouent au tennis?
   Les garçons jouent-ils au tennis?

7. Elles écoutent le guide.
   Elles écoutent le guide, n'est-ce pas?
   Est-ce qu'elles écoutent le guide?
   Écoutent-elles le guide?

8. Luc et Anne semblent heureux?
   Luc et Anne semblent heureux, n'est-ce pas?
   Est-ce que Luc et Anne semblent heureux?
   Luc et Anne semblent-ils heureux?

Parte 2

Hora de Viajar

Nunca se sabe para onde a vida o levará e quem você encontrará ao longo do caminho. Em uma sociedade multicultural, em constante crescimento, em que viagem ao exterior não é apenas um luxo, mas tornou-se uma necessidade – é muito provável que, no futuro próximo, você visite um país de língua francesa. Sem dúvida, o seu francês será muito útil ao redor do mundo.

Ser capaz de apresentar-se aos seus companheiros de viagem o ajudará a conhecer novas pessoas de diferentes culturas e permitirá que você consiga algumas dicas úteis antes mesmo de o avião pousar. Na chegada, você será capaz de circular no aeroporto com desenvoltura e chegará ao destino sem atraso. O conforto, naturalmente, também será de grande importância para você. A parte 2 inclui informações sobre como chegar ao seu destino sem demora e como conseguir certos confortos após sua chegada.

Capítulo 8

Cumprimentos e Saudações

Neste Capítulo

- ◆ Olá e até logo
- ◆ O verbo irregular *être* (ser)
- ◆ Empregos e profissões
- ◆ A necessidade de informações

Chegou a hora de colocar em prática o que você aprendeu. Agora que já pode criar frases simples em francês (usando substantivos, pronomes e verbos regulares) e formular perguntas para respostas sim/não, você está pronto para se engajar em uma breve conversa.

Quer você esteja no aeroporto, em um café, no parque, ou visitando uma atração turística, certamente haverá ocasião em que desejará se apresentar a um francês e, talvez, revelar de onde você é e o que faz para viver. Sem dúvida, também terá curiosidade a respeito de seu novo conhecido e vai querer fazer suas indagações.

Conhecendo Novos Amigos

Mesmo que tenha lido todos os livros de viagem disponíveis na livraria local, talvez você ainda se sinta um pouco ansioso sobre sua viagem. O que realmente precisa é falar com alguém do país que irá visitar – um residente local que possa ajudá-lo sobre o que fazer quando estiver na cidade. Onde você pode encontrar essa pessoa? Provavelmente, sentada ao seu lado no avião! Você tem tempo de sobra antes de chegar ao seu destino, então, por que não começar uma conversa?

Dirigir-se a alguém informalmente, se uma amizade sólida não tiver sido estabelecida, é considerado quase um *faux pas* (um erro). Uma pessoa não *tutoyer* (trata de *tu*) um novo parceiro de negócios ou um estranho. Jamais use a forma familiar *tu* quando falar com alguém que você não conheça bem. Isso é considerado falta de educação e ofensivo. Porque você não conhece a pessoa sentada ao seu lado no avião, uma aproximação formal é *de rigueur* (imperativa). Uma conversa inicial típica deveria começar com algumas das frases na tabela abaixo.

Frase	Francês	Pronúncia
Olá.	Bonjour.	*boNjur*
Boa noite.	Bonsoir.	*boNsuar*
Senhor	Monsieur	*mesiêu*
Senhora	Madame	*madame*
Senhorita	Mademoiselle	*mademuazele*
Meu nome é ... Eu me chamo ...	Je m'appelle ...	*je mapéle*
Qual o seu nome?	Comment vous appellez-vous?	*komaN vuzapelê vu*
Como vai?	Comment allez-vous?	*komaN talê vu*
Muito bem.	Très bien.	*tré biaN*
Nada mal.	Pas mal.	*pá mal*
Mais ou menos.	Comme ci comme ça.	*kome si kome sá*

Quando for sair, não se esqueça de dizer *au revoir*, (*ô revuar*; até logo). Se estiver planejando encontrar a pessoa em breve, use *à* + período de tempo, como em *à demain* (*a demeN*; até amanhã), *à tout à l'heure* (*a tu talêur*; até daqui a pouco), ou *à lundi* (*a laNdi*; até segunda). Durante um começo informal de

Capítulo 8: Cumprimentos e Saudações 93

conversa (entre duas pessoas jovens ou amigos), você pode usar as frases da tabela a seguir:

Frase	Francês	Pronúncia
Oi! Até logo!	Salut!	*salü*
Meu nome é .../ Eu me chamo ...	Je m'appelle	*je mapéle*
Qual o seu nome?	Comment t'appelles-tu?	*komaN tapéle tü*
Como vai indo?	Ça va?	*sa va*
Como vai indo?	Ça marche?	*sa marxe*
Como vai indo?	Ça boume?	*sa bume*
Tudo bem.	Ça va.	*sa va*
Tudo bem.	Ça marche.	*sa marxe*
Tudo bem.	Ça boume.	*sa bume*

Ser ou Não Ser

Caso queira conhecer melhor a pessoa com quem está falando, faça algumas perguntas sobre ela, como de onde ela é. Você também vai querer responder corretamente quando alguém perguntar de onde você é. Para isso, use o verbo *être* (ser). Exatamente como em português, o verbo "ser" (*être*) é irregular, deste modo é preciso memorizar todas as suas formas. Pelo fato de que esse verbo será usado frequentemente, tenha como prioridade máxima memorizar suas formas.

Compare as conjugações apresentadas na tabela a seguir.

Être (Ser)

Conjugação	Pronúncia	Significado
je **suis**	*je sui*	eu sou
tu **es**	*tü é*	tu és, você é
il, elle, on **est**	*il, ele, oN é*	ele, ela, se é
nous **sommes**	*nu some*	nós somos
vous **êtes**	*vu zéte*	vós sois
Ils, elles **sont**	*il, ele soN*	eles, elas são

Parte 2: Hora de Viajar

Você consegue detectar um sotaque diferente ao falar com um conhecido? Então, prepare-se para satisfazer sua curiosidade usando o verbo *être* para indagar sobre as origens de uma pessoa. Você está pronto para prosseguir:

Uso formal:

De onde o senhor (a senhora) é?
Vous êtes d'où?
vu zéte du

Uso informal:

De onde você é?
Tu es d'où?
tü é du

Para dizer de que cidade ou estado você é, tenha em mente o que vem a seguir:

Use *de* (de, da) para todas as cidades e estados no feminino:

Je suis de Belo Horizonte.
Je suis de Santa Catarina.

Use *du* (do) para todos os estados masculinos:

Je suis du Rio de Janeiro.

Use *des* (dos) para dizer que alguém é dos Estados Unidos:

Il est des États-Unis.

Expressões com *Être*

Imagine que está no telefone com um parente francês, tio Gaston. Você acha que o ouviu dizer: "*Je suis en train de préparer le dîner*". Ao ouvir os cognatos *train* e *préparer*, você logo assume que o tio Gaston trabalha em um dos trens franceses, talvez no T.G.V. (*train à grande vitesse*, um trem muito moderno e rápido). Mas como pode ser isso? A última notícia que teve de seu tio foi que ele era nefrologista do principal hospital-escola em Paris. Será que ele mudou de vida?

Se achar que ouviu algo extremamente improvável, é bem possível que esteja certo. Então, quando pensa que está sabendo lidar com a língua, as expressões, aqueles monstros linguísticos, estão prontas para lhe dar uma rasteira. Nesse caso, o seu tio usou uma expressão que significa estar preparando o jantar (talvez bouillabaisse).

A tabela abaixo apresenta algumas expressões com o verbo *être*.

Expressões com *Être*

Expressão	Pronúncia	Significado
être à	*être a*	pertencer a
être d'accord (avec)	*être dakór (avék)*	estar de acordo com
être de retour	*être de retur*	estar de volta
être en train de + infinitivo	*être aN treN de*	estar no meio de, estar fazendo
être sur le point de + infinitivo	*être sür le puaN de*	estar à beira de, quase

Certifique-se de conjugar o verbo corretamente ao usá-lo em uma frase:

Je suis d'accord.
Estou de acordo.

Nous sommes en train de manger.
Estamos comendo.

Es-tu sur le point de finir?
Você está quase terminando?

Usando o Verbo *Être*

Complete os espaços com a forma correta do verbo *être* e a expressão apropriada:

être à

être de retour

être d'accord

être en train de

être sur le point de

1. Je travaille. Je _____ préparer le dîner.
2. Je dis "oui." Nous _____ .
3. Les filles arrivent dans six minutes. Elles _____ arriver.
4. Le sac bleu _____ M. Dupont.
5. Vous _____ depuis quand (desde quando)?

Qual o Seu Ramo de Negócios?

Você também pode usar o verbo être para indagar sobre o trabalho de alguém ou para falar de seu próprio. Na tabela a seguir, você verá as formas femininas em parênteses. Algumas ocupações possuem somente formas masculinas ou femininas apesar do sexo do empregado. Outras profissões usam a mesma palavra para os empregados tanto no masculino como no feminino, mas pedem o marcador de gênero apropriado (*le* [*un*] ou *la* [*une*]): *le secrétaire* ou *la secrétaire*.

Pergunte sobre a profissão de alguém da seguinte forma:

Uso formal:	*Uso informal:*
O que o senhor (a senhora) faz?	O que você faz?
Quel est votre métier?	Quel est ton métier?
kélé votre mêtiê	*kélé toN mêtiê*
Eu sou ...	Je suis ...
	je sui

Profissões

Português	Profissão	Pronúncia
contador (contadora)	comptable	*koNtáble*
ator (atriz)	acteur (actrice)	*aktêur (aktrise)*
artista	artiste (*m.* ou *f.*)	*artiste*
empresário (a)	homme (femme) d'afffaires	*ome (fame) dafér*
caixa	caissier (caissièrre)	*késiê (késiére)*
dentista	dentiste (*m.*)	*daNtiste*
médico (a)	docteur (*m.*), médecin (*m.*)	*dóktêur, médiseN*
eletricista	électricien (électricienne)	*êlektrisiaN, êlektrisiéne*
engenheiro (a)	ingénieur (*m.*)	*aNjêniêur*
bombeiro	pompier (*m.*)	*poNpiê*
funcionário (a) público (a)	fonctionnaire (*m.*)	*foNksionére*
cabeleireiro (a)	coiffeur (coiffeuse)	*kuafêur (kuafêuze)*
joalheiro (a)	bijoutier (bijoutière)	*bijutiê (bijutiére)*
proprietário (a), locador (a)	propriétaire (*m.* ou *f.*)	*proprêtére*

Capítulo 8: Cumprimentos e Saudações   97

Português	Profissão	Pronúncia
advogado (a)	avocat (e)	*avoká(te)*
gerente	gérant (e)	*jêraN(te)*
mecânico (a)	mécanicien (mécanicienne)	*mêkanisieN (mêkanisiéne)*
músico (a)	musicien (musicienne)	*müzisieN (müzisiéne)*
enfermeiro (a)	infirmier (infirmière)	*aNfirmiê (aNfirmiére)*
oftalmologista	opticien (opticienne)	*optisieN (optisiéne)*
fotógrafo (a)	photographe (*m.* ou *f.*)	*fotografe*
piloto	pilote (*m.*)	*pilóte*
policial	agent de police (*m.*)	*ajaN de polise*
carteiro (a)	facteur (factrice)	*faktêur (faktrise)*
programador (a)	programmeur (programmeuse)	*programêur (programêuze)*
vendedor (a)	vendeur (vendeuse)	*vaNdêur (vaNdêuse)*
secretário (a)	secrétaire (*m.* ou *f.*)	*sekrêtére*
aluno (a)	étudiant (e)	*êtüdiaN (êtüdiaNte)*
professor (a)	professeur (*m.*)	*profesêur*
garçom	serveur (*m.*)	*servêur*
garçonete	serveuse (*f.*)	*servêuze*

Para se referir a uma mulher cuja profissão é sempre indicada pela forma masculina, adicione a palavra femme (*fame*; mulher) antes da profissão: *Elle est femme pilote* (Ela é uma mulher piloto).

Uma Conversa Introdutória

Você está sentado no avião lendo um guia de viagem sobre a França quando seu colega de poltrona resolve começar a conversar. Como você responderia quando ele dissesse o seguinte?

1. Bonjour.
2. Comment vous appelez-vous?
3. Comment allez-vous?
4. Vous êtes d'où?
5. Quel est votre métier?

A Curiosidade Matou um Gato... Mas Não Você

Imagine só: você está voando para a França, e um(a) gato(a) maravilhoso(a) está sentado(a) na poltrona 6B. Que frases você precisa para sondar o terreno mais profundamente e começar a relação dos seus sonhos? Você tem mil perguntas e quer respostas substanciais. Para isso, terá que fazer perguntas para obter as informações que procura. Qualquer que seja a situação ou o problema, você será capaz de entendê-los se souber as palavras e expressões a seguir.

Perguntas

Palavra/Expressão	Francês	Pronúncia
a que horas	à quelle heure	a kélêure
de onde	d'où	du
como	comment	komaN
quanto, quantos	combien (de + substantivo)	koNbieN (de)
de, sobre, de que	de quoi	de kuá
de, sobre, de quem	de qui	de ki
para que	à quoi	a kuá
para quem	à qui	a ki
que	que	ke
o que	qu'est-ce que	kése ke
o que	quoi	kuá
quando	quand	kaN
onde	où	u
quem	qui	ki
por que	pourquoi	purkuá
com o que	avec quoi	avek kuá
com quem	avec qui	avek ki

Pedindo Informações

Então, você está pronto para dar o primeiro passo. Qual a sua frase de abertura? Alguma coisa banal do tipo "Com licença, mas de onde você é?", ou "Para onde você está indo?", ou talvez você tenha uma pergunta mais interessante para quebrar o gelo. Não importa como vai escolher sua linha de perguntas, você descobrirá que o modo mais fácil para pedir informações é colocar o pronome interrogativo imediatamente depois do verbo. Veja abaixo algumas perguntas que talvez você queira fazer ao seu (sua) companheiro (a) de viagem.

Vous voyagez (Tu voyages) *avec qui?*
Com quem você está viajando?

Vous voyagez (Tu voyages) *pourquoi?*
Por que você está viajando?

Vous voyagez (Tu voyages) *comment?*
Como você está viajando?

Vous parlez (Tu parles) *de qui? de quoi?*
Você está falando de quem? Sobre o quê?

Vous regardez (Tu regardes) *quoi?*
O que você está olhando?

Vous êtes (Tu es) *d'ou?*
De onde você é?

Vous habitez (tu habites) *où* en France?
Onde você mora na França?

Le vol (o voo) arrive *quand? À quelle heure?*
Quando/ A que horas chega o voo?

Un soda coûte *combien?*
Quanto custa um refrigerante?

Pedindo Informações Usando *Est-ce Que*

Você também pode pedir informações usando *est-ce que*. Para fazer isto, coloque o pronome interrogativo no início da frase e adicione *est-ce que* antes do verbo. Vamos dar uma olhada nas mesmas perguntas que acabamos de fazer:

Avec qui est-ce que vous voyagez (tu voyages)?

Pourquoi est-ce que vous voyagez (tu voyages)?

Comment est-ce que vous voyagez (tu voyages)?

De qui/De quoi est-ce que vous parlez (tu parles)?

Un, deux, trois

Quoi torna-se *que (qu')* antes de est-ce que: Tu veux faire quoi? Qu'est-ce que tu veux faire? (O que você quer fazer?)

Qu'est-ce que vous rergardez (tu regardes)?

D'où est-ce que vou êtes (tu es)?

Où est-ce que vous habitez (tu habites)?

Quand/À quelle heure est-ce que le vol (o voo) arrive?

Combien est-ce qu'un soda coûte?

Pedindo Informações Usando Inversão

Finalmente, você pode usar a inversão para pedir informações de um modo mais formal. Coloque o(s) pronome(s) interrogativo(s) (conforme listados na tabela anterior) antes do pronome sujeito e da forma conjugada do verbo, agora, em posições invertidas. Vamos examinar nossas perguntas novamente:

Avec qui voyagez-vous (voyages-tu)?

Pourquoi voyagez-vous (voayages-tu)?

Comment voyagez-vous (voyages-tu)?

De qui? De quoi parlez-vous (parles-tu)?

Que regardez-vous (regardes-tu)?

D'où êtes-vous (es-tu)?

Où habitez-vous (habites-tu) en France?

Quand/À quelle heure le vol (o voo) arrive-t-il?

Un soda, *combien* coûte-t-il?

É possível pedir informações de várias maneiras. Sem dúvida, você escolherá o modo com o qual se sente mais a vontade e o que lhe pareça fluir melhor. Na maioria das vezes, entretanto, provavelmente colocará o pronome interrogativo ou a frase no final de sua declaração (como em *Vous êtes d'où?*). Por que não? É fácil e funciona. O uso de *est-ce que* pode ser uma alternativa em certas ocasiões, especialmente se você tiver um substantivo como sujeito da frase (como em *À quelle heure est-ce que l'avion arrive?*). Em outras ocasiões, talvez você prefira inverter (como em *Que cherches-tu?*). Qualquer que seja a maneira escolhida, você será perfeitamente entendido e obterá a informação de que precisa.

Capítulo 8: Cumprimentos e Saudações   101

Obtendo a Informação

Faça quantas perguntas puder baseando-se na informação apresentada nos parágrafos abaixo. Você deve fazer perguntas a Georgette, sobre ela, e sua amiga, Marie.

A. Robert est des États-Unis. Il voyage avec sa famille en France en voiture. Ils passent deux mois en France. Ils désirent visiter tous les villages typiques. Ils retournent à Pittsburgh en septembre.

B. Je m'appelle Georgette. Je suis de Nice. Mon amie, Marie, est de Paris. Nous cherchons des correspondantes américaines parce que nous désirons pratiquer l'anglais. Nous parlons anglais seulement quand nous sommes en classe. Moi, j'adore aussi la musique. Marie adore la danse. Nous sommes sérieuses.

Respostas

Usando *Être*

1. suis en train de
2. sommes d'accord
3. sont sur le point d'

4. est à
5. êtes de retour

Uma Conversa Introdutória

Respostas sugeridas:

1. Bonjour!, ça va?
2. Je m'appelle...
3. Três bien, merci. Et vous?

4. Je suis de ...
5. Je suis professeur.

Obtendo a Informação

Respostas Sugeridas:

A. Robert est d'où? Il voyage avec qui? Il voyage où? Comment est-ce qu'il voyage? Ils passent combien de mois en France? Où est-ce qu'il passent deux mois? Qu'est-ce qu'ils désirent visiter? Quand retounent-ils à Pittsburgh?

B. Tu t'appeles comment? Tu es d'où? Ton amie, comment s'appelle-t-elle? Qu'est-ce que vous cherchez? Pourquoi cherchez-vous des correspondantes américaines? Vous désirez pratiquer quoi? Quand parlez-vous anglais? Qu'est-ce que tu adores? Qu'est-ce que Marie adore? Comment êstes-vous?

Capítulo 9

"Eu Gostaria de Conhecê-lo..."

Neste Capítulo

- Falando sobre familiares
- Maneiras de demonstrar posse
- Dicas sobre como apresentar familiares e amigos
- O verbo irregular *avoir* (ter)
- Maneiras de descrever pessoas e objetos

Se você conseguiu usar as ferramentas linguísticas fornecidas no Capítulo 8 sem problemas, então está a meio caminho de poder apresentar-se e conhecer novos amigos. Certamente, você não deseja parecer mal educado, assim, o que acha de apresentar os membros da sua família a seus novos conhecidos? Pode ser que algum de seus novos amigos também queira apresentar você a seus familiares. Sejam quais forem as circunstâncias, é preciso estar preparado.

Suponhamos que há alguém em particular que queira conhecer. Mas antes de apresentar-se, há algumas informações sobre essa pessoa que você vai querer ter. Este capítulo fornecerá os instrumentos para que se informe um pouco mais sobre seu amigo em potencial.

Aqui Está o Clã

Quantas vezes você já abriu a boca durante uma conversa só para se arrepender amargamente do que disse? Se for parecido comigo, nem consegue se lembrar quantas vezes isso aconteceu, dada a frequência com que ocorre. Você já confundiu (como eu já fiz) o pai de alguém com o avô? Ou pior ainda, a esposa de alguém com sua mãe? Aprendi que não se deve fazer suposições quando se conhece alguém. A tabela abaixo deve ajudá-lo a evitar situações potencialmente constrangedoras.

Membros da Família

Português	Francês	Pronúncia
Masculinos		
namorado	le petit ami	*le peti ami*
irmão	le frère	*le frére*
criança	l'enfant	*laNfaN*
primo	le cousin	*le kuzeN*
pai	le père	*le pére*
sogro	le beau-père	*le bô pére*
avô	le grand-père	*le graN pére*
marido	le mari	*le mari*
sobrinho	le neveu	*le nevêu*
filho	le fils	*le fis*
genro	le gendre	*le jaNdre*
meio-irmão	le demi-frère	*le demi frére*
enteado	le beau-fils	*le bô fis*
tio	l'oncle	*loNkle*
Femininos		
tia	la tante	*la taNte*
criança	l'enfant	*laNfaN*
prima	la cousine	*la kuzine*
filha	la fille	*la fíie*
nora	la belle-fille	*la béle fíie*
namorada	la petite amie	*la petite ami*

Português	Francês	Pronúncia
avó	la grand-mère	*la gran mére*
mãe	la mère	*la mére*
sogra	la belle-mère	*la béle mére*
sobrinha	la nièce	*la niése*
irmã	la soeur	*la sür*
enteada	la belle-fille	*la bele fíie*
meia-irmã	la demi-sœur	*la demi sêur*
esposa	la femme	*la fame*

Se a sua família for grande, às vezes é mais fácil agrupar as crianças, os pais e avós ao falar sobre eles. A tabela abaixo fornece alguns plurais úteis e suas grafias.

Português	Francês	Pronúncia
as crianças	les enfants	*lézaNfaN*
os avós	les grand-parents	*lé graN paraN*
os parentes por afinidade	les beaux-parents	*lé bô paraN*
os pais	les parents	*lé paraN*

Você Me Pertence

Você é sempre alguma coisa de alguém: filho(a) da sua mãe, amigo(a) de seu amigo, irmã do seu irmão ou irmão da sua irmã. Em francês, é possível expressar posse de duas maneiras: usando a preposição *de* ou pronomes possessivos.

Expressar Posse com *de*

A expressão de posse ou relação em francês é feita como em português, com o uso da preposição *de*, que também é *de* em francês. A preposição *de* é repetida antes de cada substantivo e torna-se *d'* antes de uma vogal.

C'est le père de Jean et d'Anne.
Ele é o pai de Jean e de Anne.

Parte 2: Hora de Viajar

Se a referência ao possuidor não for pelo nome, mas por um substantivo comum, como "o menino" ou "os pais" ("Ele é o pai do menino"; ou "Aqueles são os carros dos Dupont"), assim como em português, há a contração da preposição *de* com o artigo definido *le*, formando *du* e com o artigo *les*, formando *des*. *Du* expressa o nosso *do* e *des* o nosso *dos*:

C'est le père *du* garçon.
Ce sont les voitures *des* Dupont.

Um Sentimento de Posse

Agora que você aprendeu a usar o *de* para expressar posse, como diria o seguinte?

1. A mãe de Michel
2. O pai de André e Marie
3. Os avós das meninas
4. O tio do menino
5. O avô da família
6. O irmão da criança

Pronomes Possessivos

Os pronomes possessivos *meu/minha, teu/tua, seu/sua* etc. demonstram que algo pertence a alguém. Em francês, assim como em português, os pronomes possessivos concordam com os substantivos que eles descrevem (o que é possuído) e não com o sujeito (o possuidor). Veja a comparação com o português:

Português	Francês
Ele ama *sua mãe*.	Il aime *sa mère*.
Ela ama *sua mãe*.	Elle aime *sa mère*.
Ele ama *seu pai*.	Il aime *son père*.
Ela ama *seu pai*.	Elle aime *son père*.

Lembre-se de que é muito importante saber o gênero (masculino ou feminino) do substantivo possuído, uma vez que é com ele que o pronome possessivo concorda. Se estiver em dúvida, pesquise.

Veja, a seguir, um resumo do uso dos pronomes possessivos:

Pronomes possessivos usados antes de substantivos masculinos no singular ou substantivos femininos no singular que se iniciam com vogal:

Attention!
Não ocorre elisão com os pronomes possessivos. Nunca use *m'*, *t'* ou *s'* para expressar "meu/minha", "teu/tua" ou "seu/sua", respectivamente.

    mon (*moN*) meu
    notre (*notre*) nosso
    ton (*toN*) teu/seu (*informal*)   votre (*votre*) vosso/do senhor (*form.*)
    son (*soN*) seu/dele   leur (*lêur*) seus/deles

Observação: Em francês, *mon, ton* e *son* também são usados antes de substantivos femininos que se iniciam com uma vogal, a fim de evitar conflito entre as duas vogais pronunciadas:

    mon ami (meu amigo)   mon amie (minha amiga)

Pronomes possessivos usados antes de substantivos femininos no singular que se iniciam com uma consoante apenas:

    ma (*ma*) minha   notre (*notre*) nossa
    ta (*ta*) tua/sua (*informal*)   votre (*votre*) vossa/da senhora (*form.*)
    sa (*sa*) sua/dela   leur (*lêur*) suas/delas

Pronomes possessivos usados antes de qualquer substantivo no plural:

    mes (*mé*) meus/minhas   nos (*nô*) nossos/nossas
    tes (*té*) teus/tuas/seus/   vos (*vô*) vossos/vossas/dos/-as
    suas (*informal*)   senhores/-as (*formal*)
    ses (*sé*) seus/suas/deles/delas   leur (*lêur*) seus/suas/deles/delas

Totalmente Possuído

Qual pronome possessivo você usaria para falar sobre as seguintes pessoas:

1. (seus) _____ parents.
2. (sua) _____ sœur.
3. (sua, informal) _____ enfant.
4. (meu) _____ père.
5. (seus, formal) _____ cousins.
6. (sua) _____ amie.
7. (seus) _____ grands-parents.
8. (deles) _____ cousine.
9. (dela) _____ frère.
10. (nossa) _____ famille.

Apresentações

Permitam que me apresente. Meu nome é Gail. Eu gostaria muito que vocês conhecessem o meu marido, Doug, que me ajudou muitíssimo com este livro. Vocês conhecem meus filhos, Eric e Michael? Eric é um gênio com computadores. Eu não poderia digitar este livro sem ele. Michael, um oficial da marinha dos Estados Unidos, é minha fonte de apoio moral e é um ótimo vendedor. Agora, vamos fazer algumas apresentações em francês:

Permitam que me apresente. Meu nome é _____.
Permettez-moi de me présenter. Je m'appelle _____.
permetê muá de me prêzaNtê. je mapéle

Você pode perguntar sobre alguém que está com você:

Você conhece o meu primo, Roger?
Vous connaissez (Tu connais) mon cousin, Roger?
vu konésê (tü koné) moN kuzeN, Rojê

> **Attention!**
>
> Se quiser saber o endereço e telefone de uma pessoa, pergunte simplesmente: Quelles sont vos (tes) co-ordonnés?
> *kéle soN vô (té) ko-ordonê?*

Se a resposta fosse *não (non)*, você diria:

Deixe-me apresentar o meu primo, Roger.
Je vous présente (Je te présente) mon cousin, Roger.
je vu prêzaNte (je te prêzaNte) mon kuzeN, Roje

Ou:

Este é o meu primo, Roger.
C'est mon cousin, Roger.
sé moN kuzeN, Rojê

Para expressar satisfação por ter conhecido alguém, diga:

Uso formal:
É um grande prazer conhecê-lo/la.
Je suis content(e) [heureux (heureuse), enchanté(e)] de faire votre connaisance.
je sui koNtaN(te) [zêurêu(ze), zaNxaNtê] de fére votre konésaNse

Uso informal:
Muito prazer.
Enchanté(e). C'est un plaisir.
aNxaNtê. sé taN plézir

A resposta correta para uma apresentação é:

O prazer é meu.
Moi de même.
muá de méme

Levando a Conversa Mais Adiante

Talvez você queira falar sobre seus filhos, quantos são, a sua idade ou deseje descrever os familiares ou amigos que não estão presentes. Nesses casos, o verbo *avoir* (ter) será muito útil. Assim como o verbo *être* (ser/estar), *avoir* é um verbo irregular e é preciso memorizar todas as suas formas (encontradas na tabela abaixo).

Avoir (Ter)

Conjugação	Pronúncia	Significado
j'**ai**	*jé*	eu tenho
tu **as**	*tü á*	tu tens/você tem
il, elle, on **a**	*il, ele, oN á*	ele, ela tem
nous **avons**	*nuzavoN*	nós temos
vous **avez**	*vuzavê*	vós tendes/vocês têm/ o(a) senhor(a) tem
ils, elles **ont**	*il, ele zoN*	eles/elas têm

Agora, você está pronto para aprender algumas expressões com *avoir*. (Veja o Capítulo 4 para recordar expressões com *avoir* que indicam condições físicas.) Talvez você queira agradecer a uma família pela oportunidade de se hospedar com eles. Você pode se sentir tentado a dar um toque francês na nossa palavra *chance*. Ao pesquisar sua criação em um dicionário bilíngue, você descobre que a palavra existe, mas o sentido não é bem aquele que esperava. (Na verdade, significa "sorte".) A fim de evitar outros enganos, estude as expressões com *avoir* na tabela abaixo.

Expressões com *Avoir*

Expressão	Pronúncia	Significado
avoir l'occasion de	*avuá lokasioN de*	ter a oportunidade de
avoir de la chance	*avuá de la xaNse*	ter sorte

continua

110 Parte 2: Hora de Viajar

Expressões com *Avoir* (continuação)

Expressão	Pronúncia	Significado
avoir l'habitude de	*avuá labitüde de*	estar acostumado a
avoir l'intention de	*avuá laNtaNsioN de*	pretender
avoir le temps de	*avuá le taN de*	ter tempo de
avoir lieu	*avuá liêu*	acontecer

Não se esqueça de conjugar o verbo ao usá-lo em contexto:

J'ai l'occasion de voyager.
Tenho oportunidade de viajar.

Avez-vous l'intention de partir?
O senhor/a senhora pretende ir embora?

Usando *Avoir*

Avoir é um verbo que você usará constantemente. Agora que você já estudou, com calma, todas as suas formas e as expressões úteis, tente completar corretamente os pensamentos a seguir:

avoir de la chance   avoir l'occasion de
avoir l'habitude de   avoir le temps de
avoir l'intention de   avoir lieu

1. Tu ne travailles pas. Alors tu _____ aider tes parents.

2. Il regarde la télévision tous les jours. Il _____ regarder la television.

3. Vous avez gagné (ganhou) la loterie. Vous _____ .

4. Elles sont riches. Elles _____ visiter la France chaque année (todos os anos).

5. J'étudie le français. Un jour j' _____ d'aller (ir) à Paris.

6. La cérémonie _____ aujourd'hui (*hoje*).

Como Ele/Ela É?

Há vários capítulos, venho tagarelando sobre mim. Você está curioso para saber como eu sou? Você possui uma imagem mental de como seria uma autora francesa? Imaginou uma morena (obrigada, L'Oréal), olhos castanhos, 1,60 m., magra, e espírito jovem? (Eu lhe contaria minha verdadeira idade, mas os meus alunos podem estar tão curiosos a ponto de ler este livro para descobrir um segredo muito bem guardado.) Essa sou eu.

Se desejar descrever uma pessoa, um lugar, um objeto ou uma ideia com detalhes, você precisará usar adjetivos. Em francês, como em português, os adjetivos sempre concordam em gênero (masculino ou feminino) e número (singular ou plural) com o substantivo ou pronome que eles modificam. Em outras palavras, todas as palavras em uma frase em francês devem concordar entre si:

Son père est *content*.	Sa mère est *contente*.
Seu pai é feliz.	Sua mãe é feliz.

A forma feminina da maioria dos adjetivos em francês é obtida acrescentando-se um *e* no final da forma masculina, como pode ser observado na tabela abaixo. Ocorre mudança na pronúncia quando um *e* é acrescentado após uma consoante. Essa consoante, que é muda na forma masculina, passa a ser pronunciada na forma feminina. Não há mudança na pronúncia quando se acrescenta o *e* após uma vogal.

> **Intensificador de Memória**
>
> Felizmente, as regras seguidas por muitos adjetivos são as mesmas – ou quase as mesmas – usadas para a formação de gênero e plural dos substantivos, estudadas no Capítulo 6.

Formação de Adjetivos Femininos

Masculino	Pronúncia	Feminino	Pronúncia	Significado
américain	*amêrikaN*	américaine	*amêrikéne*	americano(a)
amusant	*amüzaN*	amusante	*amüzaNte*	divertido(a)
bleu	*blêu*	bleue	*blêu*	azul
blond	*bloN*	blonde	*bloNde*	louro(a)

Continuação

Formação de Adjetivos Femininos (continuação)

Masculino	Pronúncia	Feminino	Pronúncia	Significado
charmant	*xarmaN*	charmante	*xarmaNte*	charmoso(a)
content	*koNtaN*	contente	*koNtaNte*	contente
court	*kur*	courte	*kurte*	curto(a)
élégant	*êlêgaN*	élégante	*êlêgaNte*	elegante
fatigué	*fatigê*	fatiguée	*fatigê*	cansado(a)
fort	*for*	forte	*forte*	forte
français	*fraNsé*	française	*fraNséze*	francês(a)
grand	*graN*	grande	*grande*	grande
haut	*ô*	haute	*ôte*	alto(a)
intelligent	*aNtelijaN*	intelligente	*aNtelijaNte*	inteligente
intéressant	*aNtêresaN*	intéressante	*aNtêresaNte*	interessante
joli	*joli*	jolie	*joli*	bonito(a)
lourd	*lur*	lourde	*lurde*	pesado(a)
occupé	*oküpê*	occupée	*oküpê*	ocupado(a)
ouvert	*uvér*	ouverte	*uvérte*	aberto(a)
parfait	*parfé*	parfaite	*parféte*	perfeito(a)
petit	*peti*	petite	*petite*	pequeno(a)

Alguns adjetivos que terminam com *e* não pedem mudanças. Tanto a forma masculina quanto a feminina possuem a mesma grafia e pronúncia (veja também os adjetivos do Capítulo 3):

aimable (*émable*, amável)

célèbre (*sêlébre*, famoso/a)

célibataire (*sêlibatére*, solteiro/a)

chauve (*xôve*, careca)

comique (*komike*, cômico/a)

drôle (*dróle*, engraçado/a)

facile (*facile*, fácil)

faible (*féble*, fraco/a)

formidable (*formidable*, formidável)

malade (*malade*, doente)

mince (*maNse*, fino/a)

moderne (*moderne*, moderno/a)

pauvre (*pôvre*, pobre)

populaire (*popülére*, popular)

propre (*propre*, limpo/a)

riche (*rixe,* rico/a)

sale (*sale*, sujo/a)

splendide (*splaNdide*, esplêndido/a)

honnête (*onéte*, honesto/a)

maigre (*mégre*, magro/a)

magnifique (*manhifike*, magnífico/a)

sympathique (*saNpatike*, simpático/a)

triste (*triste*, triste)

vide (*vide*, vazio/a)

Adjetivos Terminados em *-eux* e *-euse*

Masculino	Pronúncia	Feminino	Pronúncia
affectueux	*afektueu*	affectueuse	*afektueuze*
ambitieux	*aNbisieu*	ambitieuse	*aNbisieuze*
courageux	*kurageu*	courageuse	*curajeuze*
curieux	*curieu*	curieuse	*curieuze*
dangereux	*daNjereu*	dangereuse	*daNjereuze*
délicieux	*delisieu*	délicieuse	*delisieuze*
furieux	*furieu*	furieuse	*furieuze*
généreux	*jenereu*	généreuse	*jenereuze*
heureux	*heureu*	heureuse	*heureuze*
malheureux	*mal-heureu*	malheureuse	*mal-heureuze*
paresseux	*pareseu*	paresseuse	*pareseuze*
sérieux	*serieu*	sérieuse	*serieuze*

Adjetivos Terminados em *-f* e *-ve*

Masculino	Pronúncia	Feminino	Pronúncia
actif	*aktif*	active	*aktiv*
attentif	*ataNtif*	attentive	*ataNtiv*
imaginatif	*imajinatif*	imaginative	*imajinativ*
impulsif	*aNpulsif*	impulsive	*aNpulsiv*
intuitif	*aNtuitif*	intuitive	*aNtuitiv*
naïf	*na-i-f*	naïve	*naiv*
neuf	*neuf*	neuve	*neuve*
sportif	*sportif*	sportive	*sportive*
vif	*vif*	vive	*viv*

114   Parte 2: Hora de Viajar

Quando um substantivo masculino terminar em -*er*, o feminino é formado substituindo o -*er* por -*ère*, como demonstrado na tabela abaixo.

Adjetivos Terminados em *–er* e *–ère*

Masculino	Pronúncia	Feminino	Pronúncia	Significado
cher	*xér*	chère	*xér*	querido(a), caro(a)
dernier	*derniê*	dernière	*derniére*	último(a)
entier	*aNtiê*	entière	*aNtiére*	inteiro(a)
étranger	*êtrnjê*	étrangère	*êtranjére*	estrangeiro(a)
fier	*fiê*	fière	*fiére*	orgulhoso(a)
léger	*lêjê*	légère	*lêjére*	leve
premier	*premiê*	première	*premiére*	primeiro(a)

Alguns adjetivos femininos são formados dobrando a consoante final do adjetivo masculino e acrescentando um -*e*, como pode ser observado na tabela abaixo.

Adjetivos que Dobram as Consoantes

Masculino	Pronúncia	Feminino	Pronúncia	Significado
ancien	*aNsieN*	ancienne	*aNsiéne*	velho(a), anciã(o)
bas	*ba*	basse	*base*	baixo(a)
bon	*bon*	bonne	*bone*	bom, boa
européen	*êuropêêN*	européene	*êuropêéne*	europeu/europeia
gentil	*jaNti*	gentille	*jantíie*	gentil
gros	*grô*	grosse	*grôse*	gordo(a)
mignon	*minhoN*	mignonne	*minhóne*	delicado(a), gracioso(a)

Finalmente, os adjetivos na tabela a seguir possuem formas femininas irregulares que devem ser memorizadas.

Adjetivos Irregulares

Masculino	Pronúncia	Feminino	Pronúncia	Significado
beau	*bô*	belle	*béle*	bonito(a)
blanc	*blaN*	blanche	*blaNxe*	branco(a)

Masculino	Pronúncia	Feminino	Pronúncia	Significado
complet	*koNplé*	complète	*koNpléte*	completo(a)
doux	*du*	douce	*duse*	doce, gentil
faux	*fô*	fausse	*fôse*	falso(a)
favori	*favori*	favorite	*favorite*	favorito(a)
frai	*fré*	fraîche	*fréxe*	fresco(a)
long	*loN*	longue	*loNge*	longo(a)
nouveau	*nuvê*	nouvelle	*nuvéle*	novo(a)
vieux	*viêu*	vieille	*viéiie*	velho(a)

Se o adjetivo for posicionado após o substantivo, use a forma masculina singular:

L'appartement est beau (vieux, nouveau)

Attention!

O francês usa as formas especiais – *bel, nouvel* e *vieil* – antes de substantivos masculinos no singular que se iniciam com vogal ou som vocálico, para prevenir conflito entre os dois sons vocálicos pronunciados. Isso permite que o idioma flua:
un bel appartement
un nouvel appartement
un vieil appartement

Quando Há uma Multidão

Talvez você queira descrever um traço físico ou de personalidade comum a mais de um de seus familiares. Isso é relativamente simples, uma vez que a formação do plural de adjetivos se dá da mesma maneira que a dos substantivos, já estudada.

A formação do plural da maioria dos adjetivos é feita acrescentando um -*s* mudo no final da forma singular. Uma exceção a essa regra é o adjetivo masculino singular *tout* (todo), que se torna *tous* no plural.

Singular	Plural
timide	timides
charmant(e)	charmant(e)s

continua

Singular	Plural
joli(e)	joli(e)s
fatigué(e)	fatigué(e)s

Se um adjetivo terminar em -s ou -x, não é preciso acrescentar o s.

Singular	Plural
exquis	exquis
heureux	heureux

A maioria dos adjetivos masculinos no singular que terminam em -al, transformam o -al em -aux na forma plural.

Singular	Plural
spécial	spéciaux
normal	normaux

Quanto aos adjetivos irregulares, masculinos, no singular *beau, nouveau* e *vieux*, a possibilidade de ter dois sons vocálicos conflitantes (um no final do adjetivo e o outro no início do substantivo que se segue) é eliminada acrescentando-se s ou x quando o plural é formado. Essa estratégia elimina a necessidade de uma forma plural para os adjetivos masculinos especiais *bel, nouvel* e *vieil,* que são usados apenas antes de substantivos masculinos no singular iniciados por vogal ou som vocálico. Observe que *des* se torna *de* antes de um adjetivo plural posicionado antes do substantivo.

Singular	Plural	Exemplo
beau	beaux	de beaux films
bel	beaux	de beaux appartements
nouveau	nouveaux	de nouveaux films
nouvel	nouveaux	de nouveaux appartements
vieux	vieux	de vieux films
vieil	vieux	de vieux appartements

Posicione-se

Em francês, a maioria dos adjetivos é posicionada após os substantivos que eles modificam. Compare com o português, que também adota essa regra:

un homme intéressant   um homem interessante

Adjetivos expressando...

Qualidade (ou falta de): bon, gentil, mauvais, villain
Idade: jeune, nouveau, vieux
Beleza: beau, joli
Extensão, dimensão: grand, petit, court, long, gros, large

...geralmente precedem os substantivos que eles modificam.

un beau garçon   une large avenue
um menino bonito   uma avenida larga

Se usar mais de um adjetivo em uma descrição, coloque cada um em sua posição:

une bonne histoire intéressante   uma boa história interessante

---

Descrições Criativas

Como você descreveria a Torre Eiffel, o carro de seus sonhos ou o prefeito da sua cidade? Eis aqui uma oportunidade de dar sua opinião sobre certas coisas usando o adjetivo apropriado. Complete as descrições com cuidado, usando as regras que acabou de aprender:

1. La tour Eiffel est une _____ tour _____ .

2. Les films français sont de _____ films _____ .

3. Le président des États-Unis est un _____ homme _____ .

4. Les boutiques parisiennes sont de _____ boutiques _____ .

5. Le musée du Louvre est un _____ musée _____ .

Respostas

Um Sentimento de Posse

1. La mère de Michel
2. Le père d'André et de Marie
3. Les grand-parents des jeunes filles
4. L'oncle du garçon
5. Le grand-père de la famille
6. Le frère de l'enfant

Totalmente Possuído

1. leurs
2. sa
3. ton
4. mon
5. vos
6. son
7. ses
8. leur
9. son
10. notre

Usando *Avoir*

1. as le temps
2. a l'habitude de
3. avez de la chance
4. ont l'occasion de
5. ai l'intention de
6. a lieu

Descrições Criativas

Respostas Sugeridas

1. grande, magnifique
2. bons, intéressants
3. jeune, intelligent
4. belles, extraordinaires
5. grand, superbe

Capítulo 10

Circulando no Aeroporto

Neste Capítulo

- ◆ As idas e vindas em aviões e aeroportos
- ◆ O verbo irregular *aller* (ir)
- ◆ Oferecendo e recebendo indicações de caminhos
- ◆ Maneiras de conseguir ajuda quando você não entende

Parabéns! Você planejou uma viagem, embarcou no avião e travou uma conversa agradável com a pessoa ao seu lado. Você tem os nomes de alguns restaurantes, de locais que deseja muito visitar e, talvez, o número de telefone de alguém que, caso o chame, poderá mostrar a cidade.

O avião ainda não pousou, mas você está se preparando mentalmente para tudo o que terá que fazer antes de encaminhar-se ao hotel – coletar a bagagem, passar pela alfândega, trocar algum dinheiro e achar um meio de transporte que o leve ao hotel. No final deste capítulo, você saberá como realizar tudo isso e mais alguma coisa.

No Avião

Uma viagem de avião é geralmente longa e monótona. Às vezes passa-se por pequenas inconveniências e alguns atrasos. Durante o voo, pode ser que deseje perguntar sobre a possibilidade de mudar de assento ou talvez tenha algumas perguntas para fazer à tripulação. Pode ser que seu companheiro ou companheira de viagem esteja sentado(a) algumas fileiras à sua frente e você gostaria de juntar-se a ele ou ela. Talvez você deseje simplesmente perguntar à tripulação sobre a decolagem e o pouso. As palavras e expressões na tabela a seguir o auxiliarão a obter informações e resolver problemas simples que possa encontrar a bordo.

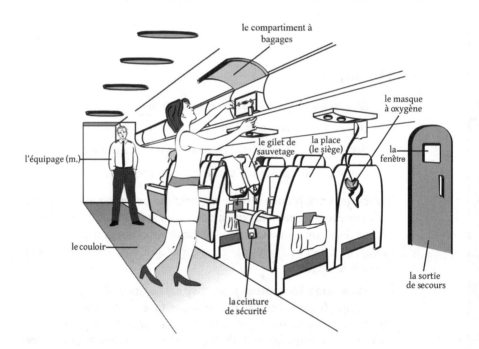

Dentro do Avião

Termo	Francês	Pronúncia
avião	l'avion (m.)	lavioN
corredor	le couloir	le kuluar

Capítulo 10: Circulando no Aeroporto — 121

Termo	Francês	Pronúncia
(no) corredor	côté couloir	*kótê kuluar*
tripulação	l'équipage (m.)	*lêkipaje*
saída de emergência	la sortie (l'issue) de secours	*la sorti (sorti) de sekur*
colete salva-vidas	le gilet de sauvetage	*le jilé de sóvetaje*
fileira	le rang	*le raN*
assento	la place, le siège	*la plase, le siéje*
cinto de segurança	la ceinture de sécurité	*la saNtüre de seküritê*
(na) janela	côté fenêtre	*kótê fenétre*

No Aeroporto

Há algumas coisas a serem feitas após o pouso, enquanto você estiver dentro do aeroporto, mas não se preocupe – a ampla sinalização indicará a direção correta. Às vezes é difícil saber aonde ir primeiro. Minha primeira parada, geralmente, é no banheiro. Depois, continuo calmamente de uma área a outra, fazendo tudo o que preciso em ritmo constante e calmo. A tabela abaixo fornece todas as palavras necessárias tanto para a área interna quanto a externa de um aeroporto, quando você estiver a caminho de seu primeiro destino.

Na Área Interna do Aeroporto

Termo	Francês	Pronúncia
companhia aérea	la ligne aèrienne	*la linhe aeriéne*
terminal aeroviário	l'aérogare (f.), le terminal	*laêrogare, le terminal*
aeroporto	l'aéroport	*laêropor*
chegada	l'arrivée	*larivê*
área de coleta de bagagem	la bande, les bagages (*m.pl.*)	*la baNde, lé bagaje*
banheiros	les toilettes (*f. pl.*)	*lé tualéte*
embarcar	embarquer	*aNbarkê*
ponto de ônibus	l'arrêt de bus	*laré de büs*
locação de automóveis	la location de voitures	*la locasioN de vuatüre*

Continua

Parte 2: Hora de Viajar

Na Área Interna do Aeroporto (continuação)

Termo	Francês	Pronúncia
bagagem de mão	les bagages à main (*m. pl.*)	*lé bagaje a meN*
carrinho de bagagem	le chariot	*le xariô*
balcão	le comptoir	*le koNtuar*
alfândega	la douane	*la duane*
partida	le départ	*le dêpar*
desembarcar	débarquer	*dêbarkê*
destino	la destination	*la destinasioN*
elevadores	les ascenseurs (*m. pl.*)	*lézasaNsêur*
entrada	l'entrée (*f.*)	*laNtrê*
saída	la sortie	*la sorti*
voo	le vol	*le vól*
portão	la porte	*la porte*
informações	les renseignements (*m. pl.*)	*lé raNsénhemaN*
pouso	l'aterrissage (*m.*)	*laterisaje*
achados e perdidos	les objets trouvés (*m. pl.*)	*lézobjé truvê*
perder o voo	manquer (rater) le vol	*maNkê (ratê) le vól*
câmbio	le bureau de change	*le bürô de xaNje*
controle de passaporte	le contrôle des passeports	*le kontróle dé pasepor*
porteiro	le porteur	*le portêur*
controle de segurança	le contrôle de sécurité	*le kontróle de sêküritê*
escala	l'escale (*f.*)	*léskale*
mala	la valise	*la valize*
decolagem	la décollage	*la dêkolaje*
táxis	les taxis (*m. pl.*)	*lé taksi*
bilhete	le billet, le ticket	*le biiê, le tikê*
viagem	le voyage	*le vouaiaje*

Chegando aos Lugares

É fácil perder-se em amplos aeroportos internacionais. Para voltar ao caminho correto, é preciso saber como fazer as perguntas certas. Um dos verbos que você usará muito é *aller* (ir), um verbo irregular que deve ser memorizado.

Aller (ir)

Conjugação	Pronúncia	Significado
je **vais**	*je vé*	eu vou
tu **vas**	*tü va*	tu vais
il, elle, on **va**	*il, ele, oN va*	ele, ela vai
nous **allons**	*nuzaloN*	nós vamos
vous **allez**	*vuzalê*	vós ides, o senhor vai, vocês vão.
ils, elles **vont**	*il, ele voN*	eles, elas vão

Aller é, geralmente, seguido pela preposição *à* (a). Se o lugar ao qual o sujeito estiver indo for masculino, *à* contrai-se com *le* (o) e transforma-se em *au* (ao) e com *les* (os) para tornar-se *aux* (aos), como nos exemplos abaixo:

Je vais au contrôle des passeports.   Vou ao controle de passaportes.
Il va aux bagages.   Ele vai à coleta de bagagem.

Use *aller* + *en* para expressar as muitas possíveis maneiras de locomoção:

Je vais à Paris en voiture.   Vou a Paris de carro.

A única exceção é quando você decide caminhar:

Nous allons au restaurant à pied.   Vamos a pé ao restaurante.

Aller é muito usado idiomaticamente para expressar saúde/bem-estar:

Comment allez-vous? (Comment vas-tu?)   Como vai?
Je vais bien (mal).   Estou bem (mal).

124   **Parte 2: Hora de Viajar**

> ## Para Onde?
>
> Diga para onde cada pessoa está indo, usando a forma correta de *aller*:
>
> 1. Nous _____ à Paris.
> 2. Marie _____ à Nice.
> 3. Tu _____ à Marseille.
>
> 4. Ils _____ à Grenoble.
> 5. Je _____ à Cannes.
> 6. Vous _____ à Bordeau.

Onde Fica...?

Se você não conhece bem o aeroporto, será preciso perguntar onde ficam certos locais. Isso é relativamente fácil. Há duas diferentes maneiras de fazer a pergunta:

Onde fica o balcão?	O balcão, por favor.
Où est le comptoir?	Le comptoir, s'il vous plaît.
U é le koNtuar?	*Le koNtuar, sil vu plé.*
Onde fica a coleta de bagagem?	A coleta de bagagem, por favor.
Où sont les bagages?	Les bagages, s'il vous plaît.
U soN lé bagaje?	*Lé bagaje, sil vu plé.*

Lembre-se de que você deve usar o verbo *être* em sua forma singular *est* (é) se o local sobre o qual você está indagando for singular. Caso seja plural, use a forma plural *sont* (são).

> ## Pergunte Sobre Ele
>
> Suponha que esteja perdido no aeroporto. Pergunte a respeito dos seguintes locais de duas maneiras diferentes:
>
> 1. banheiros
> 2. controle de passaportes
>
> 3. alfândega
> 4. elevadores
>
> 5. saída
> 6. câmbio

Lá Está...

Às vezes, o local que está procurando está bem na sua frente. Por exemplo, suponha que esteja procurando o balcão de venda de bilhetes. Com todo aquele barulho e toda a confusão, você acaba se desorientando e nem percebe que está bem na frente do lugar que está tentando encontrar. Ao perguntar ao homem ao seu lado sobre o tal local ele pode responder:

Aqui está o balcão.
Voici le comptoir.
vuasi le koNtuar

Lá está o balcão.
Voilà le comptoir.
vualá le koNtuar

Indicações Mais Complicadas

Caso o local aonde deseja ir não fique a uma distância visível, você irá precisar de indicações mais detalhadas. Os verbos contidos na tabela abaixo são muito úteis para levá-lo aonde deseja ir ou, talvez, para orientar alguém que esteja perdido.

Verbos para Direcionamento

Verbo	Pronúncia	Significado
aller	*alê*	ir
continuer	*koNtinüê*	continuar
descendre	*desaNdre*	descer
marcher	*marxê*	andar
monter	*moNtê*	subir
passer	*pasê*	passar
prendre	*praNdre*	pegar
tourner	*turnê*	virar
traverser	*traversê*	atravessar

Quando alguém o direciona a um local, essa pessoa está dando uma ordem ou comando. O sujeito de uma ordem é subentendido, na segunda pessoa, uma vez que estão lhe dizendo o que fazer e aonde ir. Há duas maneiras de expressar *você* em francês (o *tu,* informal, e a forma polida e sempre plural, *vous*); assim sendo, há duas diferentes formas de comando. Selecione a forma que melhor se adequa à situação. A formação de uma ordem é obtida com a simples supressão dos pronomes sujeito *tu* ou *vous.* Porém, com os verbos da segunda conjugação (-*er*), também é necessário suprimir o *s* final da forma verbal para a segunda pessoa do singular (*tu*). Por exemplo: *Regarde!*

Va tout droite.
va tu druate
Siga em frente.

Allez à gauche.
alê a gôxe
Vire à esquerda.

Dando Ordens

Ao dar indicações de como chegar a determinados locais, é necessário usar a forma verbal para ordem ou comando (correspondente ao modo imperativo em português). Use a forma do *tu* ou do *vous* (dependendo da sua relação com a pessoa ou do número de pessoas com as quais você esteja conversando) do tempo presente do verbo. Não use os pronomes pessoais *tu* ou *vous* ao dar uma ordem.

Dando Indicações de Lugares, Dando Ordens

Imagine que você está no aeroporto de Orly e que um turista húngaro se aproxima e pergunta como chegar a um determinado local. Ele não fala português e você não sabe nem uma palavra em húngaro. Felizmente, os dois possuem o *O Guia Completo para Quem Não É C.D.F. – Aprendendo Francês* e sabem um pouco de francês. Ajude o pobre húngaro perdido e pratique os comandos. Complete a tabela abaixo com as formas verbais corretas e seus significados.

Verbo	*Tu*	*Vous*	Significado
aller	Va!	Allez!	Vá!
continuer			
descendre			
marcher			
monter			
passer			
prendre (Capítulo 11)	Prends!	Prenez!	Pegue!
tourner			
traverser			

Être e *avoir* são dois verbos que possuem formas imperativas muito irregulares. É aconselhável memorizar tanto suas formas informais quanto as formais.

	Forma Informal	Forma Formal (polida)	Significado
être	Sois! (*suá*)	Soyez! (*suaiê*)	Seja!
avoir	Aie! (*é*)	Ayez! (*aiwê*)	Tenha!

Preposições

Usam-se preposições para expressar a relação de um substantivo com outro elemento na frase. Refresque sua memória voltando ao Capítulo 4 e estudando as expressões indicativas de localização e orientação, que são, na verdade, locuções prepositivas. Em seguida, adicione a elas as preposições simples contidas na tabela abaixo. Elas são bem úteis no caso de fornecer e receber indicações de localizações.

Preposições Simples

Preposição	Pronúncia	Significado
à	*a*	a, em
après	*apré*	depois, após
avant	*avaN*	antes
chez	*xê*	na casa (estabelecimento) de
contre	*koNtre*	contra
dans	*daN*	dentro
de	*de*	de
derrière	*deriére*	atrás
devant	*devaN*	na frente
en	*aN*	em
entre	*aNtre*	entre
loin (de)	*luaN (de)*	longe (de)
par	*par*	por, através
pour	*pur*	para, a fim de
près (de)	*pré (de)*	perto (de)
sans	*saN*	sem
sous	*su*	sob
sur	*sür*	sobre
vers	*vér*	em direção a

Contrações

As preposições *à* e *de* se contraem com os artigos *le* e *les*, tanto se usadas isoladamente quanto como parte de uma expressão mais longa.

	Le	*Les*
à	au	aux
de	du	des

Allez *au* bureau de change (aux bagages).
Vá ao câmbio (coleta de bagagem).

La porte est à côté *du* bureau de change (des bagages).
A porta fica ao lado do câmbio (coleta de bagagens).

Você Está Surpreso e Confuso?

E se alguém lhe der indicações de como chegar a um lugar e você não entender? Pode ser que a pessoa com quem você está conversando esteja murmurando, ou falando muito rápido, ou possua um sotaque muito diferente, ou use palavras que você não conhece. Não fique constrangido, peça esclarecimento de uma maneira gentil e educada. Na tabela abaixo, você encontrará expressões muito úteis para a eventual necessidade de pedir que alguém repita a informação ou se você precisar de mais informações.

Expressando Confusão

Português	Francês	Pronúncia
Com licença.	Excusez- (Excuse-) moi.	*eksküzê (eksküze) muá*
Desculpe-me.	Pardon.	*pardoN*
Não entendo.	Je ne comprends pas.	*je ne koNpraN pá*
Não entendi.	Je n'ai pas compri.	*je né pá koNpri*
Não escutei.	Je ne vous (t') ai pas entendu(e).	*je ne vuzé (té) pazaNtaNdü*
Repita, por favor.	Répétez (Répète) s'il vous te plaît.	*rêpêtê (rêpéte)sil vu te plé.*
Mais uma vez. (De novo)	Encore une fois.	*aNkore üne fuá*
Fale mais devagar.	Parlez (Parle) plus lentement.	*parlê (parle) plü laNtemaN*
O que você disse?	Qu'est-ce que vous avez (tu as) dit?	*késeke vu zavê (tü a) di*
Você disse _____ ou _____ ?	Vous avez (tu as) dit _____ ou _____ ?	*vu zavê (tü a) di _____ ou _____*

Respostas

Para Onde?

1. allons   2. va   3. vas   4. vont   5. vais   6. allez

Pergunte Sobre Ele

1. Les toilettes, s'il vous plaît.

   Oú sont les toilettes?

2. Le contrôle des passeports, s'il vous plaît.

   Où est le contrôle des passeports?

3. La douane, s'il vous plaît.

   Où est la duane?

4. Les ascenseurs, s'il vous plaît.

   Où sont les ascenseurs?

5. La sortie, s'il vous plaît.

   Où est la sortie?

6. Le bureau de change, s'il vous plaît.

   Où est le bureau de change?

Dando Indicações de Lugares, Dando Ordens

Verbo	*Tu*	*Vous*	Significado
continuer	Continue!	Continuez!	Continue!
descendre	Descends!	Descendez!	Desça!
marcher	Marche!	Marchez!	Caminhe!
monter	Monte!	Montez!	Suba!
passer	Passe!	Passez!	Passe!
tourner	Tourne!	Tournez!	Vire!
traverser	Traverse!	Traversez!	Atravesse!

Capítulo

11

Nada de Atrasos

Neste Capítulo

- ◆ Aviões, trens, e automóveis: meios de transporte
- ◆ O verbo irregular *prendre* (pegar)
- ◆ Rodas: alugando um carro
- ◆ Números cardinais
- ◆ Aprendendo como dizer as horas

Você provavelmente descobrirá que é muito menos doloroso e muito mais demorado do que imaginava passar pela alfândega, pegar suas malas e trocar algum dinheiro em euros. Se tiver sorte, você terá traslados (transporte oferecido como parte de seu pacote) para seu hotel e alguém para tirá-lo rapidamente do aeroporto. Caso contrário, você terá que resolver como chegar ao hotel. Este capítulo irá discutir suas opções.

Aviões, Trens e Carros

Diferentes meios de transporte podem levá-lo do aeroporto até o hotel: ônibus, metrô, trem, táxi ou carro. Mas, antes de entrar em um táxi, ou comprar uma passagem de trem, pense naquilo que é mais prático para você. Você tem certeza de que quer carregar suas malas em um ônibus ou metrô? (Lembre-se do que pôs na mala!)

132 **Parte 2: Hora de Viajar**

Embora os táxis sejam rápidos e eficientes, eles são caros. Você se sente capaz de alugar um carro em um país estrangeiro onde as leis de trânsito e a sinalização não lhe são familiares? Pense com cuidado antes de fazer sua escolha. Depois de decidir, a tabela abaixo o ajudará a pedir o que deseja.

Meio de Transporte	Francês	Pronúncia
ônibus	le bus (l'autobus)	*le büs (lôtobüs)*
carro	l'auto (f.)	*lôtô*
carro	la voiture	*la vuatüre*
metrô	le métro	*le mêtrô*
táxi	le taxi	*le taksí*
trem	le train	*le treN*

A Melhor Maneira de Ir

Independentemente de como decida chegar ao seu destino, você vai precisar usar o verbo *prendre* (*praNdre*; pegar) para expressar o meio de transporte escolhido. *Prendre* é um verbo complicado; todas as formas no singular terminam em som nasal, mas a terceira pessoa do plural, *ils/elles*, é pronunciada de forma bem diferente. Os *n* dobrados eliminam a necessidade de um som nasal inicial e dão ao primeiro *e* um som mais aberto. Observe a seguinte tabela.

Prendre (Pegar)

Conjugação	Pronúncia	Significado
je *prends*	*je praN*	eu pego
tu *prends*	*tü praN*	tu pegas, você pega
Il, elle, on *prend*	*il, ele, oN PraN*	ele, ela, se pega
nous *prenons*	*nu prenoN*	nós pegamos
vous *prenez*	*vu prenê*	vós pegais, o senhor pega
Ils *prennent*	*il, ele préne*	eles pegam

Cabe a Você

Quando indagar sobre o meio de transporte escolhido, use o pronome interrogativo *quel* (qual, que). Assim como todos os adjetivos, *qual* concorda com o substantivo que ele modifica. A tabela abaixo mostra como é fácil combinar a forma correta de *quel* (tendo em mente gênero e número) e o substantivo que o acompanha.

O Pronome Interrogativo *quel*

	Masculino	Feminino
Singular	quel	quelle
Plural	quels	quelles

Esteja preparado para perguntas tais como:

Quel bus est-ce que vous prenez (tu prends)?
kél büs ése ke vu prenê (tü praN)
Qual ônibus você vai pegar?

Quelle marque de voiture est-ce que vous louez (tu loues)?
kél marke de vuatüre ése ke vu luê (tü lú)
Qual marca de carro você vai alugar?

O único verbo que permite a separação entre *quel* e seu substantivo é o verbo *être*:

Quel est votre (ton) nom?
kél é votre (toN) noN
Qual é o seu nome?

Usando *quel*

Você alguma vez já conversou com uma amiga que ficou divagando sobre um filme fantástico a que tinha acabado de assistir sem jamais mencionar o título? Quando você está prestes a explodir de frustração, ela finalmente decide dar uma respirada. Então você agarra sua chance e rapidamente exclama: "Qual filme?". Essas respostas típicas não oferecem informação suficiente. Prossiga com seus questionamentos usando *quel*.

continua

continuação

> *Exemplo*: J'aime le film. *Quel film?*
>
> 1. Je prends le train.
> 2. J'aime la couleur.
> 3. J'achète (compro) les jolies blouses.
> 4. Je lis (leio) de bons journaux.
>
> 5. Je loue une voiture.
> 6. Je cherche de bonnes cassettes.
> 7. Je regarde le match.
> 8. Je prépare des plats délicieux.

Encha o Tanque

Se você for aventureiro, pode ser que deseje alugar um carro em *une location de voitures.* Verifique as tarifas de algumas locadoras antes de se decidir, já que elas variam de agência para agência. Não se esqueça de que a gasolina é mais cara na maior parte dos países estrangeiros. Lembre-se, também, de que é bom certificar-se das leis de trânsito do país anfitrião.

As frases seguintes serão bastante úteis quando for alugar um carro:

Eu gostaria de alugar um(a)...
Je voudrais louer un (une) (dê o nome do carro).
je vudré luê aN (üne)

um conversível	um sedan	um utilitário esportivo
un cabriolet	une berline	un SUV
aN kabriolé	*üne berline*	*aN és u vé*

Eu prefiro câmbio automático (manual).
Je préfère la transmission automatique (mécanique).
je prêfére la transmisioN ôtomatike (mêkanike)

Quanto custa por dia (por semana, por quilômetro)?
Quel est le tarif à la journée (à la semaine, au kilomètre)?
kél é le tarif a la jurnê (a la seméne, ô kilométre)

Quanto custa o seguro?
Quel est le montant de l'assurance?
kél é le montaN de lasüraNse

A gasolina está incluída?
Le carburant est compris?
le karbüraN é koNprí

Capítulo 11: Nada de Atrasos 135

O carro tem Bluetooth?
Est-elle equipée de Bluetooth?
é téle ékipê de bluetooth

O carro tem rádio receptor via satélite (navegação por GPS)?
Est-elle equipée d'une radio satellite (d'un système de GPS)?
é téle ékipê düne radiô satelite (daN sistéme de jê pê es)

Você aceita cartão de crédito? Quais?
Acceptez-vous de cartes de crédit? Lesquelles?
akseptê vu de karte de krêdí lékéle

Se você optou por alugar um carro, aceite uma dica: inspecione-o cuidadosamente – por dentro e por fora – porque nunca se sabe o que pode dar errado depois que estiver na estrada. Certifique-se de que há *un cric* (*aN krik*; um macaco) e *un pneu de secours* (*aN pneu de sekur*; um estepe) na mala.

Certifique-se de que inspecionou o exterior do carro cuidadosamente antes de partir. Você não deseja ser cobrado por danos que não cometeu. A tabela a seguir apresenta o vocabulário necessário para falar sobre a parte externa do automóvel.

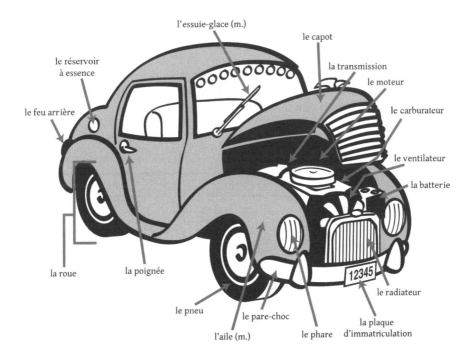

Exterior do Automóvel

Peça do Carro	Francês	Pronúncia
bateria	la batterie	*la baterí*
parachoque	le pare-choc	*le pare xók*
carburador	le carburateur	*le karbüratêur*
maçaneta da porta	la poignée	*la puanhê*
ventilador	le ventilateur	*le vaNtilatêur*
para-lama	l'aile (*f.*)	*léle*
tanque de gasolina	le réservoir à essence	*le rêzervuá a ésaNse*
farol	le phare	*le fare*
capô	le capot	*le kapô*
placa	la plaque d'immatriculation	*la plake dimatrikülasioN*
motor	le moteur	*la motêur*
radiador	le radiateur	*la radiatêur*
farol traseiro	le feu arrière	*le fêu ariére*
pneu	le pneu	*le pnêu*
transmissão	la transmission	*la traNsmisioN*
mala	le coffre	*le kófre*
roda	la roue	*la rú*
limpador de para-brisa	l'essuie-glace (*m.*)	*lésüi glase*

Você também vai querer certificar-se de que tudo dentro do carro está funcionando devidamente. A tabela a seguir apresenta as palavras necessárias para falar sobre o interior do carro.

Interior do Automóvel

Peça do Carro	Francês	Pronúncia
acelerador	l'accélérateur (*m.*)	*laksêlêratêur*
air bag	le coussin (sac) gonflable	*le kusaN (sak) gonflable*
freio ABS	le freinage anti-blocage, freinage ABS	*le frenaje anti blokaje*
freios	les freins (*m.*)	*lé freN*

Capítulo 11: Nada de Atrasos 137

Peça do Carro	Francês	Pronúncia
pedal de embreagem	la pédale de débrayage	*la pedale debraiaje*
pisca-pisca	le clignotant	*le klinhótaN*
porta-luvas	la boîte à gants	*la buate a gaN*
freio de mão	le frein à main	*le freN a meN*
buzina	le klaxon	*le klaksoN*
ignição	l'allumage (m)	*lalümaje*
rádio	la radio	*la radiô*
volante	le volant	*le volaN*

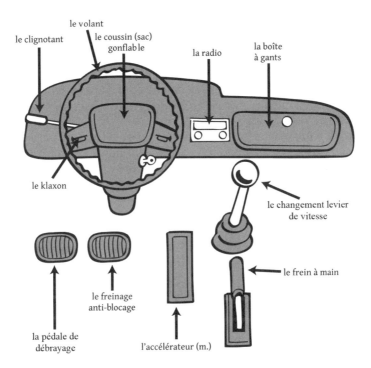

Feu (fogo) refere-se ao sinal de trânsito. Você deve parar *au feu rouge* (no sinal vermelho), naturalmente, e avançar *au feu vert* (no sinal verde).

Você Está no Caminho Certo

Por favor, aprenda esses sinais de trânsito – alguns deles não são tão óbvios quanto deveriam. Custou-me uma semana de férias e quase um acidente em Saint-Martin para entender que a placa de trânsito com uma linha horizontal no meio significava "entrada proibida". É preciso que você se familiarize com a sinalização das estradas antes que se aventure a dirigir seu próprio carro:

Se planejar dirigir, certifique-se de que conhece as orientações da bússola. Como em português, elas são todas do gênero masculino:

para o norte	para o leste	para o sul	para o oeste
au nord	à l'est	au sud	à l'ouest
ô nor	*a lést*	*ô süd*	*a luést*

Algum Problema?

Você irá precisar destas expressões caso tenha qualquer problema com a agência de aluguel de carros:

Por favor, você pode me ajudar?
Pourriez-vous m'aider, s'il vous plaît.
puriê vu médê, sil vu plé

O carro quebrou.
La voiture est en panne.
la vuatüre é taN pane

Você pode consertá-lo?
Pouvez-vous la réparer?
puvê vu la rêparê

Quando o carro vai ficar pronto?
Quand sera-t-elle prête ?
kaN será téle préte

_____ não funciona.
_____ ne fonctionne (nt) [marche(nt)] pas.
_____ *ne foNksione [marxe] pá*

Quanto Custa?

Para dizer a alguém qual voo ou ônibus você vai pegar ou para calcular quanto o aluguel do carro irá lhe custar, é bom saber os números em francês. Esses números também serão úteis para dizer as horas, contar até dez ou revelar a sua idade.

Números Cardinais

Dígito	Les Nombres	Pronúncia
0	zero	zêrô
1	un	aN
2	deux	dêu
3	trois	truá
4	quatre	katre
5	cinq	seNk
6	six	sise
7	sept	séte
8	huit	üít
9	neuf	nêuf
10	dix	dise
11	onze	onze
12	douze	duze
13	treize	tréze
14	quatorze	katórze
15	quinze	keNze
16	seize	séze
17	dix-sept	disét
18	dix-huit	dizüít
19	dix-neuf	disnêuf
20	vingt	veN
21	vingt et un	veNtéaN
22	vingt-deux	vaN dêu
30	trente	traNte
40	quarante	karaNte
50	cinquante	seNkaNte
60	soixante	suasaNte

Continuação

140 Parte 2: Hora de Viajar

Números Cardinais (continuação)

Dígito	Les Nombres	Pronúncia
70	soixante-dix	suasaNte dise
71	soixante et onze	suasaNte onze
72	soixante-douze	suasaNte duze
73	soixante-treize	suasaNte tréze
74	soixante-quatorze	suasaNte katórze
75	soixante-quinze	suasaNte keNze
76	soixante-seize	suasaNte séze
77	soixante-dix-sept	suasaNte disét
78	soixante-dix-huit	suasaNte dizüít
79	soixante-dix-neuf	suasaNte disnêuf
80	quatre-vingts	katre veN
81	quatre-vingt-un	katre veN aN
82	quatre-vingt-deux	katre veN dêu
90	quatre-vingt-dix	katre veN dise
91	quatre-vingt-onze	katre veN onze
92	quatre-vingt-douze	katre veN duze
100	cent	saN
101	cent un	saN aN
200	deux cents	dêu saN
201	deux cent un	dêu saN aN
1.000	mille	mile
2.000	deux mille	dêu mile
1.000.000	un million	aN milioN
2.000.000	deux millions	dêu milioN
1.000.000.000	un milliard	aN miliar
2.000.000.000	deux milliards	dêu miliar

Attention!

Na Suíça, Bélgica e Canadá os números *septante* (*séptaNte*), *huitante* (*üitaNte*) e *nonante* (*nónaNte*) são geralmente usados respectivamente como alternativas para 70, 80 e 90.

Capítulo 11: Nada de Atrasos   141

Quando começar a aprender os números em francês, você pode achar que os números de 70 a 100 exigem certa sutileza matemática. Mas, logo você pega o jeito da coisa.

Quando os números são usados antes de substantivos no plural iniciando com uma vogal, sua pronúncia muda para que a elisão possa ocorrer.

Antes de Consoante	Antes de Vogal ou Som Vocálico
deux jours (*dêu jur*)	deux oncles (*dêu zonkle*)
trois cartes (*truá karte*)	trois opinions (*truá zopinioN*)
quatre valises (*katre valize*)	quatre hôtels (*katrôtel*)
cinq dollars (*seN dólar*)	cinq années (*seN kanê*)
six femmes (*si fame*)	six hommes (*si zóme*)
sept pages (*séte páge*)	sept heures (*sé têure*)
huit mois (*üí muá*)	huit enfants (*üí taNfaN*)
neuf billets (*nêuf biié*)	neuf artistes (*nêu fartiste*)
dix personnes (*di pérsone*)	dix ans (*di zaN*)

Os números em francês são um pouco complicados até que você se acostume com eles. Observe, cuidadosamente, a tabela acima e atente especialmente para o seguinte:

A conjunção *et* (e) é usada apenas para os números 21, 31, 41, 51, 61 e 71. Use um hífen em todos os outros números compostos até 99.

Un torna-se *une* antes de um substantivo feminino:

> vingt et un hommes et vingt et une femmes
> vinte e um homens e vinte e uma mulheres

Para formar os números de 71 a 79, use 60 + 11, 12, 13 e assim por diante. Para formar de 91 a 99, use 80 + 11, 12, 13 e assim por diante.

Para formar 80 (*quatre-vingts*) e o plural de *cent* para qualquer número maior que 199, suprima o *s* antes de outro número, mas não antes de um substantivo:

quatre-vingt-trois dollars	83 dólares
quatre-vingts dollars	80 dólares
deux cent cinquante dollars	250 dólares
deux cents dollars	200 dólares

Não use *un* (um) antes de *cent* e *mille*. *Mille* não se altera no plural.

Nos numerais e decimais, em francês usa-se vírgulas e pontos da mesma forma que em português. Por exemplo (português/francês):

1.000/1.000   0,25/0,25 $9,95/$9,95

Un, deux, trois
Você pode aprender os números mais facilmente se exercitar contando de 2 em 2, 3 em 3, 4 em 4, 5 em 5 e de 10 em 10. Experimente. Você verá como se lembrará rapidamente de tudo o que precisa saber.

Seu Número em Evidência
Os números de telefone em Paris consistem de 8 números agrupados em pares. O código regional para Paris é 1. Quando estiver ligando de fora da cidade, você deve discar esse número antes do número do telefone. Como você diria esses números para a telefonista?

1. 01 45 67 89 77
2. 01 48 21 15 51
3. 01 46 16 98 13
4. 01 43 11 72 94

Quantas Horas?

Agora que você já se familiarizou com os números em francês, fica relativamente fácil aprender a dizer as horas. Provavelmente você perguntará ou ouvirá frequentemente o seguinte:

Que horas são?
Quelle heure est-il?
kél êur é til

Attention!
O som do *f* em *neuf* se transforma em som de *v* quando a elisão ocorre com *heures* (hora certa) e *ans* (anos):

Il est neuf heures.   Il a neuf ans.
il é nêu vér   *il á nêu vaN*
São nove horas.   Ele tem nove anos.

Dizendo as Horas

Português	Horas	Pronúncia
É 1h.	Il est une heure.	*il é tünêur*
São 2h05min.	Il est deux heures cinq.	*il é dêu zêur seNk*
São 3h10min.	Il est trois heures dix.	*il é truá zêur dise*
São 4h15min.	Il est quatre heures et quart.	*il é katrêur e kar*
São 5h20min.	Il est cinq heures vingt.	*il é seN kêur veN*
São 6h25min.	Il est six heures vingt cinq.	*il é si zêur veN seNk*
São 7h30min.	Il est sept heures et demie.	*ilé sé têur ê demi*
São 7h35min.	Il est huit heures moins vingt-cinq.	*il é üi têur muaN veN seNk*
São 8h40min (vinte minutos para as 9).	Il est neuf heures moin vingt.	*il é nêu vêur muaN veN*
São 9h45min (quinze para as 10).	Il est dix heures moins le quart.	*il é di zêur muaN le kar*
São 10h50min (10 minutos para as 11).	Il est onze heures moins dix.	*il é onzêur muaN dise*
São 11h55min (5 minutos para o meio-dia).	Il est midi moins cinq.	*il é midi muaN seNk*
É meia-noite.	Il est minuit.	*il é minüí*

Quando disser as horas, tenha o seguinte em mente:

- Para expressar o tempo depois da hora, basta adicionar o número de minutos. Use *et* apenas com *quart* e *demi(e)*.

- Para expressar o tempo antes da hora, use *moins* (antes, menos) e use *moins le* antes de *quart*.

- Para expressar 30 minutos passados do meio-dia ou meia-noite, use *Il est midi (minuit) et demi*.

- Com todas as outras horas, use *demie* para dizer 30 minutos passados da hora. Todavia, pode-se dizer *30 minutes* também.

- Em avisos públicos, tais como calendários e quadros de horários, o sistema oficial de 24 horas é normalmente usado. Meia-noite é 0 hora; 00:15h = meia-noite e quinze; *15 heures* = 3 horas da tarde.

144 Parte 2: Hora de Viajar

Intensificador de Memória

Em vez de dizer a hora menos o número de minutos, você pode dizer o número de minutos depois da hora. Por exemplo, para dizer: "São 4h35min, você dirá *"Il est cinq heures moins vingt-cinq"* ou *"Il est quatre heures trente-cinq"*.

Não basta apenas saber como dizer que horas são; talvez você queira saber para que horas uma atividade foi planejada ou se ela vai ocorrer de manhã, de tarde ou de noite. Imagine que você perguntou a que horas uma peça começou e alguém respondeu: "*Il y a deux heures*". Você poderia ter entendido "Às duas horas". Isso, para você, poderia significar que ainda tem duas horas antes da peça começar, caso tivesse perguntado antes do horário. Na realidade, você perdeu a peça, porque ela começou duas horas atrás. As expressões na tabela abaixo o ajudarão a lidar com a hora.

Expressões de Tempo

Português	Francês	Pronúncia
um segundo	une seconde	*üne segoNde*
um minuto	une minute	*üne minüte*
uma hora	Une heure	*ünêur*
de manhã	du matin	*dü mateN*
de, à tarde	de l'après midi	*de lapré midi*
de, à noite	du soir	*dü suar*
a que horas	à quelle heure	*a kélêure*
exatamente à meia-noite	à minuit précis	*a minüi prêsí*
exatamente à 1h	à une heure précise	*a ünêur prêsí*
exatamente às 2h	à deux heures précises	*a dêu zêur prêsí*
por volta de 2h	vers deux heures	*vér dêuzêur*
às 3h	à trois heures	*a truá zêur*
um quarto de hora	un quart d'heure	*aN kar dêur*
uma meia hora	une demi heure	*üne demí êur*
em uma hora	dans une heure	*Dan zünêur*
até às 2h	jusqu'à deux heures	*jüská dêuzêur*
antes das 3h	avant trois heures	*avaN truá zêur*
depois das 3h	aprés trois heures	*apré truá zêur*
depois de que horas	depuis quelle heure	*depüí kél êur*
desde às 6h	depuis six heures	*depüí si zêur*
há uma hora	il y a une heure	*iliá ünêur*

Português	Francês	Pronúncia
por hora	par heure	*par êur*
cedo	tôt (de bonne heure)	*tô (de bonêur)*
tarde	tard	*tar*
atrasado	en retard	*aN retar*

Hora de Ir ao Cinema

Você quer ir ao cinema enquanto está de férias, então você telefona para vários cinemas. Diga a que horas os filmes começam, de acordo com a gravação:

Ciné Beaubourg-*La leçon de piano*: 13h15, 16h20, 19h25

La leçon de piano commence à une heure et quart, à quatre heures

vingt et à sept heures vingt-cinq.

1. Ciné Georges V-*Belle du jour*: 15h10, 17h35, 20h, 22h25
2. Gaumont Opéra-*Retour vers le futur*: 14h50, 16h35, 18h20, 20h05
3. Forum Orient express-*Mon cousin Vinnie*: 13h30, 16h15, 18h45, 21h40

Respostas

Usando *quel*

1. Quel train?
2. Quelle couleur?
3. Quelles blouses?
4. Quels journaux?
5. Quelle voiture?
6. Quelles cassettes?
7. Quel match?
8. Quel plats?

Seu Número em Evidência

1. Zéro,un; quarante-cinq; soixante-sept; quatre-vingt-neuf; soixante-dix-sept
2. Zéro, un; quarante-huit; vingt et un; quinze; cinquante et un

146   Parte 2: Hora de Viajar

3. Zéro, un; quarante-six; seize; quatre-vingt-dix-huit; treize

4. Zéro, un; quarante-trois; onze; soixante-douze; quatre-vingt-quatorze

Hora de Ir ao Cinema

1. *Belle du jour* commence à trois heures dix, six heures moins vingt-cinq, huit heures et dix heures vingt-cinq.

2. *Retour vers le futur* commence à trois heures moins dix, cinq heures moins vingt-cinq, six heures vingt et huit heures cinq.

3. *Mon cousin Vinnie* commence à une heure et demie, quatre heures et quart, sept heures moins le quart et dix heures moins vingt.

Capítulo 12

Um Quarto com Vista

Neste Capítulo

- ◈ Serviços de hotéis
- ◈ Números ordinais
- ◈ "Verbos sapato"

Você conseguiu escolher um meio de transporte adequado para levá-lo aonde deseja ir. Ao longo do percurso, você tenta ter uma noção do seu novo ambiente. Você está ansioso para chegar ao hotel para que possa desfazer as malas e dar início às suas gloriosas férias. Quando começa a se sentir impaciente, você avista, de longe, o hotel. Sua primeira impressão confirma que a escolha foi boa.

Você é o tipo de viajante que se satisfaz com um mínimo de conforto nas acomodações? Você acha que, pelo fato de não passar muito tempo no quarto, estaria desperdiçando dinheiro com algo que não iria aproveitar? Talvez você prefira gastar mais com artigos de consumo: comida, bebida, passeios e presentes. Ou você é o tipo de pessoa que prefere, no mínimo, o mesmo conforto de casa e, no máximo, luxo total? Você deseja ter de tudo e espera ser tratado como realeza?

Neste capítulo, você irá aprender como conseguir o quarto e os serviços que espera de um hotel.

É um Ótimo Hotel! Mas Ele Tem...?

Antes de sair de férias, é aconselhável averiguar com o seu agente de viagem ou com a gerência do hotel, se a acomodação que escolheu possui os serviços que deseja. Dependendo das suas exigências, é necessário saber os termos em francês para tudo, de "banheiro" a "piscina".

Na década de 1970, meu marido e eu viajamos como mochileiros pela Europa, com o livro *Europa por $5 por dia*, de Arthur Frommer, debaixo do braço. Como não havíamos feito nenhuma reserva, na maioria das vezes tínhamos que ficar no quarto que conseguíamos. Em Paris, acabamos em um quartinho na zona de prostituição. Não era suíte e nós não estávamos nada entusiasmados com a ideia de ter que usar o banheiro coletivo no final do corredor. Às vezes a espera era insuportável.

Mas, mesmo com reservas, você pode se surpreender; então, não será nenhuma ofensa fazer algumas perguntas enquanto ainda estiver organizando a viagem. A tabela abaixo contém uma lista básica de serviços de hotel.

Serviços do Hotel

Serviço	*Le service*	Pronúncia
bar	le bar	*le bar*
centro de negócios	le centre d'affaires	*le saNtre dafére*
caixa	la caisse	*la kése*
concierge	le (la) concierge	*le (la) koNsiérje*
porteiro	le portier	*le portiê*
elevador	l'ascenseur (*m.*)	*lasaNsêur*
academia	la gym	*la jim*
loja	la boutique	*la butike*
serviço de lavanderia	la blanchisserie	*la blaNxiseri*
serviço de empregada	la gouvernante	*la guvernaNte*
restaurante	le restaurant	*le restôraN*
piscina	la piscine	*la pisine*
serviço de manobrista	l'attendance (*f.*) du garage	*lataNdaNse dü garaje*

Quando eu estava planejando uma viagem à Martinica, minha agente de viagem contou-me sobre um hotel fantástico, onde os melhores quartos tinham varanda de frente para o mar, com uma vista de "tirar o fôlego", segundo ela. Infelizmente, não foi possível confirmar um quarto com varanda na ocasião em que fiz a reserva, mas calculei que pudesse conseguir um quando lá chegássemos. Por coincidência, uma agente de viagem e sua família chegaram ao hotel junto conosco. Ela também gostaria de trocar seu quarto por um com varanda. Infelizmente, ela não conseguiu fazer-se entender pelos funcionários do hotel, que falavam francês. Meu marido e eu, entretanto, fomos recompensados por nossa fluência; conseguimos um quarto espetacular de frente para o mar! Estude a tabela abaixo para que possa tirar vantagem em uma situação como essa, exatamente como fizemos.

Itens de Conforto em Hotéis

Itens de Conforto	Francês	Pronúncia
um quarto de solteiro (casal)	une chambre à un (deux) lit(s)	*üne xaNbre a aN (dêu) li*
no pátio	côté cour	*kótê kur*
no jardim	côté jardin	*kótê jardeN*
no mar	côté mer	*kótê mér*
ar-condicionado	la climatisation	*la klimatizasioN*
rádio-relógio	le réveil	*le rêvéi*
varanda	le balcon	*le balkoN*
banheiro (privado)	la salle de bains (privée)	*la sale de beN (privê)*
chave	la clé	*la klê*
cofre	le coffre	*le kofre*
chuveiro	la douche	*la duxe*
telefone (discagem direta)	le téléphone (direct)	*le têlêfone (direkt)*
televisão (cor)	la télévision/télé (en couleur)	*la têlêvizioN/têlê (aN kulêur)*
instalações sanitárias	les toilettes	*lé tualéte*

O Senhor Precisa de Alguma Coisa?

Você não odeia quando o seu hotel economiza na quantidade de toalhas? Geralmente, eles fornecem apenas quatro pequenas toalhas de banho e

150   Parte 2: Hora de Viajar

esperam que elas sejam suficientes para um casal com duas crianças. Eu poderia usar três apenas para me secar: cabelo, parte superior e parte inferior. Imagine como as outras pessoas da minha família se sentem quando o que sobra para elas são as minhas toalhas ensopadas!

Caso precise de algo em seu quarto, para tornar a sua estadia mais agradável, as frases abaixo podem ser úteis:

Eu gostaria...
Je voudrais...
je vudré...

Preciso de um (uma) (alguns)...
Il me faut un (une) (des)...
il me fô taN (tune) (dé)

Preciso de um (uma) (em caso de plural use *de* + substantivo) ...
J'ai basoin d'un (d'une) ...
jé bezueN daN (düne)

Muito bem. Você já fez o check-in, desarrumou as malas e, agora, está pronto para um bom banho quente. Mas espere um pouco! A arrumadeira se esqueceu de fornecer toalhas! Em vez de usar os lençóis para se secar, chame a recepção e peça toalhas. A gerência, afinal de contas, está lá para garantir que a sua estadia seja agradável. A tabela abaixo lista alguns itens que, talvez, você precise solicitar.

Necessidades

Necessidade	Francês	Pronúncia
um cinzeiro	un cendrier	*aN saNdriê*
um sabonete	une savonnette	*üne savonete*
uma toalha de praia	un drap de bain	*aN dra de beN*
um cobertor	une coverture	*üne kovertüre*
cabides	des cintres (*m.*)	*dé seNtre*
cubos de gelo	des glaçons (*m.*)	*dé glasoN*
água mineral	de l'eau minéral	*de lô minéral*
um travesseiro	un oreiller	*aN noreiê*
lenços de papel	des mouchoir en papier (*m. pl.*)	*dé muxuar aN papiê*
um rolo de papel higiênico	un rouleau de papier hygiénique	*aN rulô de papiê ijiênike*
uma toalha	une serviette	*üne serviete*
um transformador	un transformateur	*aN tranformatêur*

Itens de Conforto em um Hotel

Imagine que o seu agente de viagem lhe enviou um prospecto de um hotel onde se fala francês. Leia o prospecto e faça uma lista dos serviços oferecidos.

**A LIBREVILLE
LE GRAND HÔTEL VOUS ATTEND**

Au coeur des activités de Libreville, le Grand Hôtel allie la qualité de ses services à l'élegance d'un hôtel moderne de luxe, 5 étoiles. Situé directement sur la plage, le Grand Hôtel dispose de 300 chambres dont 10 suites de très grand confort, 3 salons de conférences et réceptions, 1 restaurant ouvert 24h, 1 snack bar, 1 restaurant gastronomique et d'un piano bar.

Pour vos loisir, le Grand Hôtel met à votre disposition, piscine, plage, sauna, tennis, massages, galeria marchande, ainsi qu'un élégant casino. Un service de navette gratuite (hôtel-aéroport) est mis à votre disposition.

Subindo

Todos já passamos por uma experiência em elevadores na qual nos sentimos como uma grande sardinha em lata. Ao ser empurrado para o fundo ou espremido para o lado, só nos resta esperar que uma boa e gentil alma consiga mover a mão e pergunte: *"Quel étage, síl vous plaît?"* (kél étaje sil vu plé; Qual andar, por favor?). Você precisa saber os números ordinais contidos na tabela abaixo para responder corretamente, como, por exemplo, *"Le deuxième étage, s'il vous plaît"* (le dêuziéme êtaje, sil vu plé; Segundo andar, por favor.).

Números Ordinais

Número	Francês	Pronúncia
1º	premier (première)	*premiê (première)*
2º	deuxième (second[e])	*dêuziéme (segoN[de])*
3º	troisième	*truaziéme*
4º	quatrième	*katriéme*
5º	cinquième	*saNkiéme*
6º	sixième	*siziéme*

Continua

Números Ordinais (continuação)

Número	Francês	Pronúncia
7º	septième	*sétiéme*
8º	huitième	*uitiéme*
9º	neuvième	*nêuviéme*
10º	dixième	*diziéme*
11º	onzième	*oNziéme*
12º	douzième	*duziéme*
20º	vingtième	*veNtiéme*
21º	vingt et un(e)ième	*veNte un(üne)niéme*
72º	soixante-douzième	*suasaNte duziéme*
100º	centième	*saNtiéme*

Lembre-se do seguinte quando usar números ordinais:

Premier e *second* (e *un* quando usado com outro número) são os únicos números ordinais que devem concordar em gênero (masculino ou feminino) com o substantivo que eles descrevem. Todos os outros números ordinais devem concordar em número com o substantivo:

> son premier fils
> seu primeiro filho

> sa première fille
> sua primeira filha

Attention!

Na França, o andar térreo é chamado *le rez-de-chaussée (le rê de xôsé)*, e o primeiro andar é, na verdade, no segundo piso do edifício.

Com exceção de *premier* e *second*, adicione *ième* a todos os números cardinais para formar o número ordinal. Suprima o *e* átono antes de adicionar o *ième*.

Observe que em *cinquième* há o acréscimo de um *u*, e *v* substitui o *f* em *neuvième*.

Second(e) é geralmente usado em uma série que não ultrapassa dois.

Não há elisão com *huitième* e *onzième*. O artigo definido *le* ou *la* não perde sua vogal:

> le huitième jour
> o oitavo dia

> la onzième personne
> a décima primeira pessoa

Em francês, assim como em português, os números cardinais precedem os ordinais:

> les deux premières fois

> as duas primeiras vezes

Usando Números Ordinais

O Hôtel Grand é um luxuoso estabelecimento de vários andares. Escreva em quais andares as famílias estão hospedadas:

1. (5º) Les Dupont restent au _____ étage.
2. (28º) Les Colbert restent au _____ étage.
3. (19º) Les Pernod restent au _____ étage.
4. (34º) Les Gilbert restent au _____ étage.
5. (1º) Les Nalet restent au _____ étage.
6. (41º) Les Richard restent au _____ étage.

Fazendo uma Modificação

Suponhamos que você deseje experimentar uma famosa iguaria francesa, comer em um restaurante especial, pagar com seu cartão de crédito ou comprar um presente especial. Naturalmente, você irá querer algumas recomendações e, provavelmente, pedirá a opinião de todos, do *concierge* à camareira. Ao longo de suas conversas, você terá que usar muitos verbos para conseguir as informações que procura. Algumas poucas categorias de verbos regulares da família *-er* exigem mudanças de ortografia em determinadas formas. Em alguns casos, isso é necessário para manter o som correto do verbo. Em outros, trata-se apenas de uma das idiossincrasias do idioma. Tome conhecimento de alguns desses verbos em cada grupo, pois eles são palavras de alta frequência que você usará e verá repetidamente.

Esses verbos são denominados, em inglês e em espanhol, "verbos sapato", pois as regras de conjugação funcionam como se colocássemos os pronomes pessoais que seguem uma série de regras dentro do sapato e os outros fora dele. Para melhor entender isso, veja os pronomes que geralmente ficam dentro e fora do sapato:

Attention!

A letra *c* tem um som duro (o som de *k*) antes de *a, o* e *u*. A letra *c* tem um som suave (o som de *s*) antes de *e* e *i*. Um som *c* duro pode ser transformado em suave adicionando um cedilha sob o *c*.

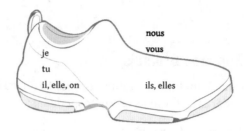

Em outras palavras, todos os verbos nestas categorias – *je, tu, il,elle, on, ils* e *elles* – seguem um conjunto de regras, enquanto *nous* e (geralmente, mas não sempre) *vous* seguem um conjunto diferente de regras. Observemos, a seguir, as diferentes categorias.

Verbos Terminados em *-cer*

Com os verbos terminados em *-cer*, as formas da primeira pessoa do plural (*nous*) do presente do indicativo precisam do *ç* para manter o som suave do *c* (*s*). O cedilha é adicionado antes das vogais *a, o* e *u*. (Observe que o sapato é um pouco diferente neste caso, pois só o *nous* é afetado.)

placer (**colocar, situar**):

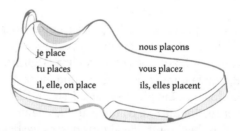

A tabela abaixo lista outros verbos conjugados como *placer*.

Verbo	Pronúncia	Português
annoncer	*anoNsê*	anunciar
avancer	*avaNsê*	avançar, adiantar (relógios)
commencer	*komaNsê*	começar
menacer	*menasê*	ameaçar
remplacer	*raNplasê*	substituir
renoncer à	*renoNsê a*	renunciar

Verbos Terminados em -ger

Com os verbos terminados em -ger, a forma da primeira pessoa do plural (*nous*) precisa de um *e* extra para manter o som suave do *g* (*j*). Esse *e* extra é sempre adicionado após o *g* e antes das vogais *a, o* ou *u*. (Observe que o sapato é um pouco diferente neste caso, pois só o *nous* é afetado.)

manger (comer):

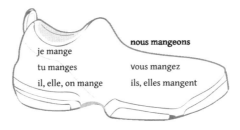

je mange
tu manges
il, elle, on mange
nous mangeons
vous mangez
ils, elles mangent

Intensificador de Memória

Assim como em português, a letra *g* possui som duro (som do *g* na palavra *globo*) antes de *a, o* e *u*. A letra *g* possui som suave (o som *j* na palavra *gelo*) antes de *e* e *i*. A letra *g* pode tornar-se suave com o acréscimo de um *e* depois dela.

A tabela abaixo lista outros verbos conjugados como *manger*.

Verbo	Pronúncia	Português
arranger	*aranjê*	arranjar, coordenar
changer	*xaNjê*	trocar
corriger	*Korijê*	corrigir
déranger	*dêraNjê*	atrapalhar
diriger	*Dirijê*	dirigir
nager	*Najê*	nadar
obliger	*Oblijê*	obrigar
partager	*partajê*	compartilhar, dividir
ranger	*raNjê*	arrumar, dispor

Verbos Terminados em *-yer*

Com os verbos terminados em *-yer*, mantenha o *y* nas formas da primeira e da segunda pessoas do plural (*nous* e *vous*) no presente do indicativo. Dentro do sapato, use *i* em vez de *y*.

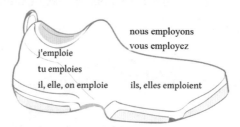

A tabela abaixo lista outros verbos conjugados como *employer*.

Verbo	Pronúncia	Português
ennuyer	aNnüiê	aborrecer, chatear
envoyer	aNvuaiê	enviar
nettoyer	nétuaiê	limpar

Verbos terminados em *-ayer* podem ou não trocar o *y* pelo *i* nas formas dentro do sapato:

payer (pagar)

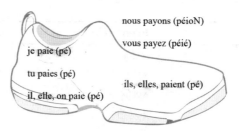

e + Consoante + Verbos Terminados em *-er*

Os verbos com terminação *-er* que possuem um *e* átono anterior ao final *-er* (*acheter*, comprar; *peser*, pesar) trocam o *e* por è em todas as formas no presente do indicativo que ficam dentro do sapato. Dentro do sapato, todas as terminações dos verbos são sílabas átonas.

acheter (comprar):

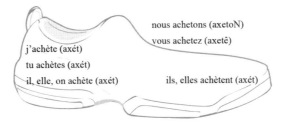

Observe a diferença na pronúncia das formas do verbo dentro e fora do sapato. Dentro do sapato, o primeiro *e* tem um *accent grave* e *è* é pronunciado com um som aberto. Fora do sapato, a pronúncia do primeiro *e* é aquela de uma vogal átona.

> ### Intensificador de Memória
> Devido ao fato de todas as terminações dentro do sapato serem sílabas átonas, o acréscimo de um *accent grave* (*è*) ao *e* átono anterior à terminação transforma a sílaba em tônica. Duas vogais átonas tornariam impossível pronunciar a palavra.

A tabela a seguir lista outros verbos conjugados como *acheter*.

Verbo	Pronúncia	Português
achever	*axevê*	terminar, completar
amener	*amenê*	trazer, conduzir
emmener	*aNmenê*	levar, acompanhar
enlever	*aNlevê*	tirar, remover
lever	*levê*	levantar, elevar
peser	*pezê*	pesar
promener	*promenê*	caminhar

Appeler (chamar) e *jeter* (jogar, atirar) são dois verbos com um *e* átono que dobram a consoante final antes da terminação *-er* em todas as formas de dentro do sapato, em vez de acrescentar o *accent grave*.

appeler (chamar):

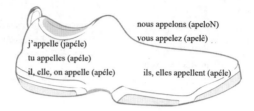

jeter (jogar, atirar):

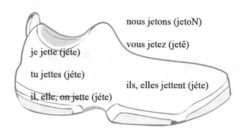

é + Consoante + Verbos Terminados em *-er*

Verbos que contêm *é* na sílaba anterior à final na forma infinitiva trocam o *é* para *è* nas formas que ficam dentro do sapato. Nessas formas, as terminações dos verbos conjugados são todas sílabas átonas.

préférer (preferir):

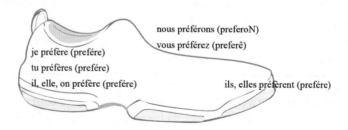

A tabela a seguir lista outros verbos conjugados como *préférer*.

Verbo	Pronúncia	Português
célébrer	*sêlêbrê*	celebrar
espérer	*espêrê*	esperar
posséder	*posêdê*	possuir
protéger	*protêjê*	proteger
répéter	*rêpêtê*	repetir

Usando Verbos que Alteram a Grafia ("Verbos Sapato")

Faça uma revisão do tempo presente dos verbos que alteram a grafia e complete as frases abaixo:

1. (commencer) Nous _____ à rire.
2. (payer) _____ -vous la facture?
3. (jeter) Je _____ les ordures.
4. (achever) Ils _____ vite leur travail.
5. (préférer) _____ -tu sortir ce soir?
6. (appeler) Marie et Rose _____ leurs amies.
7. (employer) Henri _____ un ordinateur.
8. (déranger) Nous ne _____ personne.

Respostas

Itens de Conforto em um Hotel

Os itens de conforto incluem bar, sauna, quarto luxuoso, jantar especial, praia, salões de conferência, cassino, serviços de spa e transporte.

Usando Números Ordinais

1. cinquième
2. vingt-huitième
3. dix-neuvième
4. trente-quatrième
5. premier
6. quarante et unième

Usando Verbos que Alteram a Grafia ("Verbos Sapato")

1. commençons
2. payez
3. jette
4. achèvent
5. préfère
6. appellent
7. emploie
8. dérangeons

Parte 3
Hora da Diversão

Você quer divertir-se independentemente de onde vá e da razão para isso, então a sua viagem, certamente, incluirá jogos, divertimentos e passatempos, não importando as condições do tempo. Obviamente, você irá querer visitar pontos turísticos. Outras atividades emocionantes aguardam os mais atléticos e aventureiros de nós: uma grande gama de esportes, incluindo *parasailing*, pesca submarina, windsurfe e muitos outros. Não se esqueça de todas as oportunidades culturais: museus, concertos, balés e óperas. Pode ser que, para você, viajar seja sinônimo de fazer compras. Ou talvez seja um festival gastronômico.

Os capítulos da parte 3 tratam de como se divertir ao máximo nas suas férias. Você aprende como expressar o que deseja fazer, quando deseja fazê-lo e o quanto está se divertindo.

Capítulo 13

E o Tempo Hoje Ficará...

Neste Capítulo

- ◆ Condições do tempo
- ◆ Dias da semana e meses do ano
- ◆ As quatro estações
- ◆ Como se referir a datas
- ◆ O verbo irregular *faire* (fazer)

Seu hotel é incrível! Seu quarto é totalmente perfeito e possui todos os confortos materiais possíveis e muito mais. Porém, é hora de se levantar e sair. Antes de dirigir-se ao saguão, você dá uma olhada pela janela e nota que o céu está nublado. Você quer estar preparado no caso de chover. A propósito, o que vai fazer no caso de isso acontecer? Se estivesse em casa, provavelmente você sintonizaria o canal de previsão do tempo para ouvir a última previsão. Você poderia tentar fazer isso, mas lembre-se de que, em um país de língua francesa, todos os locutores falam francês – e quando se trata do tempo, seu conhecimento de cognatos não o levará muito longe.

Neste capítulo, você irá lidar com boletins meteorológicos e aprenderá como descobrir os horários de funcionamento de museus, cinemas e outros lugares que possam ser convidativos em um dia de chuva.

164 Parte 3: Hora da Diversão

Qual É a Temperatura Lá Fora?

Você está pronto para sair e gostaria de saber qual é a previsão do tempo para hoje e como está a temperatura lá fora no momento. Então liga a televisão e não consegue entender o que o homem do tempo diz. Qual será *la météo* (a previsão) para hoje? Talvez esta seja a hora de consultar o simpático *concierge* (concierge do hotel) no balcão. Use as frases da tabela abaixo para ajudá-lo a falar do tempo.

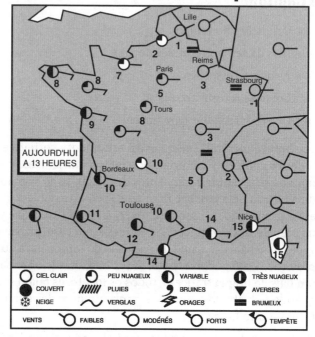

Expressões Sobre o Tempo

Expressão	L'expression	Pronúncia
Como está o tempo?	Quel temps fait-il?	kél taN fé til
Está bom.	Il fait beau.	il fé bô
Está quente.	Il fait chaud.	il fé xô
Está ensolarado.	Il fait du soleil.	il fé dü soléi
O tempo está feio.	Il fait mauvais.	il fé móvé
Está frio.	Il fait froid.	il fé fruá
Está fresco.	Il fait frais.	il fé fré
Está ventando.	Il fait du vent.	il fé dü vaN
Está relampejando.	Il fait des éclairs. (m)	il fé dé zéclér
Está trovejando.	Il fait du tonnerre.	il fé dü tonére
Está nevoento.	Il fait du brouillard.	il fé dü brúiiar
	Il y a du brouillard.	iliá dü brúiiar
Está úmido.	Il fait humide.	il fé tümide
	Il y a de l'humidité.	iliá de lümiditê
Está nublado.	Il y a des nuages.	iliá dé nüaje
	Le ciel est nuageux.	le siél é nüajêu
Está encoberto.	Le ciel est couvert.	le siél é kuvér
Está chovendo.	Il pleut.	il plêu
Está caindo uma chuva forte.	Il pleut à verse.	il plêu a vérse
Está nevando.	Il neige.	il néje
Há rajadas de vento.	Il y a des rafales. (f.)	iliá dé rafale
Está caindo granizo.	Il y a de la grêle.	iliá de la grêle
Há chuvas esparsas.	Il y a des giboulées. (f.)	iliá dé jibulê

Para ter uma boa ideia de quanto está a temperatura, pergunte ao concierge:

Qual é a temperatura?
Il fait quelle température?
il fé kéle taNpêratüre

Se alguém lhe perguntar qual é a temperatura (e, por acaso, você sabe qual é), responda usando a expressão *il fait* seguida pelo número de graus. Se for abaixo de 0, coloque um *moins* (menos) antes do número.

Está 5 abaixo de zero. Está 0º C. Está 40 graus.
Il fait moins cinq (degrés). Il fait zéro. Il fait quarante (degrés).
il fé mueN seNk (degrê) *il fé zerô* *il fé karante (degrê)*

Que Dia É Hoje?

Se você for um pouco parecido comigo, o dia em que suas férias começam é aquele em que tira o relógio. Você deseja tanto se divertir que perde a noção do tempo. Todos os dias se parecem com sábado e domingo, e frequentemente você precisa perguntar: "Que dia é hoje?".

Se estiver em uma viagem de turismo, torna-se realmente necessário que esteja atento aos dias da semana, para que não acabe planejando visitar uma atração turística no dia em que está fechada. Isso pode muito bem acontecer em Paris, onde os horários diferem de museu para museu.

Quando estudar os dias da semana na tabela abaixo, observe que todos eles terminam em *-di* com exceção de domingo, que começa com *-di*. Observe também, que os dias da semana em francês (que são todos masculinos), como em português, não são escritos com letra maiúscula, a não ser quando estão no início da frase. E, ao contrário dos nossos calendários, os calendários franceses começam na segunda-feira.

Dias da Semana

Dia	Le jour	Pronúncia
segunda-feira	lundi	*laNdi*
terça-feira	mardi	*mardi*
quarta-feira	mercredi	*merkredi*
quinta-feira	jeudi	*jêudi*
sexta-feira	vendredi	*vaNdredi*
sábado	samedi	*samedi*
domingo	dimanche	*dimaNxe*

Para dizer que alguma coisa acontece regularmente (no sentido plural) "em" certo dia, em francês usa-se o artigo definido *le*:

Le lundi je vais en ville.
le laNdi je vé aN vile
Na(s) segunda-feira(s), eu vou à cidade.

O artigo definido *le* é omitido quando um dia específico é mencionado:

Téléphone-moi jeudi.
têlêfone muá jêudi
Telefona-me na quinta-feira.

O Melhor Mês para Viajar

Estamos em agosto e você quer ir para Nice. A decepção se instala quando seu agente de viagem diz: "Desculpe, mas não tenho nada disponível". Então, você faz reservas para ir a Paris nessa mesma época do ano. Ao chegar lá, a cidade está vazia. Onde estão todos?

Na França, muitas lojas e muitos serviços fecham durante o mês de agosto, quando todos parecem rumar para o sul, para a Côte d'Azur (a Riviera) para as férias de verão. A tabela a seguir apresenta os meses do ano. Assim, quando olhar para todos aqueles folhetos impressos de viagens de férias, você poderá calcular a melhor época para viajar.

Observação: Como os dias da semana, todos os meses em francês são masculinos e escritos (como em português) com letra minúscula, a não ser que ocorram no início da frase ou sejam dias especiais, como por exemplo, Sexta-Feira Santa – *le Vendredi saint*.

Meses do Ano

Mês	Le Mois	Pronúncia
janeiro	janvier	*jaNviê*
fevereiro	février	*fêvriê*
março	mars	*mars*
abril	avril	*avril*
maio	mai	*mé*
junho	juin	*jüeN*
julho	juillet	*jüié*
agosto	août	*u(t)*
setembro	septembre	*séptaNbre*
outubro	octobre	*óktobre*
novembro	novembre	*novaNbre*
dezembro	décembre	*dêsaNbre*

Para deixar claro que alguma coisa em especial é esperada para um mês específico, use a preposição *en:*

Je vais en France en avril.
je vé zaN fraNse aN navril
Vou para a França em abril.

As Quatro Estações

Em alguns países, certas estações são melhores para viajar do que outras. Certifique-se de que sua viagem seja planejada para quando o tempo estiver bom. Assim, não será preciso preocupar-se com furacões, tempestades, ou outras condições adversas. Talvez você não seja um viajante, mas goste de fazer palavras cruzadas, onde as pistas indicam "estação (Fr.)". Talvez você queira saber quais esportes e atividades são praticados em cada estação. Qualquer que seja o seu motivo, a próxima tabela apresenta o nome das estações.

As Estações do Ano

Estação	*La Saison*	Pronúncia
inverno	l'hiver	*livér*
primavera	le printemps	*le preNtaN*
verão	L'été	*lêtê*
outono	L'automne	*lotone*

Para expressar "em" alguma estação, em francês usamos a preposição *en,* exceto para a primavera, para a qual se usa *au:*

Je vais en France en hiver (en été, en automne, **au** printemps).
je vé zaN fraNse aN nivér (aN nêtê, aN notome, ô praNtaN)
Vou para a França no inverno (verão, outono, primavera).

Data Marcada

Você também perde o controle da data quando está longe do trabalho? A data é algo que as pessoas tendem a esquecer de forma razoavelmente regular, mais especialmente quando estão de férias. (Eu finalmente cedi e comprei um minicomputador; assim posso sempre ter um calendário a mão).

Veja a tabela abaixo com algumas palavras que você deve saber para quando fizer planos.

Datas

Data	La Date	Pronúncia
um dia	un jour	*aN jur*
uma semana	une semaine	*üne seméne*
um mês	un mois	*aN muá*
um ano	un an, une année	*uN naN, ün anê*

> **Attention!**
>
> A palavra para "ano" *an*, é usada com números cardinais (um, dois, três, e assim por diante), a não ser que um adjetivo seja usado para descrever a palavra ano. Nesse caso, a palavra *année* é usada. Algumas vezes, qualquer uma das duas palavras pode ser usada.
>
> | | | |
> |---|---|---|
> | un an | une année | deux bonnes années |
> | um ano | um ano | dois bons anos |
> | quelques années | l'an dernier | l'année dernière |
> | alguns anos | ano passado | ano passado |

Você finalmente decidiu fazer um penteado francês. Ou talvez você esteja fazendo uma viagem de negócios e precisa organizar uma reunião importante. Ou ainda, você decidiu, de repente, planejar uma viagem. Quaisquer que sejam os motivos, é preciso saber como se referir às datas do seu compromisso.

Diga as datas em francês da seguinte forma:

(*le*) dia da semana + (*le*) número (cardinal) + mês + ano

lundi onze juillet 2003
lundi le onze juillet 2003

Diga o primeiro dia de cada mês usando *premier*. Use números cardinais para todos os outros dias:

le premier janvier
1º de janeiro

le deux janvier
2 de janeiro

170   Parte 3: Hora da Diversão

Em francês (como em português), quando se escreve a data em números, a sequência é dia + mês + ano. 19 de agosto de 2005 seria escrito 19/8/05.

Há duas maneiras de se referir a datas. Os anos podem ser expressos em centenas, como em inglês ou em milhares, como fazemos em português. Quando a palavra para "mil" é escrita apenas em datas, *mil* é frequentemente usado em vez de *mille*, para datas antes do ano 2000.

1999	dix-neuf cent quatre-vingt dix-neuf
	mil neuf cent quatre-vingt dix-neuf
2010	deux mille dix

Para obter informações sobre datas, faça as seguintes perguntas:

Quel jour est-ce aujourd'hui?	Quelle est la date d'aujourd'hui?
kél jur ése ôjurdüi	*kélé la date dôjurdüi*
Que dia é hoje?	Qual é a data de hoje?

Ou:

Quel jour sommes-nous aujourd'hui?
kél jur some nu ôjurdüi
Em que dia estamos?

A resposta para suas perguntas seria uma das apresentadas abaixo:

C'est aujourd'hui + (dia) + data.	Aujourd'hui nous sommes + (dia) + data.
sé tôjurdüi	*ôjurdüi nu some*
Hoje é...	Hoje é...

Quando tiver que planejar e programar seu tempo racionalmente, você precisará de vocabulário relativo a tempo. Lembre-se das expressões da tabela abaixo quando o tempo for essencial

Expressões de Tempo

Expressão	*L'expression*	Pronúncia
dentro	dans	*daN*
atrás	il y a	*iliá*
por	par	*par*
durante	pendant	*paNdaN*
próximo	prochain(e)	*proxeN, proxéne*

Expressão	L'expression	Pronúncia
último	dernier(dernière)	*derniê, derniére*
passado	passé(e)	*pasê*
véspera	la veille	*la véi*
anteontem	avant-hier	*avaNtiér*
ontem	hier	*iér*
hoje	aujourd'hui	*ôjurdüi*
amanhã	demain	*demeN*
depois de amanhã	après-demain	*apré demeN*
no dia seguinte	le lendemain	*le laNdemeN*
de	dès	*dé*
daqui a uma semana	d'aujourd'hui en huit	*dôjurdüi aN üít*
daqui a quinze dias	de demain en quinze	*de demeN aN keNze*

Qual é a Data?

Ontem? Amanhã? Daqui a duas semanas? E se você não tiver um calendário e precisar saber a data precisa? Pratique sua compreensão das frases da tabela acima "Expressões de Tempo". Se hoje fosse *le sept août*, dê a data para o seguinte:

1. le jour avant-hier _____
2. d'aujourd'hui en huit _____
3. de demain en quinze _____
4. demain _____
5. la veill _____
6. il y a sept jours _____

Fazer ou Não Fazer?

Um amigo francês telefona e diz: *"Il fait si beau aujourd'hui. On fait du golf ?"*. Você já viu que, quando se fala do tempo, é possível usar o verbo irregular *faire* de forma impessoal: *il fait* + a condição meteorológica. O verbo *faire*, que aparece na tabela a seguir, significa "fazer" e é usado com frequência para falar de tarefas domésticas. *Faire* também pode ser usado para falar sobre esportes, apesar de não haver tradução literal para o português. Então, você vai jogar golfe com seu amigo hoje?

Faire (Fazer)

Conjugação	Pronúncia	Significado
je **fais**	*je fé*	eu faço
tu **fais**	*tü fé*	tu fazes
il, elle, on **fait**	*il, éle, oN fé*	ele, ela, faz
nous **faisons**	*nu fézon*	nós fazemos
vous **faites**	*vu féte*	vós fazeis
ils, elles **font**	*il, éle foN*	eles, elas fazem

Digamos que você não deseja falar sobre o tempo ou esportes. De que outras maneiras você pode usar o verbo *faire* a seu favor? Muitas expressões úteis usam o verbo *faire*. Se seu anfitrião perguntasse a você: "*Voudriez-vous faire une partie de tennis?*", ele o estaria convidando para um jogo de tênis.

Se ele lhe dissesse "*Je l'ai fait exprès*", você pensaria que ele fez alguma coisa com pressa? O bom senso e seu conhecimento de cognatos o fariam pensar dessa forma. Mas, na verdade, o que quer que ele tenha feito, ele fez de propósito. Veja como é importante estudar as expressões com *faire* na tabela a seguir:

Mais Expressões com *faire*

Expressão	Pronúncia	Português
faire à sa tête	*fér a sa téte*	fazer o que tiver vontade
faire attention à	*fér ataNsioN a*	prestar atenção a
faire de son mieux	*fér de soN miêu*	fazer o melhor
faire des achats (emplettes)	*fér dé zaxá (aNpléte)*	fazer compras
faire des courses	*fér de kurse*	fazer coisas na rua (compras, pagamentos etc.)
faire exprès	*fér ekspré*	fazer de propósito
faire la connaissance de	*fér la konésaNse de*	conhecer alguém pela primeira vez, familiarizar-se com
faire la queue	*fér la kêu*	fazer fila
faire la sieste	*fér la siéste*	fazer a sesta
faire mal à	*fér mal a*	magoar

Expressão	Pronúncia	Português
faire peur à	*fér pêur a*	assustar
faire plaisir à	*fér plézir a*	agradar
faire semblant de	*fér saNblaN de*	fingir
faire ses adieux	*fér sé zadiêu*	despedir-se
faire une partie de	*fér üne partí de*	jogar
faire une promenade	*fér üne promenáde*	passear
faire une voyage	*fér üne vuaiáje*	viajar
faire venir	*fér venir*	chamar

Lembre-se de conjugar o verbo quando usá-lo em contexto:

Je fais les courses le lundi.
je fé lé kurse le laNdi
Vou fazer compras na segunda-feira.

Faites venir le médecin.
féte venir le mêdiseN
Chame o médico.

Nas expressões acima, onde quer que os pronomes possessivos *son*, *sa* ou *ses* apareçam, você pode usar qualquer um dos possessivos equivalentes, dependendo do sujeito:

Je fais à ma tête.
je fé a ma Tetê
Faço o que me dá vontade.

Nous faisons nos adieux.
nu fézon no zadiêu
Nos despedimos.

Usando *faire*

Como o verbo *faire* tem muitos usos diferentes, é muito importante praticá-lo a fundo. Depois que estiver se sentindo confiante com sua conjugação e tiver aprendido as expressões relacionadas, complete os espaços das sentenças abaixo.

1. (fazer uma viagem) Ils _____.

2. (esperar na fila) Vous _____.

3. (chamar) Tu _____ le docteur.

4. (passear) Nous _____.

5. (conhecer) Elle _____ M. Renaud.

6. (fazer compras) Je _____.

Respostas

Qual É a Data?

1. le cinq août
2. le quatorze août
3. le vingt-deux août
4. le huit août
5. le six août
6. le trente et un juillet

Usando *faire*

1. font un voyage
2. faites la queue
3. fais venir
4. faisons une promenade
5. fait la connaissance de
6. fais des achats (emplettes)

Capítulo 14

Turismo

Neste Capítulo

- ◆ Atrações turísticas típicas
- ◆ Animais em abundância
- ◆ Maneiras de fazer sugestões e planos
- ◆ Aprenda a expressar sua opinião
- ◆ Outros países
- ◆ O pronome y

A previsão do tempo no jornal de hoje é de um dia ameno e ensolarado. É o tempo perfeito para tomar um *café au lait* na calçada de um *café*, visitar a Notre Dame e, no final, caminhar pela Champs-Élysées. Você já verificou no seu guia de turismo o que está aberto e em que horário. Agora é hora de abrir o mapa do metrô ou do ônibus e planejar o dia, de modo que possa aproveitar, sem pressa, os lugares que tanto deseja visitar.

Este capítulo oferece opções do que fazer e lugares interessantes a visitar. À medida que for lendo, aprenderá a dar sugestões e expressar suas opiniões. E, caso decida viajar para longe, conseguirá chegar lá – em francês.

Atrações para Visitar

Há muito o que fazer e ver em todos os países de língua francesa. Você está com vontade de visitar atrações turísticas ou de relaxar? Gostaria de preencher o seu dia com atividades ou prefere prosseguir sem pressa? Os prospectos que pegou no hotel ou no centro de turismo oferecem muitas sugestões. A tabela abaixo contém as palavras e expressões necessárias para falar sobre suas escolhas.

Onde Ir e o Que Fazer

Local	Le Lieu	Pronúncia
parque de diversões	le parc d'attractions	le park datraksioN
aquário	l'aquarium (m.)	lakuariom
Carnaval	le Carnaval	le karnaval
castelo	le château	le xatô
catedral	la cathédrale	la katêdrale
igreja	l'église (f.)	lêglize
circo	le cirque	le sirke
feira	la foire	la fuare
mercado das pulgas	le marché aux puces	le marxê ô püse
fonte	la fontaine	la fonténe
jardim	le jardin	le jardeN
museu	le musée	le müzê
clube noturno	la boîte de nuit	la buate de nüi
cais	le quai	le ké
praça	la place	la plase

O Que Ver

Você irá ver as extraordinárias pinturas e esculturas de um determinado museu, os vitrais de uma catedral, os luxuosos salões de um castelo ou, talvez, um famoso monumento? É necessário saber o verbo irregular *voir* (ver) para expressar o que você gostaria de ver ou o que vai ver. *Voir* é semelhante aos verbos regulares que alteram a grafia de certas formas (os "verbos sapato"), uma vez que as formas para *nous* e *vous* são diferentes. Essas formas, entretanto, não se assemelham ao infinitivo. Mas as formas dentro do sapato, sim! *Voir* pode, então, ser considerado o reverso dos "verbos sapato".

Voir (Ver)

Conjugação	Pronúncia	Significado
je **vois**	*je vuá*	eu vejo
tu **vois**	*tü vuá*	tu vês, você vê
il, elle, on **voit**	*il, ele, oN vuá*	ele, ela vê
nous **voyons**	*nu vuaioN*	nós vemos
vous **voyez**	*vu vuaiê*	vós vedes, o senhor vê, os senhores veem
ils, elles **voient**	*il, ele vuá*	eles, elas veem

Você Gosta de Animais?

A minha amiga Trudy vai ver animais em todas as viagens que faz. Um de seus maiores prazeres é ir a uma fazenda de animais para alimentar os filhotes. O meu filho Michael tem uma predileção especial por aquários desde a sua primeira experiência com um há anos, quando tinha apenas quatro meses. E quanto ao meu marido, bem, ele não gosta nada de animais; seu ego masculino simpatiza-se com camisas que trazem animais poderosos bordados nos bolsos.

Quer você queira visitar um zoológico ou um aquário, fazer um safári na África ou simplesmente fazer uma compra contendo um desenho ou logo de animal, os nomes dos animais listados na tabela abaixo podem ser bem úteis.

Animais

Animal	*L'animal*	Pronúncia
urso	l'ours (*m.*)	*lurs*
pássaro	l'oiseau (*m.*)	*luazô*
gato	le chat	*le xá*
frango, galinha	la poule	*la pule*
vaca	la vache	*la vaxe*
cachorro	le chien	*le xieN*
golfinho	le dauphin	*le dofeN*
elefante	l'éléphant	*lêlêfaN*
peixe	le poisson	*le puasoN*
raposa	le renard	*le renar*
girafa	la girafe	*la jirafe*

Continua

Animais (contiuação)

Animal	L'animal	Pronúncia
cabra	la chèvre	la xévre
gorila	le gorille	le gorile
cavalo	le cheval	le xeval
leopardo	le léopard	le lêopar
leão	le lion	le lioN
macaco	le singe	le saNje
pantera	la panthère	la paNtére
porco	le cochon	le koxoN
coelho	le lapin	le lapeN
rinoceronte	le rhinocéros	le rinôsêrôs
tubarão	le requin	le rekeN
ovelha	le mouton	le mutoN
tigre	le tigre	le tigre
baleia	la baleine	la baléne

Dando Sugestões

Você sempre teve vontade de assistir aos shows do *Folies Bergère*. Os glamorosos anúncios, cartazes e as fotos que já viu o seduziram e aguçaram sua curiosidade. Entretanto, você não sabe como os outros em seu grupo se sentem em relação ao show. Ouse! Dê a sugestão. Em francês, há duas opções bem simples.

Você pode usar o pronome *on* + a forma conjugada do verbo que explica o que você deseja fazer:

On va aux Folies Bergère?   On fait une croisière?
oN va ô foli berjére?   *oN fé tüne kruaziére?*
Que tal irmos ao Folies Bergère?   Que tal fazermos um cruzeiro?

Outra maneira de propor uma atividade é usar a forma do modo imperativo do verbo que tem *nous* como sujeito subentendido:

Allons aux Folies Bergère!   Faisons une croisière!
aloN ô foli berjére   *fézoN züne kruaziére*
Vamos ao Folies Bergère!   Vamos fazer um cruzeiro!

Ao usar o modo imperativo, é necessário usar o pronome sujeito *nous*.

Outras Expressões Úteis

Se já estiver se sentindo bastante confiante no uso do idioma, talvez queira partir para uma abordagem mais sofisticada. É possível usar várias outras expressões, todas elas seguidas da forma infinitiva dos verbos. (As formas informais *tu* estão entre parênteses.)

Ça vous (te) dit de (d')...?
sa vu (te) di de
Você quer...?

Ça vous (t') intéresse de (d')...?
sa vuzeN (teN)têrese de
Você está interessado em...?

Ça vous (te) plairait de (d')...?
sa vu (te) pléré de
Você gostaria de...?

Vous voulez...? (Tu veux...?)
vu vulê (tü vêu)
Você quer...?

aller au cinéma?
ir ao cinema?

> **Intensificador de Memória**
>
> Ao dar uma resposta afirmativa a uma pergunta negativa, use *si* em vez de *oui*:
>
> Tu n'aimes pas le ballet?
> Você não gosta de balé?
>
> Si, je l'aime bien.
> Sim, gosto. (Gosto muito.)

É possível transformar qualquer uma das expressões acima em frases negativas usando *ne ... pas*:

Ça *ne* te dit *pas* de (d')...?
Você não quer...?

Ça *ne* t'intéresse *pas* de (d')...?
Você não está interessado em...?

Ça *ne* te plairait *pas* de (d') ...?
Você não gostaria de...?

Tu *ne* veux *pas*...?
Você não quer...?

aller au cinéma?
ir ao cinema?

Somente adolescentes mal humorados respondem uma pergunta com um simples "sim" ou "não". A maioria de nós diz: "Sim, mas...", ou: "Não, porque...". Se quiser elaborar suas respostas, substitua o pronome *vous* ou *te* (*t'*) da pergunta por *me* (*m'*) na sua resposta:

Oui (Si), ça me dit de (d')...
Oui (Si), ça m'intéresse de (d')

Oui (Si), ça me plairait de (d')
Oui (Si), je veux

Non, ça ne me dit pas de (d')
Non, ça ne m'intéresse pas de (d')
Non, ça ne me plairait pas de (d')
Non, je ne veux pas

aller au cinéma.

O Que Você Acha?

O que você acha da sugestão que alguém lhe fez? A atividade o atrai? Caso a
ache atraente, você pode dizer...

J'aime la musique classique.
J'adore l'opéra.
Je suis fana de ballet.

Quando faz algo ou vai a algum lugar novo, diferente, exótico ou
extraordinário, você deve expressar sua opinião, quer tenha gostado ou não.
Foi divertido? Aproveitou bastante? Divertiu-se? Dê sua opinião positiva
dizendo o seguinte:

É ...
C'est ...
sé

fantástico	magnífico	super
fantastique	magnifique	super
faNtastike	*manhifike*	*süper*
ótimo	maravilhoso	soberbo
chouette	merveilleux	superbe
xuéte	*mervéiêu*	*süperbe*
formidável	sensacional	extraordinário
formidable	sensationnel	extra
formidable	*saNsasionel*	*ékstra*
genial		
génial		
jênial		

Capítulo 14: Turismo   181

Pode ser que não goste da sugestão apresentada. Talvez a atividade o deixe
entediado. Você então poderia dizer...

Não gosto...	Detesto...	Não sou fã de...
Je n'aime pas...	Je déteste...	Je ne suis pas fana de...
je néme pá	*je dêtéste*	*je ne sui pá fana de*

Je n'aime pas la musique classique.
Je déteste l'opéra.
Je ne suis pas fana de ballet.

Só para não ser desmancha-prazeres, você foi. Foi exatamente como pensava:
não é do seu agrado. Se quiser expressar opinião negativa sobre uma
atividade, você pode dizer...

É ...
C'est ...
sé

monótono	desagradável	horrível
barbant	désagréable	horrible
barbaN	*dêzagrêable*	*orible*
cansativo	repulsivo	ridículo
embêtant	dégoûtant	ridicule
aNbétaN	*dêgutaN*	*ridiküle*
entediante	amedrontador	
ennuyeux	affreux	
aNnüiêu	*afrêu*	

O Que Você Sente

Você é uma daquelas pessoas que enxerga tudo em preto ou em
branco? Ou enxerga as coisas em várias tonalidades de cinza? Eu sou
uma pessoa de opiniões radicais. Ou eu amo ou odeio algo. Raramente
há um meio-termo. Adoro balé porque gosto de me imaginar uma
das bailarinas: linda, esbelta e em ótima forma. Não gosto de ópera.
Simplesmente não é do meu agrado. A música é muito alta e não
entendo o que eles dizem. Não tenha medo de falar e dizer o que pensa.
Diga o que pensa a respeito das seguintes atrações:

continua

182 **Parte 3: Hora da Diversão**

continuação

1. le Louvre	6. un parc d'attractions
2. Notre-Dame de Paris	7. le cirque
3. l'ópera	8. la Bastille
4. le château de Versailles	9. un match de football
5. un club	10. le ballet

Viajando Por Aí

Há alguns anos, quando meu marido e eu viajamos como mochileiros pela Europa, nós usamos o nosso francês em todos os países que visitamos (exceto na Inglaterra, naturalmente). Devido ao fato de a França ter fronteiras com Bélgica, Luxemburgo, Alemanha, Suíça, Itália e Espanha, é fácil entender por que as pessoas falam e entendem francês em todos esses países e por que os franceses são familiarizados com esses outros idiomas. Além do mais, devido à importância da França na União Europeia, fala-se francês em todos os outros países da Europa também.

Suas viagens podem levá-lo a muitos lugares diferentes onde se fala francês. Seria bastante útil aprender os nomes franceses dos países, contidos na tabela abaixo, especialmente dos países europeus. Se examinar bem os nomes femininos, observará que, com exceção do Haiti (que também é um dos dois países do grupo que não usa um artigo definido: *la, l'*; Israel também não), todos terminam em *-e.* O que torna fácil sua identificação.

Países

País	*Le Pays*	Pronúncia
Países com Nomes Femininos		
Algéria	l'Algérie	*laljêri*
Áustria	l'Autriche	*lôtrixe*
Bélgica	la Belgique	*la beljike*
China	la Chine	*la xine*
Egito	l'Égypte	*lêjipte*
Inglaterra	l'Angleterre	*laNgletere*

País	Le Pays	Pronúncia
França	la France	*la fraNse*
Alemanha	l'Allemagne	*lalemanhe*
Grécia	la Grèce	*la grése*
Índia	l'Inde	*leNde*
Itália	l'Italie	*litali*
Noruega	la Norvège	*la norvéje*
Rússia	la Russie	*la rüsi*
Escócia	l'Éscoce	*léskose*
Espanha	l'Espagne	*léspanhe*
Suécia	la Suède	*la süéde*
Suíça	la Suisse	*la süise*

Países com Nomes Masculinos

Canadá	le Canada	*le kanadá*
Camboja	le Cambodge	*le kaNbodje*
Dinamarca	le Danemark	*le danmark*
Haiti	Haïti	*aíti*
Israel	Israël	*israél*
Japão	le Japon	*le japoN*
Líbano	le Liban	*le libaN*
Marrocos	le Maroc	*le marok*
México	le Mexique	*le méksik*
Países Baixos	les Pays-Bas	*lé péí bá*
Portugal	le Portugal	*le portügal*
Estados Unidos	les États-Unis	*lé zêtá züni*

Suas viagens o levam a lugares distantes? Você é tão próspero a ponto de poder planejar uma viagem a outro continente? Seis dos continentes na tabela abaixo são femininos; *L'Antarctique* é o único masculino.

Os Continentes

Continente	Le Continent	Pronúncia
África	l'Afrique	*lafrike*
Antártica	l'Antarctique (*m.*)	*laNtarktike*
Ásia	l'Asie	*lazí*

continua

Parte 3: Hora da Diversão

Os Continentes (continuação)

Continente	Le Continent	Pronúncia
Europa	l'Europe	*lêurope*
América do Norte	l'Amérique du Nord	*lamêrike dü nór*
América do Sul	l'Amérique du Sud	*lamêrike dü süd*

Indo

Na sua próxima viagem à Europa, você irá à Itália? Irá se hospedar com parentes na Espanha ou em Portugal? Para expressar que irá ou está em outro país, use a preposição *en* que significa "a". Também use *en* para expressar "em" antes de nomes femininos de países, continentes, cidades, ilhas e estados e antes de nomes masculinos de países iniciando com vogal:

> Je vais en Italie.
> *je vé zaN nitalí*
> Vou à Itália.

> Je reste en Espagne.
> *je reste aN nespanhe*
> Estou na Espanha.

A preposição *au* (*aux* para plurais) é usada para expressar "a" ou "em" antes de alguns nomes masculinos de países, ilhas, províncias e estados que se iniciam com uma consoante.

> Je vais au Japon.
> *je vézô ô japoN*
> Vou ao Japão.

> Je reste aux États-Unis.
> *je reste ô zêtázüni*
> Estou nos Estados Unidos.

Use *dans le* para expressar "a" ou "em" antes de nomes geográficos que são modificados por um adjetivo:

> Je vais dans le Dakota du Nord.
> *je vé Dan le dakotá dü nór*
> Vou à Dakota do Norte.

> J'habite dans l'état de New Jersey.
> *jabite Dan lêtá de nu jérzi*
> Moro em Nova Jersey.

Capítulo 14: Turismo   **185**

> ### Attention!
>
> Para expressar o estado de onde vem, use *de* (de) com todos os estados com nomes femininos, qualquer estado terminado em *e* e qualquer estado em cujo nome há um adjetivo:
>
>> Je suis de Sergipe.
>> Je suis de Rio Grande do Sul.
>
> Use *du* (de) com todos os estados com nomes masculinos ou estados cujos nomes terminam com qualquer letra que não seja *e*:
>
>> Je suis du São Paulo.

Vindo

Todo viajante tem um sotaque, mesmo que às vezes imperceptível, que chama atenção de falantes nativos para o fato de que ele (ou ela) é de uma outra região ou outro país. Os meus sons nasais franceses revelam minha procedência de Nova York. Os *"th"* do meu consultor Roger soam como *"z"* francês. O fato de o meu amigo Carlos não pronunciar os *"ésses"* finais o denunciam como hispânico. Se o seu sotaque revelar a sua identidade e se você quiser dizer que é (ou vem) de um determinado país, use a preposição *de* antes de nomes femininos de países, continentes, cidades, ilhas e estados e antes de nomes masculinos de países iniciando com uma vogal:

Je suis de France.   Je suis d'Israël.
je sui de fraNse   *je suis disraél*
Sou da França.   Sou de Israel.

Use a preposição *de* + o artigo definido (*le, la, l', les*) antes de nomes masculinos de países e acidentes geográficos modificados por um adjetivo:

Je suis du Canada.   Je suis des États-Unis.
je sui dü kanadá   *je sui dézêtázüni*
Sou do Canadá.   Sou dos Estados Unidos.

Je suis de la belle France.   Je suis de l'Amérique du Nord.
je sui de la béle fraNse   *je sui de lamêrique dü nór*
Sou da bela França.   Sou da América do Norte.

186 Parte 3: Hora da Diversão

> ### Aonde Exatamente Você Vai?
>
> Inicie sua frase com *Je vais* (eu vou) e diga a qual país você irá se estiver planejando ver o seguinte:
>
> 1. uma tourada
> 2. a Grande Muralha
> 3. feijões saltitantes mexicanos
> 4. a Torre de Pisa
> 5. Big Ben
> 6. as pirâmides
> 7. a Torre Eiffel
> 8. o Grand Canyon

O Pronome Francês *y*

O pronome francês *y* (*i*) geralmente se refere a ou substitui o nome de lugares previamente mencionados e também pode se referir a objetos ou ideias. O pronome *y* geralmente substitui a preposição *à* (*au, à l', à la, aux*) ou outras preposições de lugar (contidas na tabela abaixo) + substantivo.

Preposições de Lugar

Preposição	*La Préposition*	Pronúncia
no, na (estabelecimento)	chez	*xê*
contra	contre	*koNtre*
atrás	derrière	*deriére*
entre	entre	*aNtre*
dentro	dans	*daN*
em	en	*aN*
em frente	devant	*devaN*
sobre	sur	*sür*
em direção a	vers	*vér*
sob	sous	*su*

Você hoje recebeu uma carta do seu amigo francês. Eu, naturalmente, jamais abriria a sua correspondência, mas estou muito curiosa em relação a essa carta. Ela está na sua escrivaninha? Você irá respondê-la imediatamente? Você vai à França visitar o seu amigo? Ficará hospedado na casa dele? Sua família dirá: "Vá e aproveite bastante"? Você pode responder todas essas perguntas usando o pronome *y*.

Capítulo 14: Turismo   **187**

Y significa "lá" quando o local já foi mencionado e também pode significar "ele", "ela", "eles", "elas", "nele", "nela", "neles", "nelas" ou "sobre ele/ela/eles/elas".

Il va à Paris.
Il y va.
Ele vai lá.

Le billet est dans ma poche.
Le billet y est.
O bilhete está nele (lá).

Je réponds à la lettre.
J'y réponds.
Respondo-a.

Use o pronome *y* para substituir uma locução prepositiva de lugar contendo *de* + substantivo:

La douane est *à côté des* bagages.
La douane *y* est.
A alfândega é lá.

Às vezes, *y* é usado em francês, mas não é traduzido para o português:

La valise est sur la table?
Oui, elle *y* est.
A mala está sobre a mesa? Sim, está.

> ### Intensificador de Memória
>
> As formas do modo imperativo da segunda pessoa do singular informal (*tu*) dos verbos terminados em -*er* (regulares e irregulares) mantêm o *s* final antes do pronome *y*. Lembre-se de que há uma liaison (ligação) entre a consoante final e o *y*.

Coloque o *y* antes do verbo ao qual seu significado está ligado. Se houver dois verbos, coloque o *y* antes do infinitivo:

J'y vais.
Vou lá.

Je n'y vais pas.
Não vou lá.

Je vais y aller.
Irei lá.

N'y va pas.
Não vá lá.

Je ne vais pas y aller.
Não irei lá.

No modo imperativo afirmativo, o *y* muda de posição. Ele é colocado imediatamente após o verbo e é unido a ele por um hífen:

Vas-y!
vá zi
Vá (lá)! (informal)

Allez-y!
alêzí
Vá (lá)! (formal ou plural)

Parte 3: Hora da Diversão

Use a expressão idiomática francesa *Allons-y* quando quiser dizer: "Vamos" ou "Estamos saindo"; e a pergunta *On y va?* significando "Vamos?" ou "Vamos começar?".

Usando *y*

Estão dizendo que você irá à Europa neste verão. Sua vizinha fofoqueira ouviu o boato e está ansiosa para fazer várias perguntas e obter mais informações. Use y para responder brevemente às perguntas da vizinha e escapar o mais rapidamente possível.

1. Vous allez en France?
2. Vous restez à Paris?
3. Vous passez vos vacances chez votre famille?
4. Vous allez descendre en ville?
5. Vous allez dîner dans des restaurants élégants?
6. Vous allez penser à votre travail?

Respostas

O Que Você Sente

Respostas Sugeridas:

1. C'est chouette.
2. C'est extra.
3. C'est embêtant.
4. C'est merveilleux.
5. C'est formidable.
6. Je déteste.
7. C'est génial.
8. C'est ennuyeux.
9. C'est la barbant.
10. C'est sensationnel.

Aonde Exatamente Você Vai?

1. Je vais en Espagne.
2. Je vais en Chine.
3. Je vais au Mexique.
4. Je vais en Italie.
5. Je vais en Angleterre.
6. Je vais en Égypte.
7. Je vais en France.
8. Je vais aux États-Unis.

Usando *y*

Respostas Sugeridas:

1. J'y vais.
2. J'y reste.
3. Je n'y passe pas mes vacances.
4. Je vais y descendre.
5. Je vais y dîner.
6. Je ne vais pas y penser.

Capítulo 15

"Quero Comprar Até Cansar!"

Neste Capítulo

- ◆ Lojas e suas mercadorias
- ◆ Cores, tamanhos, tecidos e padronagens de roupas
- ◆ Tudo sobre o verbo *mettre*
- ◆ Falando do que gosta
- ◆ Isto, este, esta, estes, estas, aquele, aquela, aqueles e aquelas (também conhecidos como pronomes demonstrativos)

Você já visitou quase tudo na sua lista dos "devem ser vistos". E, pelo menos por enquanto, você já esgotou a sua cota de passeios turísticos. Agora, você gostaria de comprar algumas lembranças da viagem ou aqueles presentes que prometeu levar para a família e amigos.

Você é detalhista no que diz respeito ao que comprar? Você faz questão de escolher o presente ou a lembrança perfeita? Você passa horas sofrendo para decidir qual a cor, o tamanho, o tecido e a padronagem perfeitos? Ou é do tipo que escolhe quase qualquer coisa que acha ser apropriado? Este capítulo irá ajudá-lo a tomar as melhores decisões no que diz respeito a compras. Leia e estude todas as informações antes de "comprar até morrer".

192 Parte 3: Hora da Diversão

É o Tipo de Loja de Que Eu Gosto!

Hoje é dia livre para compras. Você prefere ir a lojas pequenas ou é atraído por *un centre commercial* (*aN saNtre komérsial*; um grande e elegante shopping center) como *le Forum des Halles* em Paris ou o subterrâneo *Place Bonaventure* em Montreal? A tabela abaixo o direcionará a *les magasins* (*lé magazeN*; lojas) que possam interessá-lo e a *la marchandise* (*la marxaNdize*; a mercadoria) que poderá adquirir.

Se quiser dizer que vai a uma loja ou que está em uma loja, lembre-se de usar *à* (a, em) + artigo definido (*au, à la, à l'*):

au grand magasin
à la parfumerie

Lojas

Loja	*Le Magasin*	Mercadoria	*La Marchandise*
livraria	la librerie	livros	des livres (*m.pl.*)
loja	la boutique	vestuário	des vêtements (*m.pl.*)
loja de departamento	le grand magasin	quase tudo	presque tout
floricultura	le magasin de fleuriste	flores	des fleurs (*f.pl.*)
joalheria	la bijouterie	joias	des bijoux (*m.pl.*)
		anéis	des bagues (*f.pl.*)
		pulseiras	des bracelets (*m.pl.*)
		relógios	des montres (*f.pl.*)
		brincos	des boucles d'oreilles (*f.pl.*)
loja de artigos de couro	la maroquinerie	carteiras	des portefeilles(*m.pl.*)
		bolsas	des sacs (*m.pl.*)
		malas	des valises (*f.pl.*)
		pastas	des serviettes (*f.pl.*)
jornaleiro	le kiosk à journaux	jornais	des journeaux (*m.pl.*)
		revistas	des revues (*f.pl.*)
perfumaria	la parfumerie	perfume	du parfum
loja de CDs	la magasin des disques	discos	des disques (*m.pl.*)
		fitas cassete	des cassettes (*f.pl.*)
		CDs	des C.D. (*m.pl.*)

Loja	Le Magasin	Mercadoria	La Marchandise
loja de presentes	le magasin de souvenirs	camisetas	des tee-shirts (*m.pl.*)
		pôsteres	des posters (*m.pl.*)
		miniaturas	des monuments en miniatures (*m.pl.*)
tabacaria	le bureau de tabac	tabaco	du tabac (*m.*)
		cigarros	des cigarettes (*f.pl.*)
		cachimbos	des pipes (*f.pl.*)
		charutos	des cigars (*f.pl.*)
		fósforos	des allumettes (*f.pl.*)
		isqueiros	des briquets (*m.pl.*)

Pedras Preciosas e Joias

Algumas pessoas acham, e com toda razão, que elas podem conseguir um preço muito bom quando compram *les bijoux* (*lé biju*; joias) em um país estrangeiro, uma vez que evitam pagar determinadas taxas e determinados impostos. Eis aqui a prova viva disso: para comemorar o nosso aniversário de casamento, o meu marido comprou um lindo relógio para mim durante uma viagem a San Martin (o lado francês da ilha, naturalmente). O relógio, uma marca muito conhecida, custava o dobro do preço em uma loja popular nos Estados Unidos, famosa em todo o país pelos bons preços das joias lá comercializadas. Ele realmente conseguiu uma pechincha!

Se você sabe quanto custam as coisas e é um bom comprador ou se, simplesmente, está com vontade de comprar uma joia, use a tabela abaixo para comprar exatamente o que deseja.

Joias

Joia	Francês	Pronúncia
ametista	une améthyste	*ün amêtiste*
água marinha	une aigue-marine	*ün égemarine*
diamante	un diamant	*aN diamaN*
esmeralda	une émeraude	*ün êmerôde*
marfim	de l'ivoire	*de livuáre*
jade	un jade	*aN jade*
onyx	un onyx	*aN nôniks*
pérolas	des perles (*f.pl.*)	*dé perle*

Continua

194 Parte 3: Hora da Diversão

Joias (continuação)

Joia	Francês	Pronúncia
rubi	un rubi	*aN rübi*
safira	un saphir	*aN safir*
topázio	une topaze	*üne topaze*
turquesa	une turquoise	*üne türkuaze*

Ao comprar joias, você pode querer perguntar:

Est-ce en or?
ésaN nór
É ouro?

Est-ce en argent?
ésaN narjaN
É prata?

Vestuário

É simplesmente impossível fazer uma viagem à França, a capital mundial da moda, e não voltar para casa com pelo menos um artigo de *les vêtements* (*lé vétemaN*; vestuário). Você vai querer ter uma marca francesa para que possa gabar-se que está *dans le vent* (*daN le vaN*; na moda). Use a tabela abaixo na sua busca por algo *au courrant*.

Vestuário

Vestuário	*Les Vêtements*	Pronúncia
maiô	le maillot de bain	*le maiô de bem*
biquíni	le bikini	*le bikini*
cinto	la ceinture	*la seNtüre*
botas	les bottes (*f.pl.*)	*lé bóte*
blusa	le chemisier	*le xemiziê*
sutiã	le soutien-gorge	*le sutieN gorje*
casaco	le manteau	*le maNtô*
vestido	la robe	*la robe*
luvas	les gants (*m.pl.*)	*lé gaN*
chapéu	le chapeau	*le xapô*
paletó	la veste	*la veste*
jeans	le jean	*le jin*
conjunto esportivo	le sûrvet	*le sürvê*

Capítulo 15: "Quero Comprar Até Cansar!" 195

Vestuário	Les Vêtements	Pronúncia
pijama	le pyjama	*le pijamá*
calcinha	la culotte	*la kulóte*
calça	le pantalon	*le paNtaloN*
meia-calça	le collant	*le kolaN*
bolsa	le sac	*le sak*
pulôver	le pull	*le pül*
capa de chuva	l'imperméable (*m.*)	*laNpermêable*
robe	la robe de chambre	*la robe de xaNbre*
	le peignoir	*le pénhuar*
sandálias	les sandales (*f.pl.*)	*lé sandale*
lenço	l'écharpe (*f.*)	*lêxarpe*
	le foulard	*le fular*
camisa (para homens)	la chemise	*la xemize*
sapatos	les chaussures (*f.pl.*)	*lé xôsüre*
	les souliers (*m.pl.*)	*lé suliê*
short	le short	*le xort*
saia	la jupe	*la jüpe*
anágua	le jupon	*le jüpoN*
combinação	la combinaison	*la koNbinézoN*
tênis	les tennis (*f.pl.*)	*lé tenis*
	les baskets	*lé baskét*
meias	les chaussettes (*f.pl.*)	*lé xôséte*
	les bas	*lé bá*
terno (masculine)	le complet	*le koNplé*
	le costume	*le kostüme*
terno (feminine)	le tailleur	*le taiêur*
camiseta	le tee-shirt	*le ti xért*
gravata	la cravate	*la kravate*
guarda-chuva	le parapluie	*le paraplüi*
camiseta (uso sob a camisa)	le maillot de corps	*le maiô de kór*
cueca	le slip	*le slip*
roupa de baixo	les sous-vêtements	*lé su vétemaN*
agasalho	le blouson	*le bluzoN*

196 Parte 3: Hora da Diversão

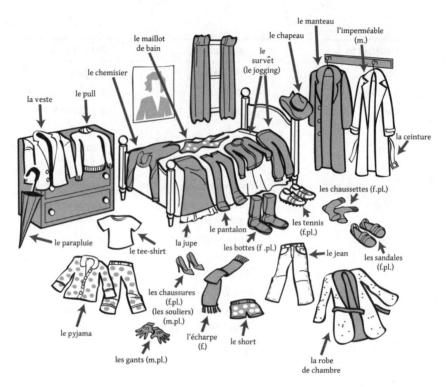

Embora os franceses usem o sistema métrico, como no Brasil, seus tamanhos são um pouco diferentes dos nossos. Examine a tabela de conversão abaixo para determinar os tamanhos que usaria.

Mulheres								
Sapatos								
Brasil	34	35	36	37	38	39	40	
França	36	37,5	38,5	39,5	40,5	41,5	42	
Vestidos, Saias e Casacos								
Brasil	38	40	42	44	46	48	50	
França	38	40	43	44	46	48	50	
Blusas e Malhas								
Brasil	38	40	42	44	44	46	48	50
França	40	42	44	46	48	50	52	

Capítulo 15: "Quero Comprar Até Cansar!"   197

Homens

Sapatos

| Brasil | 39 | 40 | 41 | 42 | 43 | 44 | 45 | 46 |
| France | 41 | 42 | 43 | 44 | 45 | 46,5 | 48 | 48,5 |

Ternos

| Brasil | 46 | -- | 48 | -- | 50 | 52 | 54 | |
| França | 46 | 48 | 50 | 52 | 54 | 56 | 58 | |

Camisas

| Brasil | 35 | 37 | 39 | 40 | 41 | 42 | 43 | 44 |
| França | 36 | 38 | 39 | 41 | 42 | 43 | 44 | 45 |

Você quer certificar-se de que o tamanho está correto. Diga ao(a) vendedor(a) ...

Eu uso...	pequeno	médio	grande
Je porte du...	petit	moyen	grand
je porte dü...	*petí*	*muaiaN*	*graN*

Meu tamanho é...	pequeno	médio	grande
Ma taille est...	petite	moyenne	grande
ma táie é	*petite*	*muaiéne*	*graNde*

Para sapatos você diria:

Meu número é...
Je chausse du (+ número)
je xóse dü

Cores

Minha irmã Susan, uma *artiste*, ensinou seu filho de 7 anos a descrever os objetos usando cores como verde amarelado, azul petróleo, berinjela e tangerina. Eu, por outro lado, enxergo o mundo em cores primárias. Quer prefira o *exotique* ou o *ordinaire*, a tabela abaixo apresenta *les couleurs* (*lé kulêur*; as cores) básicas.

| un chemisier blanc | une chemise blanche |
| *uma blusa branca* | *uma camisa branca* |

Cores

Cor	La Couleur	Pronúncia	Cor	La Couleur	Pronúncia
bege	beige	*béje*	cinza	gris(e)	*gri(ze)*
preto	noir(e)	*nuar*	verde	vert(e)	*ver(te)*
azul	bleu(e)	*blêu*	laranja	Orange	*oraNje*
marrom	brun(e)	*braN(brüne)*	rosa	rose	*rôze*
roxo	violet	*violê*	branco	blanc(he)	*baN(xe)*
vermelho	rouge	*ruje*	amarelo	jaune	*jône*

Attention!

Cores são adjetivos e, consequentemente, devem concordar com os substantivos que elas descrevem. Para descrever uma cor como "clara", adicione a palavra *clair*; para descrever uma cor como "escura", adicione a palavra *foncé*. Por exemplo: "azul-claro" é *bleu clair* e "verde-escuro" é *vert foncé*.

Tecidos

Enquanto estiver viajando, talvez se sinta tentado a comprar algumas roupas. Você acha que seda é sexy? Gosta da textura do linho? Prefere o frescor do algodão? Entusiasma-se com o couro? Gosta de tecidos que não amarrotam? Nós escolhemos ou rejeitamos diferentes tecidos por muitas razões. A tabela abaixo o ajudará a escolher *les tissus* (*lé tisü*, os tecidos) que desejar em suas compras especiais.

Tecidos

Tecido	Le Tissu	Pronúncia	Tecido	Le Tissu	Pronúncia
cachemira	cachemire	*kaxemire*	couro	cuir	*küir*
veludo	velours	*velur*	linho	lin	*leN*
cotelê	cotelé	*kôtelê*			
algodão	coton	*kotoN*	seda	soie	*suá*
jeans	jean	*jin*	camurça	daim	*deN*
flanela	flanelle	*flanéle*	lã	laine	*léne*
malha	tricot	*trikô*			

Para dizer que uma peça de vestuário é feita de determinado tecido, use a preposição *en* (*aN*):

C'est une chemise en soie.   É uma camisa de seda.

Leia as Etiquetas

Você já lavou, acidentalmente, alguma roupa que deveria ser "lavada a seco apenas"? Ou você já lavou um jeans 100% algodão e depois descobriu que ele encolheu e nunca mais pôde usá-lo novamente? Não deixe de ler atentamente todas as etiquetas e procure pelas seguintes informações:

non-rétrécissable	lavable	en tissu infroissable
noN rétrésisable	*lavable*	*aN tisü eNfruasable*
não encolhe	lavável	não amarrota

Padronagens

Le dessin (*le désen*; a padronagem) é muito importante na escolha de uma peça de roupa. Listras horizontais fazem a pessoa parecer mais gorda, enquanto listras verticais dão o efeito oposto. Xadrez e bolinhas também alteram a aparência. Utilize a tabela abaixo para escolher o que for melhor para você.

Padronagens

Padronagem	*Le Dessin*	Pronúncia
axadrezado	à carreaux	*a karô*
desenho em zigue-zague	à chevrons	*a xevroN*
xadrez	en tartan	*aN tartaN*
com bolinhas	à pois	*a puá*
liso (uma cor só)	uni(e)	*üni*
listrado	à rayures	*a raiüre*

O Que Usar?

Agora que o seu guarda-roupa está cheio, você precisa decidir o que usar. O verbo *mettre* na tabela abaixo o ajudará a dizer isso. Como *mettre* é um verbo regular, é aconselhável que você o memorize.

Mettre (Pôr, Colocar, Vestir)

Conjugação	Pronúncia	Significado
je **mets**	*je mé*	eu ponho, visto
tu **mets**	*tü mé*	tu pões, vestes
il, elle, on **met**	*il, éle, oN mé*	ele(a) põe, veste
nous **mettons**	*nu métoN*	nós pomos, vestimos
vous **mettez**	*vu métê*	vós pondes, vestis
ils, elles **mettent**	*il, éle méte*	eles, elas põem, vestem

---

Vista-se!

O seu estilo de vida exige um vasto guarda-roupa, ou você é do tipo que se limita a usar jeans e camiseta? Imagine que você viveu as situações abaixo. Descreva em detalhes (incluindo joias) o que você usou para o que segue:

1. para trabalhar
2. para ir à praia
3. para ir a um jantar formal
4. para ir à casa de um amigo
5. para ir esquiar

Meu Objeto Preferido

Tenho um vestido vermelho maravilhoso. Imagine que eu estivesse lhe contando sobre ele e dissesse: "Eu visto o meu vestido vermelho para ir a festas. Eu amo o meu vestido vermelho. Eu uso o meu vestido vermelho muito frequentemente". Não seria monótono e cansativo? Soa muito melhor dizer: "Eu visto o meu vestido vermelho para ir a festas. Eu o adoro e uso-o frequentemente".

O que eu fiz para melhorar o meu relato? Parei de repetir "meu vestido vermelho" (um substantivo objeto direto) e o substitui por "o" (um pronome objeto direto). O que, exatamente, são objetos diretos? Vamos abordar essa questão de forma mais detalhada.

Objetos diretos (que podem ser substantivos ou pronomes) indicam sobre "quem" ou "o que" o sujeito está agindo e eles podem se referir a pessoas, lugares, objetos ou ideias.

Eu vejo *o menino.*
Eu *o* vejo.

Ele paga *os livros.*
Ele *os* paga.

Eu gosto do *vestido.*
Eu gosto *dele.*

Capítulo 15: "Quero Comprar Até Cansar!" 201

Como os objetos indiretos diferem dos objetos diretos? Os substantivos cuja função é de objeto indireto podem ser substituídos por pronomes objetos indiretos (oblíquos). Tomemos o exemplo da minha amiga Georgette, que é maluca pelo seu novo namorado, Paul. Isto foi o que ela me disse: "Eu escrevo para o Paul. Então, leio minhas cartas de amor para o Paul. Compro presentes para o Paul. Faço bolos para o Paul. Faço jantares para o Paul". Para um relato mais eficiente, tudo o que ela teria que dizer seria: "Escrevo para o Paul e, então, leio para ele minhas cartas de amor. Compro-lhe presentes. Faço bolos e jantares para ele".

Os objetos indiretos respondem à pergunta "para quem" o sujeito está fazendo alguma coisa ou "a quem" se destina a ação. Os objetos indiretos referem-se apenas a pessoas ou animais domésticos.

> Falo aos garotos.   Compro um presente *para Maria.*
> Falo a eles.   Compro um presente *para ela.*
> Eu lhes falo.   Compro-lhe um presente.

> Ele *me* dá uma gravata todo Natal.

Leia as duas frases abaixo:

> Escrevo cartas de amor para ele. (Escrevo-lhe cartas de amor.)
> Compro muitos presentes para ele. (Compro-lhe muitos presentes.)

Note que as preposições *para* ou *a* são, às vezes, subentendidos na oração. Sendo assim, tenha cuidado quando escolher um pronome objeto direto ou indireto. Se as palavras *para* ou *a* fizerem sentido na frase (apesar de, na realidade, não aparecerem), use um pronome objeto indireto.

Em português, usamos os pronomes objeto direto e indireto automaticamente o tempo todo para evitar a repetição constante e monótona de uma palavra e para deixar que nossa conversa flua naturalmente. Os pronomes da tabela abaixo podem substituir os substantivos cujas funções são de objetos diretos e indiretos em francês.

Pronomes Oblíquos

Pronome Objeto Direto	Pronúncia	Significado	Pronome Objeto Indireto	Pronúncia	Significado
me (m')	*me*	me	me (m')	*me*	(para, a) mim
te (t")	*te*	te	te (t')	*te*	(para, a) você
le (l')	*le*	o	lui	*lui*	lhe

Continua

Pronomes Oblíquos (continuação)

Pronome Objeto Direto	Pronúncia	Significado	Pronome Objeto Indireto	Pronúncia	Significado
la (l'a)	*la*	a	lui	*lui*	lhe
nous	*nu*	nos	nous	*nu*	nos
vous	*vu*	vos	vous	*vu*	para vos
les	*lé*	os	leur	*lêur*	lhes

A chave para o uso correto de um objeto indireto é a preposição, em francês, *à* (*au, à la, à l', aux*) seguida pelo nome ou pela referência à pessoa. Alguns verbos, tais como *répondre* (*à*) *téléphoner* (*à*) e *ressembler* (*à*) são sempre seguidos de *à* + pessoa, e assim sempre pedem um pronome objeto indireto.

Attention!

Tenha cuidado! Alguns verbos como *écouter* (ouvir), *chercher* (procurar), *payer* (pagar) e *regarder* (olhar), em francês, sempre pedem um objeto direto.

Como pode ver, você terá poucos problemas quando usar os pronomes objeto (direto ou indireto) para me (para mim), te (para ti), nos (para nós) ou vos/vocês (para vós/vocês) já que esses pronomes são exatamente os mesmos. Entretanto, você deve tomar cuidado quando usar lhe, lhes, para ele, para ela, para eles, porque haverá dois grupos de pronomes. Algumas vezes o uso desses pronomes pode ser um pouco complicado. Lembre-se de escolher o pronome que reflete o número e o gênero do substantivo ao qual você se refere:

Elle met *le pantalon noir*. Elle *le* met.
Il met *la chemise blanche*. Il *la* met.
Je mets *mes gants bruns*. Je *les* mets.

Il téléphone *à Marie*. Il *lui* téléphone.
Il téléphone *à Marie et à Luc*. Il *leur* téléphone.

Posição dos Pronomes Objeto

Como o português, o francês exige que seus pronomes sejam colocados no lugar certo. É preciso praticar.

Coloque o pronome objeto antes do verbo ao qual seu significado está ligado (normalmente o verbo conjugado). Quando há dois verbos, coloque o pronome antes do infinitivo:

Je *la* mets.	Je *lui* parle.
Je ne *la* mets pas.	Je ne *lui* parle pas.
Je vais *la* mettre.	Je ne vais pas *lui* parler.
Ne *la* mets pas!	Ne *lui* parle pas!

No imperativo afirmativo, os pronomes objeto mudam de posição e são colocados imediatamente após o verbo e ligados a ele por um hífen. *Me* torna-se *moi* quando vem após o verbo:

Mets-*la*!	Parle-*lui*!
Mettez-*la*!	Parlez-*lui*!
	Donnez-*moi* la robe!

Usando os Pronomes Objeto

Fale sobre o que acontece em uma loja, substituindo o objeto direto ou indireto pelo pronome correspondente:

1. Vou parlez à la vendeuse.
2. J'achète le pantalon bleu.
3. Les garçons regardent les baskets.
4. Nous payons la facture.
5. Tu mets le chapeau noir.
6. Le vendeur répond à ses clients.

Você Quer? Peça!

Algumas vezes, você só quer olhar sem compromisso e não deseja que o vendedor fique te acompanhando para realizar uma venda. Outras vezes, você tem necessidades específicas e quer ajuda. As frases abaixo o ajudarão a lidar com as situações mais comuns.

Quando entrar em uma loja, o vendedor poderá lhe perguntar:

Posso ajudar?
Est-ce que je peux vous aider? Puis-je vous aider? Vous désirez?
ése ke je pêu vu zédê *puije vu zédê* *vu dêzirê*

Se estiver só olhando, você responderá:

Não, obrigada. Estou (só) olhando.
Non, merci, je regarde (tout simplement).
noN, mersi, je regarde (tu saNplemaN)

204   Parte 3: Hora da Diversão

> ### Intensificador de Memória
>
> Lembre-se de que o pronome *quel (quelle, quels, quelles)* deve concordar com o substantivo que ele modifica:
>
> quel pantalon   quelle robe
> quels pantalons   quelles robes

Se quiser ver ou comprar alguma coisa, você responderá:

> Sim, gostaria de ver... por favor.
> Oui, je voudrais voir ... s'il vous plaît.
> *ui, je vudré vuár ... sil vu plé*

> Estou procurando por...
> Je cherche...
> *je xerxe*

E é claro, se você for um consumista como eu, você gostará de saber o seguinte:

> Há alguma liquidação?   Vocês reduziram os preços?
> Y-a-t-il des soldes?   Avez-vous cassé les prix?
> *i a til dé solde*   *avê vu kasê lá pri*

Expressando Preferências

Se o(a) vendedor(a) vai ajudá-lo, ele ou ela precisa entender suas preferências:

> Qual pulôver você prefere?
> Quelle pull est-ce que vous préférez?
> *kéle pül ése ke vu prêferê*

Se estiver decidindo dentre diferentes itens, o vendedor perguntará qual (quais) você prefere, usando um dos pronomes interrogativos apresentados na próxima tabela.

Pronomes Interrogativos

	Masculino	Feminino
Singular	lequel (*lekél*)	laquelle (*lakéle*)
Plural	lesquels (*lékél*)	lesquelles (*lékéle*)

Estes pronomes interrogativos devem concordar com os substantivos a que se referem:

> Lequel de ces pulls est-ce que vous préférez?
> *lekél de se pül ése ke vu prêfêrê*
> Qual desses pulôveres você prefere?

Capítulo 15: "Quero Comprar Até Cansar!"   **205**

Lesquelles de ces robes est-ce que vous prenez?
lékél de se róbe ése ke vu prenê
Qual desses vestidos você vai levar?

Para exprimir sua preferência (quer dizer, "o..." ou "os..."), basta usar o artigo definido apropriado mais o adjetivo que concorda com o artigo em gênero e número. Quando falar sobre o pulôver, você poderá dizer:

Je préfère le bleu clair.   Je préfère le grand.
je prêfére le blêu klér   *je prêfére legraN*
Eu prefiro o azul-claro.   Eu prefiro o grande.

Quando estiver falando dos vestidos, você poderá dizer:

Je prends les petites.   Je prends la rouge et la bleue.
je praN lé petite   *je praN la ruje é la blêu*
Vou levar as pequenas.   Vou levar a vermelha e a azul.

Expressando Opiniões

Aquela camisa é a sua cara. Você adora aquela calça. Que jaqueta perfeita! Quando gostar de uma roupa, expresse sua satisfação usando uma das expressões da tabela abaixo.

Português	Francês	Pronúncia
Eu gosto disto.	Ça me plaît.	*sa me plé*
Isto me serve.	Ça me va.	*sa me va*
Isto é elegante.	C'est élégant(e).	*sé têlêgaN*
É bonito.	C'est agréable.	*sé tagrêable*
É prático.	C'est pratique.	*sé pratike*

Se não gostar daquilo que vê, poderá usar as expressões da tabela abaixo.

Português	Francês	Pronúncia
Não gosto disso.	Ça ne me plaît pas.	*sa ne me plé pá*
Isto não me serve.	Ça ne me va pas.	*sa ne va pá*
Isto está horrível.	Il (Elle) est abominable.	*il (éle) é abominable*
Isto está muito comprido.	Il (Elle) est trop long(ue).	*il (éle) é trô loN(ge)*
Isto está muito berrante.	Il (Elle) est trop criard(e).	*il (éle) é trô kriár(de)*

continua

Parte 3: Hora da Diversão

continuação

Português	Francês	Pronúncia
Está muito estreito.	Il (Elle) est trop étroit(e).	*il (éle)é trô pêtrua(te)*
Está muito curto.	Il (Elle) est trop court(e).	*il (éle) é trô kur(te)*
Está muito pequeno.	Il (Elle) est trop petit(e).	*il (éle) é trô petí(te)*
Está muito apertado.	Il (Elle) est trop serré(e).	*il (éle) é trô serê*

Se não estiver satisfeito e quiser alguma coisa a mais, tente dizer:

Estou procurando alguma coisa mais (menos)...
Je cherche quelque chose de plus (moins) + adjetivo.
je xerxe kélke xoze de plü (muaN)

"Vou Levar Esse, Aquele, Um Desses e Alguns Daqueles..."

Enquanto pondera sobre uma compra, não é incomum pedir a um amigo ou vendedor uma opinião a respeito deste terno, daquela camisa, desses sapatos, ou daquelas gravatas. Um pronome demonstrativo indica alguém ou alguma coisa à qual o sujeito se refere, permitindo que você seja específico usando "este", "aquele", "estes" e "aqueles".

Ce (se) é o pronome demonstrativo usado antes de um substantivo masculino singular que começa com uma consoante:

ce pyjama
este (aquele) pijama

Cet (sét) é o pronome demonstrativo usado antes de um substantivo masculino singular que começa com uma vogal:

cet imperméable
esta (aquela) capa de chuva

Cette (*séte*) é o pronome demonstrativo usado antes de todos os substantivos femininos singulares:

cette écharpe   cette chemise
esta (aquela) echarpe   esta (aquela) camisa

Ces (*sé*) é o pronome demonstrativo usado antes de todos os substantivos plurais:

ces écharpes   cette pyjamas
estas (aquelas) echarpes   estes (aqueles) pijamas

Ao usar os pronomes demonstrativos, tenha as seguintes regras em mente:

Os pronomes demonstrativos precedem os substantivos que eles modificam e concordam com eles em número e gênero. A forma especial masculina *cet* é usada para evitar um confronto de dois sons vocálicos juntos.

Os pronomes demonstrativos são repetidos antes de cada substantivo:

Ce pantalon et *cette* chemise sont formidables.

As partículas *-ci* (este, estes) e *-là* (aquela, aquelas) podem ser adicionadas com o propósito de ênfase:

Je préfère ce chemisier-ci.   Ce pantalon-là est trop grand.
je prêféré se xemiziê si   *se paNtaloN la é trô graN*
Eu prefiro esta blusa.   Aquela calça é muito grande.

O Que Você Acha?

Olhe para as peças de roupa abaixo e diga o que acha delas. Dê o máximo de detalhes possível.

Respostas

Vista-se!

Respostas Sugeridas:

1. Je mets une robe, des bas, des chaussures, un bracelet, en montre, une bague, et um collier.
2. Je mets un bikini et des sandales.
3. Je mets une robe du soir, des bas des chaussures et des bijoux.
4. Je mets un jean, une chemise, des chaussettes, des tennis et une montre.
5. Je mets un pantalon, un pull, des chaussettes, des chaussures, un manteau, un chapeau et des gants.

Usando Pronomes Objeto

1. Vous lui parlez.
2. Je l'achète.
3. Les garçons les regardent.
4. Nous la payons.
5. Tu les mets.
6. Le vendeur leur répond.

O Que Você Acha?

Respostas Sugeridas

1. Cette large cravate à rayures est laide.
2. Ce short en tartan est trop criard.
3. Ce petit tee-shirt à rayures est trop serré.
4. Cette chemise à pois est abominable.

Capítulo 16

Uma Refeição Preparada em Casa, à Moda Antiga

Neste Capítulo

- ◆ Delicatessens
- ◆ Quantidades e valores
- ◆ O uso dos verbos irregulares -ir

No capítulo 15, você aprendeu como comprar lembranças, presentes e algumas miudezas do dia a dia. Você também escolheu alguns itens de moda francesa incríveis, e até conseguiu, apesar do sistema um pouco diferente, comprar o tamanho certo. Comprar dá trabalho, e você certamente estimulou seu apetite, mas está um pouco cedo para o jantar. O que você pode fazer agora?

Sua melhor opção é parar em uma lanchonete e pegar um lanche que irá segurar sua fome até a próxima refeição. Você pode comer *un sandwich* (*aN saNdüixe*; um sanduíche) feito em *une baguette* (*üne bagéte*; uma bisnaga), *une pâtisserie* (*üne patiseri*; um salgado), ou simplesmente *du fromage* (*dü fromaje*; um pedaço de queijo). Este capítulo irá muni-lo de muitas alternativas e ajudá-lo a obter as quantidades corretas.

É Melhor Você Comparar Preços

Eu adorei ir a uma viagem de escola a Paris com meu filho mais novo, Michael, em 1990. Como a mãe dele, ele é um viciado em *junk food* e realmente aprecia as coisas doces da vida. Parece que Paris possui uma loja de salgados a cada esquina, e nós apreciamos muitos *éclairs* juntos. Você é como nós? Gosta de guardar lanchinhos no quarto do hotel no caso de um ataque de fome à meia-noite? Ou prefere alugar uma casa ou um apartamento em um condomínio para que possa cozinhar? Em qualquer país de língua francesa, é possível aproveitar os prazeres da culinária francesa em *les magasins* (*lé magazen*; nas lojas) listadas na tabela abaixo:

Lojas de Alimentação	Le Magasin	Pronúncia
padaria	la boulangerie	*la bulanjeri*
açougueiro	la boucherie	*la buxeri*
loja de doces	la confiserie	*la koNfiseri*
loja de laticínios	la crémerie	*la krêmeri*
delicatessen	la charcuterie	*la xarküteri*
peixaria	la poissonnerie	*la puasoneri*
loja de frutas	la fruiterie	*la früiteri*
mercearia	l'épicerie	*lêpiseri*
loja de bebidas (adega)	le magasin de vins	*le magazeN de veN*
confeitaria	la pâtisserie	*la patiseri*
supermercado	le supermarché	*le süpermarxê*

Intensificador de Memória

Muitos dos nomes das lojas que você frequentará terminam em *-erie*. Suprima esta terminação e adicione *ier* (*ière*) para formar o nome masculino (feminino) da pessoa que trabalha na loja: *l'épicier* (o verdureiro); *l'épicière* (a verdureira).

Indo Aqui e Ali

Você já explorou as lojas da área onde está, e agora está pronto para se aventurar sozinho para fazer algumas compras de verdade. Quando chegar

Capítulo 16: Uma Refeição Preparada em Casa, à Moda Antiga   211

a hora de se abastecer e estiver pronto para sair, use o verbo *aller* e a preposição *à* + o artigo definido apropriado (*au, à la,à l'*) para indicar a loja aonde está indo:

> Je vais à l'épicerie.
> Vou à mercearia.

É muito comum usar a preposição *chez* (para/na casa/negócio de) + a pessoa para dizer para onde você está indo:

> Je vais chez l'épicier (épicière).

A deliciosa exposição de alimentos nas vitrines das diversas lojas de gêneros alimentícios por toda a França apela para que você entre e experimente alguma coisa nova e exótica. Quais alimentos (*aliments* [m.]) estão entre os seus favoritos? *Les fruits* (*lé früi*; frutas)? *Les légumes* (*lé lêgüme*; legumes)? *Les noix* (*lé nuá*; nozes)? *Les pains et les desserts* (*lé peN ê lé déser*; pães e sobremesas)? *Les produits laitiers* (*lé prodüi létiê*; laticínios)? Você está interessado em experimentar diferentes tipos de *les viandes* (*lé viaNde*; carnes), *la volaille et le gibier* (*la voláie ê le jibiê*; carnes de aves domésticas e de caça), ou *le poisson et les fruits de mer* (*le puasoN ê lé früi de mér*; peixe e frutos do mar)? Talvez certas *les boissons* (*lé buasoN*; bebidas) sejam o que você está procurando. As tabelas abaixo o ajudarão a apreciar a experiência culinária de sua escolha.

Na Mercearia

Legumes	*Les Légumes*	Pronúncia
alcachofra	les artichauts (*m.pl.*)	*lé zartixô*
aspargos	les asperges (*f. pl.*)	*lé zarperje*
vagem	les haricots vert (*m. pl.*)	*lé zarikô vér*
beterraba	les betteraves (*m. pl.*)	*lé béterave*
brócolis	le brocoli	*le brokoli*
repolho	le chou	*le xu*
cenoura	le carotte	*le caróte*
couve-flor	le chou-fleur	*le xu-flêur*
milho	le maïs	*le maís*
pepino	le concombre	*le koNkoNbre*
beringela	l' aubergine (*f.*)	*lobérjine*
alface	la laitue	*la letü*

Continua

Na Mercearia (continuação)

Legumes	Les Légumes	Pronúncia
cogumelo	le champignon	*le xaNpinhoN*
cebola	l'oignon (*m.*)	*lonhoN*
ervilha	les petits pois (*m. pl.*)	*lé peti puá*
batata	la pomme de terre	*la póme de tére*
arroz	le riz	*le ri*
espinafre	les épinards (*m. pl.*)	*lé zêpinar*
batata-doce	la patate	*la patate*
tomate	la tomate	*la tomate*
nabo	le navet	*le nave*
abobrinha	la courgette	*la kurjéte*

Frutas	Les Fruits	Pronúncia
maçã	la pomme	*la póme*
damasco	l'abricot (m.)	*labrikó*
banana	la banane	*la banane*
mirtilo	la myrtille	*la mirtíie*
cereja	la cerise	*la serize*
tâmara	la datte	*la dáte*
uva	le raisin	*le rézaN*
toranja	le pamplemousse	*le paNplemuse*
limão	le citron	*le sitroN*
lima	la limette	*la liméte*
laranja	l'orange (f.)	*loranje*
pêssego	la pêche	*la péxe*
pêra	la poire	*la puar*
abacaxi	l'ananas (m.)	*lananá*
ameixa	la prune	*la prüne*
ameixa seca	le pruneau	*le prünô*
uva-passa	le raisin sec	*le rézaN sék*
framboesa	la framboise	*la fraNbuaze*

Capítulo 16: Uma Refeição Preparada em Casa, à Moda Antiga   213

Frutas	Les Fruits	Pronúncia
morango	la fraise	la fréze
amêndoa	l'amande (f.)	lamande
castanha	le marron	le maroN
avelã	la noisette	la nuazéte
amendoim	la cacahuète	la kakaüéte
noz	la noix	la nuá

No Açougue e na Delicatessen

Carnes	Les Viandes	Pronúncia
bacon, toucinho	le lard, le bacon	le lar, le bakoN
carne bovina	le boeuf	le bêuf
carne picada	la viande hachée	la viaNde axé
presunto	le jambon	le jaNboN
carneiro	l'agneau (m.)	lanhô
fígado	le foie	le fuá
patê	le pâté	le patê
carne de porco	le porc	le por
rosbife	le rosbif	le rosbif
linguiça, salsicha	les saucisses (f. pl.)	lé sosise
carne de vitela	le veau	le vô

Aves Domésticas e de Caça	La Volaille et le Gibier	Pronúncia
galinha	le poulet	le pulê
pato	le canard	le kanar
ganso	l'oie (f.)	luá
codorna	la caille	la káie
peru	le dindon	le daNdoN

Na Peixaria

Peixe e Frutos do Mar	Le Poisson et les Fruits de Mer	Pronúncia
perca	la perche	la pérxe
molusco	le molusque	le moluske
bacalhau	la cabillaud, la morue	la kabi-iô, la moru
caranguejo	le crabe	la krabe
linguado	la plie commune	la pli comune
coxa de rã	les cuisses de grenouille (f. pl.)	lé küise de grenuie
garoupa	le mérou	le mêru
pescada	le merlan	le merlaN
lagosta-americana	le homard	le ómar
cavala	le maquereau	le makerô
tamboril	la lotte	la lóte
mexilhão	les moules (f. pl.)	lé mule
ostra	l'huître (f.)	lüítre
cioba	la perche rouge	la perxe ruje
salmão	le saumon	le somoN
sardinha	les sardines (f.)	lé sardine
vieira	les coquilles (f.)	lé kokie
perca do mar, lobo do mar	le bar	le bar
camarão	la crevette	la krevéte
escargot	l'escargot (m.)	leskargô
solha	la sole	la sole
peixe espada	l'espadon (m.)	léspadoN
truta	la truite	la trüte
atum	le thon	le tóN

Na Leiteria

Laticínios	Les Produits Laitier	Pronúncia
manteiga	le beurre	le bêure
queijo	le fromage	le fromaje
creme	la crème	la kréme
ovos	les oeufs (m.)	lé zêuf
iogurte	le yaourt	le iaurt

Na Padaria e na Confeitaria

Pães e Sobremesas	Les Pains et les Desserts	Pronúncia
folhado de maçã	Le chausson aux pommes	le xosoN ô póme
pão	le pain	le peN
brioche	la brioche	la brioxe
bolo	le gâteau	le gatô
croissant de chocolate	le pain au chocolat	le peN ô xokolá
biscoito	le biscuit	le bisküí
bomba	les choux à la crème (m. pl.)	lé xu a la kréme
croissant	le croissant	le kruasaN
doce de massa folhada	la danoise la viennoiserie	la danuaze la viénuazeri
donut	le beignet	le bénhê
bisnaga	la baguette	la bagéte
torta	la tarte	la tarte
pãozinho	le petit pain	le petí peN

216   Parte 3: Hora da Diversão

Bebidas

Bebidas	*Les Boissons*	Pronúncia
cerveja	la bière	*la biére*
champagne	le champagne	*le xaNpanhe*
cidra	le cidre	*le sidre*
café	le café	*le kafê*
suco	le jus	*le jü*
chocolate quente	le chocolat	*le xokolá*
limonada	le citron pressé	*le sitroN presê*
leite	le lait	*le lé*
água mineral	l'eau minérale (*f.*)	*lô minêrale*
gasosa	gazeuse	*gazêuze*
natural	plate	*plate*
refrigerante	le soda	*le soda*
chá	le thé	*le tê*
vinho	le vin	*le veN*

Se desejar especificar um tipo de suco, use *de* + o nome da fruta:

le jus d'orange
suco de laranja

Compra Levada a Sério

Diga quais itens você gostaria de comprar nas seguintes lojas. Inicie suas respostas com: *J'achèterais* (Eu gostaria de comprar).

1. à la boucherie
2. à la pâtisserie
3. à la boulangerie

4. à l'épicerie
5. à la fruiterie
6. à la charcuterie

Medidas de Quantidade

Você decidiu ir a um piquenique com um amigo nos campos franceses e parou em uma *charcuterie* para comprar alguns frios. Como no Brasil, na França adota-se também o sistema métrico para medir quantidades de alimento. Os líquidos são medidos em litros e os sólidos em quilogramas. Assim sendo, você não terá dificuldade para calcular a quantidade de alimento que deseja comprar.

Capítulo 16: Uma Refeição Preparada em Casa, à Moda Antiga

Algumas vezes torna-se simplesmente mais prático pedir uma caixa, um saco, um vidro. Consulte a tabela a seguir para obter facilmente a quantidade de que precisa.

Obtendo a Quantidade Certa

Quantidade	Francês	Pronúncia
um quilo	un kilo de	aN kilô de
um saco de	un sac de	aN sak de
uma barra de	une tablette de	üne tablete de
uma garrafa de	une bouteille de	üne butéie de
uma caixa de	une boîte de	üne buate de
uma lata de	une boîte de	üne buate de
uma dúzia de	une douzaine de	üne duzéne de
250 gramas de	deux cent cinquante grammes de	dêu saN saNkaNte grame de
um vidro de	un bocal de	aN bokal de
um pacote de	un paquet de	aN pakê de
meio quilo de	un demi-kilo de, cinq cents grammes de	aN demi kilô de, seNk saN grame de
um litro de	un litre de	aN litre de
uma fatia de	une tranche de	üne traNxe de

Você está de dieta, mas precisa dar só uma provada na mousse de chocolate que seu anfitrião francês ficou horas preparando para você. Ele começa a encher sua tigela e você faz menção de dizer que é o "suficiente". Que pena; ele simplesmente continua amontoando a tigela que agora está realmente cheia. No final, há simplesmente mousse demais! Não se permita ficar preso a essa saia justa. Use estas expressões para ajudá-lo a limitar a quantia recebida. Por exemplo, você pode exclamar para seu anfitrião: "*C'est assez!*" (É o suficiente!).

Quantidades

Quantidade	Francês	Pronúncia
um pouco (de)	um peu (de)	aN pêu de
muito	beaucoup (de)	boku de
bastante, suficiente	assez (de)	asê de
demais	trop (de)	trô de

218 Parte 3: Hora da Diversão

Todas as expressões de quantidade acima mencionadas incluem a palavra *de* (de). Antes de uma vogal, *de* torna-se *d'*. Em todas as outras circunstâncias, *de* jamais se altera.

beaucoup de bonbons
muitos bombons

une douzaine d'oeufs
uma dúzia de ovos

"Eu gostaria..."

Em uma pequena loja da vizinhança, alguém estará sempre ansioso para ajudá-lo. Esteja pronto para as perguntas que possam lhe fazer e para usar a forma apropriada para respondê-las, pois assim você obterá o que deseja.

O que deseja?
Vous désirez?
vu dêzirê

Posso ajudar?
Est-ce que je peux vous aider?
ése ke je pêu vu zédê

Sua resposta pode iniciar-se com:

Eu gostaria...
Je voudrais...
je vudré

Você poderia me dar...?
Pourriez vous me donner...?
puriê vu me donê

Eles poderiam então perguntar:

O que mais?
Et avec ça?
ê avek sá

É tudo?
C'est tout?
sé tu

Uma boa resposta seria fornecer os itens adicionais que deseja, ou responder da seguinte maneira:

Sim, é tudo obrigado.
Oui, c'est tout merci.
ui, sé tu mersí

Irregularidades dos Verbos Terminados em *-ir*

Tudo bem com fazer um lanchinho rápido, mas agora você está com vontade de ter um bom jantar. Imagine andar ao longo do porto na Martinica e sentir os aromas que emanam dos vários restaurantes. É claro que você quer saber

Capítulo 16: Uma Refeição Preparada em Casa, à Moda Antiga   219

o tipo de comida servida neles. Vamos dar uma olhada mais de perto nesses verbos e em alguns similares.

O verbo *servir* (servir) e alguns poucos cuja terminação é *-ir* – *dormir* (dormir), *partir* (partir), *sentir* (sentir) e *sortir* (sair) – não seguem o padrão da conjugação no presente para os verbos terminados em –ir, os quais já estudamos anteriormente. Nas formas singulares, a consoante da forma infinitiva antes do *-ir* é suprimida e, nas formas plurais, a consoante é mantida.

Dormir (Dormir)

Conjugação	Pronúncia	Significado
je **dors**	*je dor*	eu durmo
tu **dors**	*tü dór*	tu dormes, você dorme
il, elle on **dort**	*il, éle, oN dor*	ele, ela dorme
nous **dormons**	*nu dormoN*	nós dormimos
vous **dormez**	*vu dormê*	vós dormis, vocês dormem
ils, elles **dorment**	*il, éle dórme*	eles, elas dormem

Elle dort jusqu'à midi.   Ela dorme até o meio-dia.

Partir (Partir)

Conjugação	Pronúncia	Significado
je **pars**	*je par*	eu parto
tu **pars**	*tü par*	tu partes, você parte
il, elle , on **part**	*il, éle par*	ele, ela parte
nous **partons**	*nu partoN*	nós partimos
vous **partez**	*vu partê*	vós partis, vocês partem
ils, elles **partent**	*il, éle parte*	eles, elas partem

Quand est-ce que tu pars?   Quando é que você parte?

Sentir (Sentir, Cheirar)

Conjugação	Pronúncia	Significado
je **sens**	*je saN*	eu sinto
tu **sens**	*tü saN*	tu sentes, você sente
il, elle, on **sent**	*il, éle, oN saN*	ele, ela sente
nous **sentons**	*nu saNtoN*	nós sentimos
vous **sentez**	*vu saNtê*	vós sentis, vocês sentem
ils, elles **sentent**	*il, éle saNte*	eles, elas sentem

Je sens quelque chose.   Sinto o cheiro de alguma coisa.

Servir (Servir)

Conjugação	Pronúncia	Significado
je **sers**	*je sér*	eu sirvo
tu **sers**	*tü sér*	tu serves, você serve
il, elle on **sert**	*il, éle, oN sér*	ele, ela serve
nous **servons**	*nu servoN*	nós servimos
vous **servez**	*vu servê*	tu servis, vocês servem
Ils, elles **servent**	*il, éle sérve*	eles, elas servem

À quelle heure sert-on le dîner?   A que horas será servido o jantar?

Sortir (Sair)

Conjugação	Pronúncia	Significado
je **sors**	*je sór*	eu saio
tu **sors**	*tü sór*	tu sais, você sai
il, elle, on **sort**	*il, éle sór*	ele, ela sai
nous **sortons**	*nu sortoN*	nós saímos
vous **sortez**	*vu sortê*	vós sais, vocês saem
ils, elles **sortent**	*il, éle sórte*	eles, elas saem

Il sort avec ma soeur.   Ele vai sair com a minha irmã.

Capítulo 16: Uma Refeição Preparada em Casa, à Moda Antiga

Isto É um Enigma para Mim

Quer ter certeza de que realmente aprendeu essas formas verbais? A prática pode trazer a perfeição de um modo divertido. Complete as palavras cruzadas abaixo com a forma correta dos verbos.

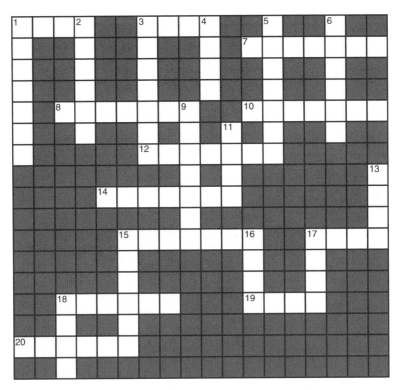

Horizontalement

1. (partir) je
3. (dormir) tu
7. (servir) ils
8. (servir) nous
10. (dormir) elles
12. (sair) nous
14. (sentir) ils
15. (partir) nous
17. (servir) il
18. (sentir) vous
19. (servir) tu
20. (dormir) vous

Verticalement

1. (partir) elles
2. (sair) vous
3. (dormir) nous
4. (sentir) il
5. (sentir) nous
6. (servir) vous
9. (sair) ils
11. (dormir) il
13. (partir) elle
15. (partir) vous
16. (sentir) je
17. (sair) tu
18. (sair) elle

Respostas

Compra Levada a Sério

Respostas Sugeridas:

1. De la viande – du jambon, du rosbif, du poulet
2. Des pâtisseries – des éclairs, des choux à la crème, un gâteau
3. Du pain – des croissants, des brioches
4. Des légumes – des carottes, des haricots verts, des asperges
5. Des fruits – des pommes, des poires, des raisins
6. De la charcuterie – du pâté, du lard, des saucisses

Isto É um Enigma para Mim

Capítulo 17

Comendo Fora

Neste Capítulo

- Fazendo pedido em um restaurante
- Conseguindo exatamente o que você quer
- Falando sobre dietas especiais
- Meu Deus! Exclamações!

Digamos que você está em Paris, a cidade luz. Infelizmente, não é hora nem de almoço nem de jantar, mas, usando as lições do capítulo 16, você conseguiu comprar um lanche para mantê-lo alimentado até a próxima refeição de verdade. Ou talvez você tenha abastecido a geladeira do seu quarto de hotel e agora está deitado lanchando *biscuits* (*bisküi*), *fromage* (*fromaje*) e *citronnade* (*sitronade*), pois, já familiarizado como sistema métrico, você pediu a quantidade certa de queijo.

Mas agora você está com muita fome. É hora de sair e encontrar um lugar para jantar. Os franceses são fanáticos por comida e sua alta gastronomia é considerada a melhor e mais sofisticada do mundo. Na verdade, quando países como Brasil e Estados Unidos, dentre outros, começaram a levar comida mais a sério, eles se voltaram para a França para adquirir orientação e inspiração.

Parte 3: Hora da Diversão

Com todos os termos de culinária francesa que se infiltraram em nossa cultura, muitos restaurantes e outras instituições no Brasil praticam gastronomia francesa – de cardápios a livros de receitas e revistas. Ao final deste capítulo, você será um especialista em pedidos de cardápios franceses, mesmo se tiver certas necessidades ou restrições dietéticas. E se, por acaso, não estiver satisfeito com sua refeição, será capaz de devolvê-la e conseguir o que quer.

Escolha um Lugar Aonde Gostaria de Ir

Onde quer que decida comer, a França oferece uma enorme variedade de restaurantes que se adaptam à sua fome e ao seu bolso. Você vai procurar um lugar para *le petit déjeuner* (*le petí dêjêunê*; café da manhã), *le déjeuner* (*le dêjêunê*; almoço), *le dîner* (*le dinê*; jantar) ou *le goûter* (*le gutê*; lanche da tarde)? Se não estiver com vontade de ir a um restaurante formal, por que não experimenta um dos estabelecimentos listados na tabela abaixo?

Português	Francês	Pronúncia
albergue	une auberge	*ün obérje*
pequeno bar ou restaurante simples	un bistro	*aN bistrô*
um restaurante que serve pratos simples	une brasserie	*üne braseri*
um clube noturno	un cabaret	*aN kabaré*
cafeteria	un café	*aN kafê*
um restaurante self-service	une cafétéria	*üne kafêtêriá*
uma lanchonete que serve sanduíches	une casse-croûte	*üne kase krute*
creperia	une crêperie	*üne kréperi*
uma cadeia de restaurantes fast-food	un fast-food	*aN fast-fud*
um restaurante self-service	un self	*aN sélf*

Uma Mesa, Por Favor

Caso tenha escolhido jantar em um restaurante, talvez tenha que reservar uma mesa. Ao telefonar, certifique-se de incluir todas as informações pertinentes:

Gostaria de reservar uma mesa...
Je voudrais réserver une table...
je vudré rêzervê ünetable

para esta noite	para amanhã à noite
pour ce soir	pour demain soir
pur se suár	*pur demeN suár*
para sábado à noite	para duas pessoas
pour samedi soir	pour deux personnes
pur samedí suar	*pur dêu persone*
às 8h30	no terraço, por favor
à huit heure et demie	sur (à) la terrasse, s'il vous plaît
a ui têure ê demí	*sür (a) la térase, sil vu plé*

Vamos Jantar Fora

Digamos que você não fez reserva e, simplesmente, aparece no restaurante. O *maître* certamente irá perguntar...

Uma mesa para quantas pessoas?
Une table pour combien de personnes?
üne table pur koNbiaN de persone

Sua resposta deve conter todas as informações necessárias:

Uma mesa para quatro pessoas, por favor.
Une table pour quatre personnes, s'il vous plaît.
üne table pur katre persone sil vu plé

Você agora já está sentado à mesa. Você olha ao redor e fica encantado com a porcelana fina, o cristal, os guardanapos de linho e a toalha de mesa branca. Mas espere! Faltam alguns itens na mesa, no lugar da senhora. A tabela abaixo fornece o vocabulário necessário para pedir ao garçom que traga talheres, além de outros termos que possa precisar usar.

Pondo a Mesa

Item	Francês	Pronúncia
tigela	le bol	*le ból*
garrafa para água ou vinho	la carafe	*la karafe*

Continua

Pondo a Mesa   (Continuação)

Utensílio	Francês	Pronúncia
xícara	la tasse	*la tase*
prato de jantar	l'assiette (f.)	*lasiéte*
garfo	la fourchette	*la furxéte*
copo	le verre	*le vére*
faca	le couteau	*le kutô*
cardápio	la carte, le menu	*la karte, le menü*
guardanapo	la serviette	*la serviéte*
pimenteiro	le poivrier	*le puavriê*
arrumação da mesa	le couvert	*le kuvér*
saleiro	la salière	*la saliére*
pires	la soucoupe	*la sukupe*
prato de sopa	l'assiette à soupe (f.)	*lasiéte a supe*
toalha de mesa	la nappe	*la nape*
colher de chá	la cuillère de thê	*la küiér de tê*
colher de sopa	la cuillère à service	*la küiér a servise*
garçom	le serveur	*le servêur*
garçonete	la serveuse	*la servêuze*
copo de vinho	le verre à vin	*le ver a veN*

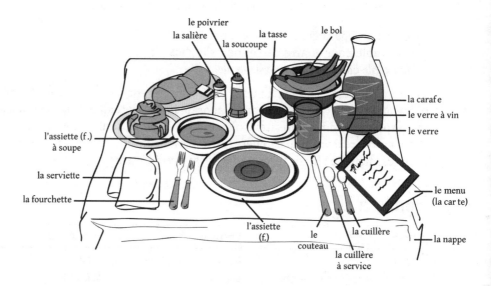

Capítulo 17: Comendo Fora   227

Qual Restaurante Você Prefere?

Você abriu uma revista para turistas e encontrou anúncios de restaurantes. Agora é preciso decidir o que gostaria de comer. Explore os anúncios e determine o que você esperaria encontrar em cada um dos restaurantes.

Noms	Spécialités	N°P
NOTRE SELECTIONS DE RESTAURANTS		
LE SAINT-NICOLAS	CUISINE FINE TRADITONNELLE	4
LES QUATRES SAISONS (Abela Hôtel Monaco)	CUISINE FRANÇAISE SPECIALITES LIBANAISES	5
LE SAINT-BENOIT	CUISINE DE LA MER	6
TIP TOP BAR	SPECIALITES ITALIENNES	7
FLASHMAN'S	RESTAURATION ANGLAISE	13
STARS'N'BARS	CUISINE AMERICAINE MUSIQUE TOUS LES SOIRS	13
LE METROPOLE PALACE	CUISINE FRANÇAISE	15
LES AMBASSADEURS (Hôtel Métropole)	SPECIALITES LIBANAISES ET FRANÇAISES	15
LA PORTE D'OR	SPECIALITES VIETNAMIENNES ET CHINOISES	16
LE CHINA TOWN	SPECIALITES VIETNAMIENNES ET CHINOISES	16
CAFE MOZART	BUFFET CHAUD & FROID, GLACES, PATISSERIES	82
RESTAURANT DU PORT	POISSONS, SPECIALITES ITALIENNES	24
LA CANTINELLA	SPECIALITES ITALIENNES	Plan
SASS' CAFE	PIANO BAR	Plan
LE PARADISE	RESTAURANT GLACIER	56
L'ESCALE	SPECIALITES DE POISSONS	55
HARRY'S BAR	MENU HOMMES D'AFFAIRES	12

1. _____
2. _____
3. _____
4. _____
5. _____
6. _____
7. _____
8. _____
9. _____
10. _____
11. _____
12. _____
13. _____
14. _____
15. _____
16. _____
17. _____

Se constatar que está faltando algo em sua mesa ou precisar solicitar alguma coisa aos funcionários, use um pronome objeto direto:

Il me (te, lui, nous, vous, leur) faut...
il me (te, lüí, nu, vu, lêur) fô
Eu (você, ele/ela, nós, vocês, eles/elas) preciso/precisa/precisamos/precisam de...

Parte 3: Hora da Diversão

Use também a expressão *avoir besoin de* (precisar, necessitar):

Un, deux, trois

Coloque etiquetas em todos os itens que puser na mesa de jantar. Estude os nomes com cuidado durante alguns dias. Quando se sentir confiante, remova as etiquetas e nomeie todos os itens que puder.

J'ai (Tu as, Il/Elle a, Nous avons, Vous avez, Ils/Elles ont) besoin de...

jé (Tü a, il/éle a, nu zavoN, vu zavê, il/éle zoN) bezuaN de

eu (tu/você, ele/ela, nós, vocês, eles/elas) preciso/precisa/precisamos/precisam de...

"Ei, Garçom!"

Agora, use o que aprendeu para dizer ao seu garçom que você precisa do seguinte:

1. um saleiro
2. um guardanapo
3. um garfo
4. uma faca
5. um prato
6. uma colher

Serveur, o Que Você Recomenda?

É hora de fazer o pedido. É sempre uma boa ideia pedir recomendação ao garçom antes de fazer o pedido:

Qual é o prato do dia?
Quel est le plat du jour?
kél é le plá dü jur

O que você recomenda?
Qu'est-ce que vous recommandez?
kése ke vu rekomaNdê

Qual é a especialidade da casa?
Quelle est la spécialité de la Maison?
kéle é la spêsialitê de la mézoN?

O garçom veio à mesa para entregar um cardápio e saber se você gostaria de uma bebida antes do jantar. Você pode usar o seguinte para pedir tanto a bebida quanto a comida:

Eu gostaria...
Je voudrais...
je vudré

Vou querer...
Je prendrai...
je praNdré

Por favor, traga...
Apportez-moi, s'il vous plaît...
aporte muá, sil vu plé

um aperitivo
un apéritif
aN napêritif

um coquetel
un cocktail
aN kóktel

Para mim, nada.
Rien pour moi.
rieN pur muá

Esse Cardápio É Grego para Mim!

Um cardápio em francês pode ser bem confuso e assustador, a menos que você conheça certos termos de culinária. Se for um iniciante no idioma francês, talvez você tenha vergonha de perguntar sobre um prato porque sabe que, provavelmente, não entenderá a explicação do garçom. A tabela abaixo fornece os termos necessários para interpretar nomes de molhos e outros itens em um cardápio francês.

O Que Há no Cardápio?

Prato	Pronúncia	Descrição
aïoli	*aiolí*	maionese com alho
à la bonne femme	*a la bone fame*	molho de vinho branco com suco de limão e legumes
béarnaise	*bêarnéze*	molho de manteiga e ovos temperado com cebola e estragão
bercy	*bersí*	molho para carne ou peixe
blanquette	*blankéte*	molho cremoso de ovos e vinho branco geralmente servido com ensopado de vitela, galinha ou carneiro
crécy	*krési*	sopa de cenoura
daube	*dobe*	ensopado, geralmente de carne, com vinho tinto, cebola e alho
farci(e)	*farsi*	recheio
florentine	*floraNtine*	doce – mistura de nozes tostados e frutas caramelizadas cobertas com mel e açúcar
forestière	*fôrestiére*	com cogumelos selvagens
hollandaise	*olandéze*	creme de manteiga e gema de ovo com limão ou vinagre
jardinière	*jardiniére*	seleta de legumes
maître d'hôtel	*métre dótél*	um molho de manteiga com salsa e limão
mornay	*morne*	molho branco com queijo
parmentier	*parmaNtiê*	feito com batatas
périgourdine	*pêrigurdine*	feito com trufas
provençale	*próvaNsal*	guarnição de legumes
rémoulade	*rêmulade*	maionese temperada com mostarda, alcaparras e anchovas
véronique	*vêronike*	feito com uvas verdes sem semente
vol-au-vent	*volôvaN*	massa folheada com creme de carne

230 Parte 3: Hora da Diversão

O jantar na França é uma refeição leve e, geralmente, é servido após as 19h. Não se surpreenda ao ver ovos ou pizza no cardápio de jantar. A salada, geralmente, é servida após o prato principal. As tabelas abaixo o ajudarão a passar dos *les hors d'œuvres* (*lé ór dêuvre*; entrada) para o prato principal. Se tiver algum problema com os nomes dos vários tipos de carne ou peixe, volte ao capítulo 16.

Entradas Atraentes

Entrada	Pronúncia	Descrição
crudités variées (*f.pl.*)	*krüditê variê*	legumes crus fatiados, geralmente em molho vinagrete
escargots (*m.pl.*)	*Eskargô*	caramujos
foie gras (*m.*)	*fuá grá*	fígado de ganso servido com torradas
pâté (*m.*)	*Patê*	pasta de fígado ou outra carne servida em formato de bolo
quiche lorraine (*f.*)	*kixe loréne*	torta de creme de ovos servida com carne (bacon ou presunto)
quenelles (*f.pl.*)	*Kenéle*	pasteizinhos cozidos em caldo(carne/frango)
rillettes (*f.pl.*)	*riiéte*	mistura de carne de porco servida como patê

Se estiver com vontade de tomar uma *soupe* (*supe*; sopa) quente para espantar o frio, a tabela abaixo é para você.

Sopas Deliciosas

Les soupes	Pronúncia	Descrição
la bisque	*la biske*	sopa cremosa feita com crustáceos
la bouillabaisse	*la buiabése*	ensopado de frutos do mar
le consommé	*le koNsomê*	caldo claro de boi ou de vitela
la petite marmite	*la petite marmite*	caldo concentrado servido com pedaços de legumes e carne
le potage	*le potaje*	sopa espessa feita de legumes amassados
la soupe à l'oignon	*la supe a lonhoN*	sopa de cebola servida com pão e queijo
le velouté	*la velutê*	sopa cremosa feita com vitela, peixe ou galinha escorpada com farinha e manteiga

Se for um amante de *les viandes* (*lé viaNde*; carnes), a tabela abaixo o ajudará a pedir sua refeição.

Carnes Apetitosas

Les Viandes	Pronúncia	Carnes
le bifteck	*le bifték*	bisteca
l'entrecôte (*f.*)	*laNtrekóte*	contra-filé
l'escalope (*f.*)	*Léskalópe*	escalope (de vitela)
la côte de bœuf	*la kóte de bêuf*	costela
la poitrine de...	*la puatrine de*	peito de...
la carré d'agneau	*la karê danhô*	costeleta de cordeiro
le chateaubriand	*le xatôbriaN*	filé grosso de carne de boi
le foie	*le fuá*	fígado
le gigot d'agneau	*le gigô danhô*	pernil de cordeiro
le pot-au-feu	*le pô ô fêu*	carne de boi cozida
le rosbif	*le rosbif*	rosbife
le tournedos	*lé turnedô*	pequenos filés de carne de boi
les côtes de porc (*f.*)	*lé kóte de pork*	costeletas de porco
les côtes de veau (*f.*)	*lé kóte de vô*	costeletas de vitela
les médaillons de...(*m.*)	*lé mêdaioN de*	pequenos bifes redondos de...
les saucisses (*f.*)	*lé sosise*	linguiça

Estou com Fome – Vamos Comer!

Mesmo que saiba pedir hambúrguer ou costeletas de vitela, você quer ter certeza de que sua *entrée* (entrada) seja preparado a seu gosto. O garçom poderá perguntar...

Qual o ponto de cozimento dele/dela (deles/delas)?
Vous le/la (les) voulez comment?
vu le/la (lé) vulê komaN

Está morrendo de vontade de comer *viandes* (*viaNde*; carne)? *Légumes* (*legume*; legumes)? *Des œufs* (*dé zêuf*; ovos)? A tabela abaixo o ajudará a expressar seus desejos e suas necessidades culinárias.

Como Gostaria Que Fosse Preparado?

Português	Francês	Pronúncia
Carnes e Legumes		
assado	cuit(e)(s) au four	*küi(te) ô fur*
cozido	bouilli(e)(s)	*búi-í*
assado no espeto	rôti(e)(s)	*róti*
gratinado	gratiné(e)(s)	*gratinê*
frito	frit(e)(s)	*fri(te)*
grelhado	grillé(e)(s)	*gri-iê*
em seu próprio molho	au jus	*ô jü*
amassado	en purée	*aN pürê*
ao ponto	à point	*a puaN*
pochê	pochê(e)(s)	*poxê*
em consistência de purê	en purée	*aN pürê*
mal passado	saignant(e)(s)	*sénhaN(te)*
tostado	grillé (e)(s)/rôti(e)(s)	*griié/róti*
dourado	sauté(e)(s)	*sotê*
cozido a vapor	à la vapeur	*a la vapêur*
ensopado	en cocotte	*aN kokote*
muito malpassado	bleu(e)(s)	*blêu*
bem passado	bien cuit(e)(s)	*biaN küi(te)*
com molho	en sauce	*aN sose*
Ovos		
frito	au plat	*ô plá*
cozido, duro	durs	*dür*
cozido, com a gema mole servido sem casca	mollets	*molê*
omelete	une omelette	*ün nomelete*
omelete sem recheio	une omelette nature	*ün nomelete natüre*
pochê	pochés	*poxê*
cozido em banho-maria com mateiga	brouillés	*bruiê*
quente	à la coque	*a la koke*

Quente e Apimentado

Os franceses usam muitas ervas, muitos temperos e condimentos para dar sabor a seus pratos. O conhecimento das palavras contidas na tabela abaixo poderá ajudá-lo a determinar os ingredientes presentes em seu prato ou capacitá-lo a pedir os condimentos que preferir.

Ervas, Temperos e Condimentos

Francês	Pronúncia	Português
le basilic	*le bazilik*	manjericão
la feuille de laurier	*la fêuie de loriê*	folha de louro
le beurre	*le bêure*	manteiga
les câpres (*m.*)	*lé kapre*	alcaparras
la ciboulette	*la sibuléte*	cebolinha
l'aneth (*m.*)	*Lanét*	endro
l'ail (*m.*)	*Laí*	alho
le gingembre	*le jaNjaNbre*	gengibre
le miel	*le miél*	mel
le raifort	*le réfór*	raiz forte
la confiture	*la koNfitüre*	geleia
le ketchup	*le kétxup*	ketchup
le citron	*le sitroN*	limão
le sirop d'érable	*le sirô dêrable*	calda para panqueca
la mayonnaise	*la maionéze*	maionese
la menthe	*la maNte*	hortelã
la moutarde	*la mutarde*	mostarda
l'huile (*f.*)	*Lüile*	azeite
l'origan (*m.*)	*lorigaN*	orégano
le persil	*le persil*	salsa
le poivre	*le puavre*	pimenta
le sel	*le sél*	sal
le sucre	*le sükre*	açúcar
l'estragon (*m.*)	*léstragoN*	estragão
le vinaigre	*le vinégre*	vinagre

O Que Fazer e o Que Não Fazer em uma Dieta

Caso tenha preferências, desgoste de certos alimentos ou tenha restrições dietéticas que gostaria de informar a alguém, tenha a mão as expressões contidas na tabela abaixo.

Português	Francês	Pronúncia
Estou de dieta.	Je suis au régime.	*je sui zô rêjime*
Sou vegetariano(a).	Je suis végétarien(ne).	*je sui vêjêtariaN(riéne)*
Não posso beber (comer)...	Je ne tolère pas ...	*je ne tolére pá*
bebida alcoólica	produit alcoolique	*prodüi alkolike*
derivados de leite	produit laitier	*prodüi létiê*
ovos	les œufs	*lé zêuf*
peixe	le Poisson	*le puasoN*
leite	le lait	*le lé*
amendoim	les cacahuètes	*lé kakaüéte*
gordura saturada	matière grasse animale	*matiére grase animale*
gergelim	le sésame	*le sêzame*
crustáceos	les crustacés	*lé krüstasê*
soja	le soja	*le sojá*
trigo	le blé	*le blê*
Procuro um prato...	Je cherche un plat ...	*je xerxe aN plá*
com alto teor de fibras	riche en fibre	*rixe aN fibre*
com baixo teor de colesterol	léger en cholestérol	*lêjê aN kolestêrol*
com baixo teor de gordura	léger en matières grasses	*lêjê aN matiére grase*
com baixo teor de sódio	léger en sodium	*lêjê aN sodiôm*
sem derivados de leite	non-laitier	*noN létiê*
sem sal	sans sel	*saN sél*
sem adição de açúcar	sans sucre	*saN sükre*
sem corantes artificiais	sans colorant	*saN koloraN*
sem conservantes	sans conservateurs	*saN koNservatêur*

De Volta à Cozinha

Com certeza, às vezes, até mesmo na França, a refeição ou a arrumação da mesa podem não estar do seu agrado. A tabela abaixo apresenta alguns problemas com os quais você pode se deparar.

Possíveis Problemas

Problema	Francês	Pronúncia
...está frio	...est froid(e)	*é fruá(de)*
...não está bem cozido	...n'est pas assez cuit(e)	*né pá zasê küi(te)*
...está cozido demais	...est trop cuit(e)	*é trô küi(te)*
...está duro	...est dur(e)	*é dür*
...está queimado	...est brûlé(e)	*é brülê*
...está muito salgado	...est trop salé(e)	*é trô salê*
...está doce demais	...est trop sucré(e)	*é trô sükrê*
...está condimentado demais	...est trop épicé(e)	*é trô êpisê*
...está estragado	...est tourné(e)	*é turnê*
...tem gosto de...	...a le goût de...	*a de gu de*
...está sujo	...est sale	*é sale*

Finais Caprichados

Na França, é tradição servir *une salade* (*üne salade*; uma salade) seguida de *des fromages variés* (*dé fromaje variê*; queijos). Queijos populares incluem *boursin, brie, camembert, chèvre, munster, port-salut* e *roquefort*. Ao escolher um queijo, pode ser que você queira perguntar...

> Ele é...?
> Est-il...?
> *étil*

suave	picante	firme	de consistência mole
maigre	piquant	fermenté	à patê molle
mégre	*pikaN*	*fermaNtê*	*a pate mole*

Finalmente, é hora da sobremesa, mas há tantas especialidades francesas para você escolher. A tabela abaixo o ajudará a se decidir.

Parte 3: Hora da Diversão

Sobremesas Divinas

Sobremesa	Pronúncia	Descrição
une bavaroise	*üne bavaruaze*	sobremesa à base de creme de leite, gelatina, creme de frutas e perfumado com licores e essências
des beignets (*m.pl.*)	*dé bénhé*	frutas envoltas em massa fina, fritas e polvilhadas com açúcar
une bombe	*üne boNbe*	sorvete com vários sabores
une charlotte	*üne xarlote*	pão-de-ló e creme
une crème caramel	*üne kréme karamél*	pudim de leite com calda de caramelo
une gaufre	*üne gofre*	waffle
des œufs à la neige (*m.pl.*)	*dé zêuf a la néje*	ovos nevados
une omelette norvégienne	*ün nomeléte norvêjiéne*	bolo gelado coberto de merengue e flambado
des poires belle hélène (*f.*)	*dé puare béle êléne*	peras cozidas com baunilha
des profiteroles (*f.*)	*dé profiterole*	profiteroles (bombinhas recheadas com creme, cobertas com calda de chocolate)

Se for pedir sorvete, os termos abaixo o ajudarão a pedir o tipo e sabor (*le parfum; le parfôN*) de sua preferência.

Sorvete	Francês	Pronúncia
um sorvete	une glace	*üne glase*
um iogurte	un yaourt	*aN iaurt*
uma casquinha	un cornet	*aN korné*
um copo	une coupe	*üne kupe*
chocolate	au chocolat	*ô xokolá*
baunilha	à la vanille	*a la vaníe*
morango	aux fraises	*ô fréze*

Beba Apenas em Minha Homenagem

Os franceses geralmente bebem vinho no jantar. A tabela abaixo contém alguns vinhos e outras bebidas que talvez você venha pedir.

Bebidas para o Jantar

Bebida	Francês	Pronúncia
vinho tinto	le vin rouge	*le veN ruje*
vinho rosé	le vin rose	*le veN rozê*
vinho branco	le vin Blanc	*le veN blaN*
espumante	le vin mousseux	*le veN museu*
champanhe	le champagne	*le xampanhe*

Pode ser que você não aprecie bebidas alcoólicas ou prefira outra bebida com sua refeição. Ao longo de uma refeição, você pode até querer tomar várias bebidas diferentes: suco, água, refrigerante, café ou chá. Você encontrará outros tipos de bebida que talvez aprecie na tabela abaixo.

Bebidas

Bebida	Francês	Pronúncia
café	un café	*aN kafê*
com leite (manhã)	au lait	*ô lé*
expresso	express	*eksprés*
com creme	crème	*kréme*
puro	noir	*nuar*
gelado	glacé	*glasê*
sem cafeína	décaféiné	*dêkafêinê*
chá	un thé	*aN tê*
com limão	au citron	*ô sitroN*
com açúcar	sucré	*sükrê*
chá de ervas	une tisane	*üne tizane*
água mineral	de l'eau minérale	*de lô minêrale*
gasosa	gazeuse	*gazêuze*
sem gás	plate	*plate*

Parte 3: Hora da Diversão

Você teve um dia longo e cansativo visitando várias atrações turísticas e agora é hora de fazer uma pausa. Você gostaria de descansar seus pés exaustos e precisa de um rápido estimulante. Você avista um típico café francês e constata que é o lugar perfeito para dar uma parada, pedir uma bebida gelada e observar as pessoas que passam. Se estiver com sede, é preciso aprender o verbo irregular *boire* (beber), apresentado na tabela abaixo, para que possa pedir a bebida que quiser. *Boire* se assemelha a um "verbo sapato", uma vez que as formas para *nous* e *vous* sofrem alterações. Entretanto, essas formas não se parecem com o infinitivo.

Boire (Beber)

Conjugação	Pronúncia	Significado
je **bois**	*je buá*	eu bebo
tu **bois**	*tü buá*	tu bebes, você bebe
il, elle, on **boit**	*il, éle, oN buá*	ele, ela, bebe
nous **buvons**	*nu büvoN*	nós bebemos
vous **buvez**	*vu büvê*	vós bebeis, vocês bebem, o senhor bebe
ils, elles **boivent**	*il, éle buáve*	eles, elas bebem
Qu'est-ce que tu bois?	*kése ke tü buá*	O que você está bebendo?

Você Não Pode Ter Tudo

A comida é deliciosa, muito melhor do que esperava. *Pâtisseries* acenam em cada esquina. Tentações espreitam em todo lugar. Entretanto, você não pretende voltar das férias com dez quilos a mais. Então, não coma tudo; compartilhe com um colega!

O partitivo é usado em francês para expressar parte de um todo ou uma quantidade indefinida e em português o sentido seria "algum", "alguma", "alguns" ou "algumas". Em português, não temos o artigo partitivo.

J'ai pris de l'eau.
jé prí de lô
Bebi água.

Donnez-moi de la soupe, s'il vous plaît.
donê muá de la supe, sil vu plé
Dê-me a sopa, por favor.

Partitivo	Usado Antes de
du (de+le)	Substantivos masculinos no singular iniciando com consoante
de la	Substantivos femininos no singular iniciando com consoante
de l'	Qualquer substantivo no singular iniciando com vogal
des (de+les)	Todos os substantivos no plural

Je prendrai du bœuf.   Elle cherche des œufs.
Vou comer carne bovina.   Ela está procurando ovos.

Para expressar o partitivo em uma frase negativa ou antes de um adjetivo que antecede um substantivo plural, usa-se *de*. (O artigo definido não é usado.)

Nous n'avons pas de ragoût.   Elle prépare de bons gâteaux.
nu navoN pá de ragu   *éle prepare de boN gatô*
Não temos ensopado.   Ela faz bons bolos.

O Pronome *en*

Imagine que tenha passado o dia todo na cidade com um amigo e agora gostaria de comer. Você põe a mão no bolso e eis que descobre que gastou todo o seu dinheiro. Então, vira para o companheiro e faz a pergunta lógica: "Você tem algum dinheiro?". Ele quer responder em francês e dizer: "Sim, tenho". Mas ele não pode usar o verbo *avoir* (ter) sem um complemento. Uma solução para essa situação é o uso do pronome *en*, uma palavrinha que, quando usada corretamente, mostra-se extremamente útil.

O pronome *en* refere-se a objetos e lugares mencionados anteriormente. *En* geralmente substitui *de* + substantivo e pode significar "algum ou nenhum dele(a)/deles(as)", "sobre ele(a)/eles(as)", "dele(a)/deles(as)" ou "de lá":

Il veut *des biscuits.*   Je ne veux pas *de salade.*
Il *en* veut.   Je n'*en* veux pas.
il aN véu   *je naN vêu pá*
Ele os quer.   Eu não as quero.

Nous parlons *du restaurant*.   Elles sortent *du café*.
Nous *en* parlons.   Elles *en* sortent.
nu zaN parloN   *éle zaN sorte*
Nós falamos dele.   Elas saem de lá.

Sempre use o pronome *en* em francês, mesmo quando não houver equivalente em português ou, quando, em situação semelhante, ele não seria usado em português:

As-tu *de l'argent*?   Oui, j'*en* ai.
Você tem dinheiro?   Sim, tenho.

J'ai besoin *d'un couteau*.   J'*en* ai besoin.
Preciso de uma faca.   Preciso de uma.

Use *en* para substituir um substantivo (*de* + substantivo) após um número ou um substantivo ou advérbio de quantidade:

Il prépare *dix sandwiches*.   Il *en* prépare dix.
Ele está fazendo dez sanduíches.   Ele está fazendo dez (deles).

Il prépare une tasse *de thé*.   Il *en* prépare une tasse.
Ele está fazendo uma xícara de chá.   Ele está fazendo uma xícara dele.

Il prépare beaucoup *de tartes*.   Il *en* prépare beaucoup.
Ele está fazendo muitas tortas.   Ele está fazendo muitas (delas).

Use o pronome *en* antes do verbo ao qual seu significado está ligado, geralmente antes do verbo conjugado. Quando houver dois verbos, coloque *en* antes do infinitivo:

J'*en* prends.   Je n'*en* prends pas.
Como.   Não como.

Je voudrais *en* prendre.   N'*en* prends pas!
Gostaria de comer.   Não coma!

No imperativo afirmativo, *en* muda de posição e é colocado imediatamente após o verbo e ligado a ele por um hífen. As formas imperativas informais dos verbos terminados em *-er* (regulares e irregulares) retêm o s final antes do *en*. O motivo é a prevenção do conflito de dois sons vocálicos juntos. Lembre-se de fazer a ligação entre a consoante final e o *en*:

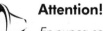

Attention!
En nunca se refere a pessoas.

Manges-*en*!   Mangez-*en*!
(*maNje zaN*)   (*manjé zaN*)
Coma! (informal)   Coma! (formal)

Capítulo 17: Comendo Fora   241

> ### Sim ou Não?
>
> Você acabou de voltar de uma viagem fantástica, mas descobriu que não consegue fechar o cinto e rasgou a sua calça jeans ao se abaixar. Você quer perder peso, mas as tentações acenam por toda parte. O que dita a sua consciência?
>
> *Exemplo*: Je mange du chocolat? des fruits? Du chocolat? N'en mange pas. Des fruits? Manges-en.
>
> 1. Je mange des bonbons? des légumes?
> 2. Je prépare de la salade? de la mousse?
> 3. Je prends du poisson? des saucisses?
> 4. Je choisis de la glace? du yaourt?
> 5. J'achète de l'eau minérale? du soda?

Délicieux!

O que achou da sua refeição? Estava regular ou você deu a ela nota dez? Se achou que estava realmente excepcional, talvez você queira expressar seu sentimento usando o adjetivo *quel* apresentado na tabela abaixo e que quer dizer: "Que...!".

Quel e *Quelle*

	Masculino	Feminino
Singular	quel	quelle
Plural	quels	quelles

Lembre-se de colocar o adjetivo na posição correta:

Quel repas formidable!
kél repá formidable
Que ótima refeição!

Quels desserts délicieux!
kél desér dêlisiêu
Que sobremesas deliciosas!

Quelle mousse excellente!
kéle muse ekselaNte
Que mousse excelente!

Quelles bonnes omelettes!
kéle bone zomeléte
Que omeletes ótimas!

242 Parte 3: Hora da Diversão

Merci Beaucoup

Eu sabia que você iria adorar a comida francesa. Agora você quer me contar o quanto você gostou de tudo. Use a forma correta de *quel* para expressar como se sentiu em relação ao que comeu e bebeu: sopa, bife, vinho, salada, queijo e mousse.

Não se esqueça de pedir a conta ao final da refeição:

L'addition, s'il vous plaît.
ladisioN sil vu plé
A conta, por favor.

Respostas

Qual Restaurante Você Prefere?

1. Culinária fina tradicional
2. Culinária francesa e especialidades libanesas
3. Frutos do mar
4. Especialidades italianas
5. Comida inglesa
6. Comida americana, com música todas as noites
7. Comida francesa
8. Especialidades francesas e libanesas
9. Especialidades vietnamitas e chinesas
10. Especialidades vietnamitas e chinesas
11. Bufê quente e frio, sorvetes e doces
12. Peixe, especialidades italianas
13. Especialidades italianas
14. Bebidas e música
15. Sorvetes
16. Frutos do mar
17. Refeição executiva

"Ei, Garçom!"

Il me faut ...

1. une salière
2. une serviette
3. une fourchette
4. un couteau
5. une assiette
6. une cuiller

Sim ou Não?

1. N'en mange pas! Manges-en!
2. Prépares-en! N'en prépare pas!
3. Prends-en! N'en prends pas!
4. N'en choisis pas! Choisis-en!
5. Achètes-en! N'en achète pas!

Capítulo 18

Jogos e Diversão

Neste Capítulo

- Coisas divertidas para fazer
- Os verbos irregulares *vouloir* (querer) e *pouvoir* (poder)
- Convites: estendendo, aceitando e recusando
- Descrevendo habilidades usando advérbios

Você já visitou os pontos turísticos, acumulou recordações, comprou lembranças e roupas de grife. Agora que já comeu, você está se sentindo muito melhor. Finalmente, chegou a hora de se divertir e aproveitar, ou de simplesmente dar uma parada e relaxar.

Você vai rumo ao mar para praticar esportes aquáticos, subir a montanha e esquiar ou fazer uma caminhada, ir aos campos de golfe para umas tacadas, ou que tal uma quadra de tênis para uma partida revigorante? Você é um cinéfilo ou um amante de teatro? Você gosta de uma ópera animada ou um balé elegante? Pode ser que o seu negócio seja o jogo, e você passará algum tempo em um caça-níqueis de um luxuoso cassino. Este capítulo o ajudará a fazer tudo isso; convide alguém para acompanhá-lo e descreva suas habilidades.

Os Esportes São a Minha Vida!

Meu marido adora golfe. Seus tacos já visitaram tantos países quanto nós dois. Eu amo a praia, e não há nada de que eu goste mais do que sentir a areia entre meus dedos enquanto olho o mar. Quer seja um fanático por esportes ou um amante da praia, você precisará de algumas frases e alguns termos específicos para que saibam das suas preferências. A tabela a seguir apresenta uma lista de esportes e atividades ao ar livre.

Use o verbo *faire* quando falar sobre a prática esportiva:

Je fais du volley-ball.   Eu jogo voleibol.

Esportes

Esporte	*Le sport*	Pronúncia
ginástica aeróbica	de l'aérobic (*m.*)	*de laêrobik*
beisebol	du baseball	*dü bêseból*
basquetebol	du basketball	*dü basketból*
ciclismo	du vélo	*dü velo*
fisiculturismo	du culturisme	*du kutturisme*
canoagem	du contage, du canoë	*du kanotaje, dü kanoê*
ciclismo	du cyclisme	*dü siclisme*
pesca submarina	de la pêche sous-marine	*de la péxe sumarine*
mergulho livre	de la plongée	*de la ploNjê*
pesca	de la pêche	*de la péxe*
futebol	du football	*dü futból*
golfe	du golf	*dü gólf*
hóquei	du hockey	*dü óki*
equitação	de l'équitation (*f.*)	*de lêkitasioN*
caça	de la chasse	*de la xase*
corrida	du jogging	*dü jóging*
alpinismo	de l'alpinisme (*m.*), de l'escalade (*f.*)	*de lalpinisme, de leskalade*
parapente	du parapente	*dü parapaNte*
patinação sobre rodas	du patin à roulettes	*dü pateN a ruléte*

Capítulo 18: Jogos e Diversão **245**

Esporte	*Le sport*	Pronúncia
vela	du bateau à voiles	*dü batô a vuale*
mergulho autônomo	de la plongée sousmarine	*de la ploNjê su marine*
patinação	du patin	*dü pateN*
esqui	du ski	*dü ski*
surfe	du surf	*dü surf*
natação	de la natation	*de la natasioN*
tênis	du tennis	*dü tênis*
voleibol	du volley-ball	*dü vóliból*
esqui aquático	du ski nautique	*dü ski notike*
windsurfe	de la planche à voile	*de la planxe a vuale*

Quer Juntar-se a Mim?

Jogar sozinho não tem muita graça. Então, por que não perguntar a alguém se quer juntar-se a você? Para estender um convite, você pode usar os verbos *vouloir* (querer) e *pouvoir* (poder). Estes verbos têm conjugação semelhante. Eles são parecidos com os verbos sapato no que diz respeito às formas *nous* e *vous*, cujos radicais são como no infinitivo, enquanto que as outras formas sofrem mudança.

Vouloir (Querer)

Conjugação	Pronúncia	Significado
je **veux**	*je véu*	eu quero
tu **veux**	*tü véu*	tu queres, você quer
il, elle, on **veut**	*il, éle, oN véu*	Ele, ela quer
nous **voulons**	*nu vuloN*	nós queremos
vous **voulez**	*vu vulê*	vós quereis, vocês querem
ils, elles **veulent**	*il, éle vêule*	eles, elas querem

246 Parte 3: Hora da Diversão

Qu'est-ce que tu veux faire?
kése ke tü véu fére
O que você quer fazer?

Pouvoir (Poder)

Conjugação	Pronúncia	Significado
je **peux**	*je pêu*	eu posso
tu **peux**	*tü pêu*	tu podes, você pode
il, elle, on **peut**	*il, éle, oN pêu*	ele, ela pode
nous **pouvons**	*nu puvoN*	nós podemos
vous **pouvez**	*vu puvê*	vós podeis, vocês podem
ils, elles **peuvent**	*il, éle pêuve*	eles, elas podem

Nous pouvons aller à la plage.
nu puvoN zalê a la plaje
Nós podemos ir à praia.

Para convidar alguém para fazer alguma coisa, você perguntaria:

Você quer esquiar?
Vous voulez (Tu veux) + infinitivo do verbo – faire du ski?
vu vulê (tü véu) fére dü ski

Ou:

Você pode ir pescar?
Vous pouvez (Tu peux) + infinitivo do verbo – aller à la pêche?
vu puvê (tü pêu) alê a la péxe

Cada esporte tem seu próprio campo ou ambiente. Quando estiver pronto para algum exercício, consulte a tabela a seguir para escolher o lugar aonde iria para praticar um esporte ou fazer uma atividade.

Onde Ir

Lugar	Le lieu	Pronunciation
praia	la plage	*la plaje*
campo (de golfe, por exemplo)	le parcours	*le parkur*
quadra	le court	*le kur*
quadra (pelota basca)	le fronton	*le froNtoN*
campo	le terrain	*le tereN*
ginásio	le gymnase	*le jimnaze*
montanha	la montagne	*la montanhe*
oceano	l'océan (*m.*)	*losêaN*
parque	le parc	*le park*
trilha	le sentier	*le saNtiê*
piscina	la piscine	*la pisine*
rinque	la patinoire	*la patinuar*
mar	la mer	*la mér*
pista	la piste	*la piste*
estádio	le stade	*la stad*
pista de corrida	la piste	*la piste*

Encontro Você Lá

Muitos companheiros de viagem foram convidados para um dia de esportes. Diga que eles podem participar dos seguintes esportes e aonde eles querem ir.

Exemplo: je (natação)

Je peux faire de la natation.

Je veux aller à la plage.

1. tu (tênis)
2. nous (golfe)
3. vous (pesca)
4. elle (beisebol)
5. ils (patinação)

O Equipamento Necessário

Você provavelmente não deseja sair por aí arrastando seu equipamento esportivo enquanto está de férias e arriscar perder tudo nesse processo. Assim, se estiver interessado em tomar emprestado ou alugar o equipamento, você dirá:

Eu preciso...   Eu preciso de...
Il me faut...   J'ai besoin de...
il me fô   *jé bezuaN de*

Você pode me emprestar (alugar)...
Pourriez-vous me prêter (louer)...
puriê vu me prétê (luê)

A tabela a seguir apresenta mais exemplos de *l'équipement sportif* (*lêkipemaN sportif*); equipamento esportivo).

Equipamento Esportivo

Equipamento	*L'equipement*	Pronúncia
bola		
futebol, futebol americano	un ballon	*aN baloN*
beisebol, tênis	une balle	*üne vale*
bastão	une batte	*üne bate*
bicicleta	un vélo	*aN vêlô*
	une bicyclette	*üne bisikléte*
barco	un bateau	*aN batô*
botas (esqui)	des chaussures de ski (f.)	*dé xosüre de ski*
vara de pescar	une canne à pêche	*üne cáne a péxe*
tacos de golfe	des bâton de golf (m.)	*dé batoN de gólf*
capacete (de mergulhador)	un casque de scaphandre	*aN kaske de skafaNdre*
rede	un filet	*aN filé*
bastões (de esqui)	des bâtons (m.)	*dé batoN*
disco de hóquei	une rondelle (Canadá), un palet (France)	*üne roNdéle aN palê*
raquete	une raquette	*üne rakéte*

Capítulo 18:   Jogos e Diversão   **249**

Equipamento	*L'equipement*	Pronúncia
prancha à vela	une planche à voile	*üne planxe a vuale*
skate	une planche à roulettes	*üne planxe a ruléte*
patins	des patins (*m.*)	*dé pateN*
no gelo	à glace	*a glase*
de rodas alinhadas	à roues alignées	*a ru alinhê*
de rodas	à roulettes	*a ruléte*
fixações do esqui	des fixations (*f. pl.*) de ski	*dé fiksasioN de ski*
esquis (aquáticos)	des skis (*m. pl.*) (nautiques)	*déziski (notike)*
bastão (hóquei)	une crosse	*üne króse*
prancha de surfe	une planche de surf	*üne planxe de sürf*

Fazendo um Convite

A previsão do tempo para amanhã está perfeita para as pessoas que gostam de praticar esportes. Por que não pegar o telefone e convidar alguém para ir com você para o lugar apropriado a fim de fazer uma caminhada, esquiar, correr, andar de skate, fazer escalada, ou mergulhar? Memorize os verbos irregulares *vouloir* (querer) e *pouvoir* (poder) para que possa estender o convite rapidamente.

Um "Sim" Bem-educado

Quer você tenha sido convidado para participar de uma atividade esportiva ou um passeio, visitar um museu, ou simplesmente ir para a casa de alguém, as frases na tabela abaixo o ajudarão a, amavelmente, aceitar o convite feito a você.

Aceitando um Convite

Frase	Francês	Pronúncia
Com prazer.	Avec plaisir.	avek plézir
Naturalmente.	Bien entendu. Bien sûr.	biaN naNtaNdü biaN süre

Continua

Aceitando um Convite (continuação)

Frase	Francês	Pronúncia
É uma boa ideia.	C'est une bonne idée.	*sé tüne bón idê*
Ótimo!	Chouette!	*xuéte*
De acordo.	D'accord.	*dakór*
E como! Pode apostar!	Et comment!	*é komaN*
Não há nenhuma dúvida sobre isto.	Il n'y a pas d'erreur.	*il ni a pá dérêur*
Por que não?	Porquoi pas?	*purkuá pá*
Se você quiser.	Si tu veux (vous voulez).	*si tü vêu (vu vulê)*
De bom grado!	Volontiers!	*voloNtiê*

Uma Recusa e uma Desculpa

E se não for possível ir a um evento devido a algum compromisso ou uma obrigação anterior? Ou talvez você queira ficar sozinho. É possível recusar um convite sem ferir os sentimentos de alguém ao lamentar ou dar uma desculpa. Você pode usar uma das expressões da tabela abaixo:

Recusando um Convite

Frase	Francês	Pronúncia
É impossível.	C'est impossible.	*sé taNposible*
Não estou com vontade.	Je n'ai pas envie.	*je na pa zaNvi*
Eu não posso.	Je ne peux pas.	*je ne pêu pá*
Eu não estarei livre.	Je ne suis pas libre.	*je ne süi pá libre*
Eu não gostaria.	Je ne voudrais pas.	*je ne vudré pá*
Desculpe-me.	Je regrette. Je suis désolé (e).	*je regréte je süi dêzolê*
Eu estou cansado.	Je suis fatigué (e).	*je süi fatigê*
Eu estou ocupado.	Je suis occupé (e).	*je süi zoküpê*

"Eu Não me Importo Mesmo"

Todos nós temos dias em que nos sentimos bastante indecisos. Uma hora ficamos super entusiasmados sobre uma ideia e, no próximo minuto, não queremos nem ao menos contemplá-la. Se não consegue decidir-se ou está indiferente a uma ideia, você poderá usar uma destas frases.

Exprimindo Indiferença ou Indecisão

Frase	Francês	Pronúncia
Depende.	Ça dépend.	*sa depaN*
Dá no mesmo para mim.	Ça m'est égal.	*sa me têgal*
O que você quiser.	Comme tu veux (vous voulez).	*kóme tü vêu (vu vulê)*
Sinceramente eu não sei.	Je ne sais pas trop.	*je ne sé pá trô*
Talvez. Pode ser.	Peut-être.	*pêu têtre*

Outras Coisas para Fazer

Talvez o esporte não seja parte de sua agenda. Tudo bem, porque você pode ir atrás de muitas outras atividades para se divertir. As frases nesta tabela darão a você as ferramentas para fazer muitas outras sugestões desafiadoras.

Lugares para Ir e Coisas para Fazer

Lugar	*Le lieu*	Atividade	*L'activité*
balé	aller au ballet	ver os dançarinos	voir les danseurs
praia	aller à la plage	nadar, tomar banho de sol	nager, prendre un bain de soleil
cassino	aller au casino	jogar	jouer
show	aller au concert	ouvir a orquestra	écouter l'orchestre
discoteca	aller à une discothèque	dançar	danser

Continua

Parte 3: Hora da Diversão

Lugares para Ir e Coisas para Fazer (continuação)

Lugar	Le lieu	Atividade	L'activité
caminhada	faire une randonnée	ver os pontos turísticos	voir les sites pittoresques
shopping center	aller au centre commercial	ver as vitrines	faire du lèche-vitrines
cinema	aller au cinéma	assistir um filme	voir un film
ópera	aller à l'opéra	ouvir os cantores	écouter les chanteurs
ficar no seu quarto	rester dans sa chambre	jogar cartas	jouer aux cartes

Você Vai se Juntar a Nós?

Digamos que você recebeu uma tonelada de convites. Um amigo gostaria que você fosse ver vitrines, enquanto que outro insiste para que vá surfar. Os planos para a noite também estão conflitantes: seu marido quer ir ao cinema, mas sua filha está louca para ir a uma discoteca. E como se isso não fosse o suficiente, uns colegas de trabalho a convidaram para passar a noite na ópera! Formule uma resposta para todos esses convites usando as frases que aprendeu até agora.

1. fazer compras
2. surfar
3. cinema
4. discoteca
5. ópera

No Litoral

Alguma vez você já chegou à piscina ou à praia só para perceber que se esqueceu do bronzeador ou de algum outro item importante? Seu dia pode ser arruinado sem necessidade. Então, lembre-se de carregar os itens descritos na tabela abaixo para um dia agradável ao sol.

Coisas de Praia

Item	L'article	Pronúncia
bola de praia	un ballon de plage	*aN baloN de plaje*
cadeira de praia	une chaise longue	*üne xéze loNge*
toalha de praia	un drap de bain	*aN dra de beN*

Item	L'article	Pronúncia
isopor (para bebidas)	une glacière portative	üne glasiére portative
óculos de sol	des lunettes de soleil (f. pl.)	dé lünéte de soléi
loção bronzeadora	la lotion solaire	la losioN solére
óleo bronzeador	l'huile solaire (f.)	lüile solére

No Cinema e na TV

Você anseia por um relaxamento tranquilo? O tempo está ruim? Você está com vontade de fugir de tudo e de todos? Sempre há um cinema ou uma TV. Parece que a TV a cabo invadiu o planeta e pode acomodar qualquer um que precise de algumas horas despreocupadas na sala. Então, se você quiser que algo o divirta, consulte a tabela a seguir para ver as possibilidades.

Que tipo de filme está passando?	O que tem na televisão?
On passe quel genre de film?	Qu'est-ce qu'il y a à la télé?
oN pase kél jaNre de film	kése kil ia a la têlê

Filmes e Programas de TV

Gênero	Le genre	Pronúncia
filme de aventura	film d'action	aN film davaNtüre
desenho animado	un dessin animé, film d'animation	aN déseN animê
comédia	comédie	aN film komike
história de detetive/ mistério	un film policier	aN film polisiê
documentário	un documentaire	aN dokümaNtére
drama	un drame	aN drame
programa de jogos	un jeu	aN jêu
filme de terror	un film d'horreur	aN film dórêur
história de amor	un film d'amour, un film romantique	aN film damur, aN film romantike
notícias	les informations (f.)	lé zaNformasioN
filme de ficção científica	un film de science-fiction	aN film de siaNse fiksioN
novela	un feuilleton (mélodramatique)	aN fêuiétoN (mêlodramatike)
filme de espionagem	film d'espionnage	film despionaje
programa de entrevistas	une causerie	üne kozeri
previsão do tempo	la météo	la mêtêô
faroeste	un western	aN uestern

O Que Você Achou?

Use estas frases para expressar que gostou de um filme ou um programa.

Eu amei!
J'adore!
jadóre

É um bom filme.
C'est un bon filme.
sé taN boN filme

É divertido!
C'est amusant!
sé tamuzaN

É ótimo!
C'est génial!
sé jênial

É comovente!
C'est émouvant!
sé têmuvaN

É original!
C'est original!
sé torijinal

Se não estiver entusiasmado com o programa, tente estas frases:

Eu odeio!	É um filme ruim.	É um fracasso!
Je déteste!	C'est un mauvais film.	C'est un navet!
je dêteste	*sé taN mové film*	*sé taN navé*

É um lixo!	É a mesma coisa de sempre!	É muito violento!
C'est bidon!	C'est toujours la même chose!	Cést trop violent!
sé bidoN	*sé tujur la méme xoze*	*sé trô violaN*

Eu Acho...

Usando o vocabulário que aprendeu, dê sua opinião sobre os seguintes tipos de filmes.

1. história de amor
2. filme de ficção científica
3. filme de terror
4. filme policial
5. mistério
6. desenho animado

Faça uma Caminhada

Com tanta ênfase dada à boa forma física hoje em dia, muitas pessoas acham gratificante sair para uma caminhada. A próxima tabela o ajudará a identificar o que poderá encontrar ao longo do caminho, quer você faça uma caminhada de lazer, um passeio a pé ou um tour pela cidade.

A Natureza Chama

Português	Francês	Pronúncia
ponte	le pont	*le poN*
fazenda	la ferme	*la ferme*
campo	les champs (*m.*)	*lé xaN*
flores	les fleurs (*f.*)	*lé flêur*
floresta	la forêt	*la foré*
lago	le lac	*le lak*

Continua

Parte 3: Hora da Diversão

A Natureza Chama (continuação)

Português	Francês	Pronúncia
paisagem	le paysage	*le peizaje*
lua	la lune	*la lüne*
montanha	les montagnes (f.)	*lé montanhe*
oceano	l'océan (m.)	*losêaN*
céu	le ciel	*le siél*
estrelas	les étoiles (f.)	*lé zêtuale*
riacho	le ruisseau	*le rüisô*
árvores	les arbres (m.)	*lé zarbre*
vale	la vallée	*la valê*
vista	la vue	*la vu*
vilarejo	le village	*le vilaje*
cachoeira	la cascade	*la kaskade*
mata	les bois	*lé buá*

No Concerto

Um amigo o convidou para ir ao L'Opéra em Paris, mas você está em dúvida quanto à ida. Embora você esteja familiarizado com alguns compositores franceses e o trabalho deles (*Carmem* de Bizet é a sua ópera favorita), você está com medo de não conseguir manter uma conversa até o fim. Os nomes dos instrumentos contidos na tabela a seguir deverão ajudá-lo a expressar suas ideias.

Instrumentos Musicais

Instrumento	Francês	Pronúncia
violoncelo	le violoncelle	*le violoNséle*
clarinete	la clarinette	*la klarinéte*
tambor	le tambour	*le taNbur*
bateria	la batterie	*la bateri*
flauta	la flûte	*la flüte*

Instrumento	Francês	Pronúncia
violão	la guitare	*la gitare*
harpa	la harpe	*la arpe*
oboé	le hautbois	*le obuá*
piano	le piano	*le pianô*
flautim	le piccolo	*le pikolô*
saxofone	le saxophone	*le saksofone*
trombone	le trombone	*le troNbone*
trompete	la trumpette	*la traNpéte*
violino	le violon	*le violoN*

Jouer à versus *Jouer de*

Em francês, o verbo *jouer* significa *"jogar"*. Quando esse verbo é seguido pela preposição *de* + um artigo definido (*du, de la, de l', des*), *jouer* refere-se a tocar um instrumento musical.

Il joue du piano.
il ju dü piano
Ele toca piano.

Elle joue de la flûte.
éle ju de la flüte
Ela toca flauta.

Quando quiser se referir a esportes ou jogos (tais como cartas ou jogos de tabuleiros), *jouer* é seguido de *à* + o artigo definido (*au, à la, à l', aux*):

Ils jouent au tennis.
il ju ô tenis
Eles jogam tênis.

Elles jouent aux cartes.
éle ju ô karte
Elas jogam cartas.

Você É Bom Nisso?

Sempre usamos os advérbios para descrever o modo como uma pessoa faz alguma coisa. Por exemplo: "Ele toca violoncelo *lindamente*". Como em português, em francês, os advérbios são usados para o mesmo propósito, e também têm, em geral, terminação semelhante a do português : *-ment*.

Forme advérbios adicionando *-ment* à forma singular masculina dos adjetivos que terminam em vogal. Caso a forma masculina do adjetivo termine em

Parte 3: Hora da Diversão

consoante, mude primeiro para a forma feminina e, depois, adicione *-ment*. Isto funciona bastante bem, desde que identifique a letra apropriada no final do adjetivo e se lembre das formas femininas. As tabelas abaixo demonstram como é fácil.

Advérbios Formados a partir de Adjetivos Masculinos

Adjetivo Masculino	Advérbio	Significado
facile	facilement	facilmente
passionné	passionnément	entusiasmadamente
probable	probablement	provavelmente
rapide	rapidement	rapidamente
sincère	sincèrement	sinceramente
vrai	vraiment	verdadeiramente

Il parle sincèrement.
il parle seNséremaN
Ele fala sinceramente.

Advérbios Formados a partir de Adjetivos Femininos

Adjetivo Masculino	Adjetivo Feminino	Advérbio	Significado
lent	lente	lentement	lentamente
certain	certaine	certainement	certamente
seul	seule	seulement	somente
actif	active	activement	ativamente
complet	complète	complètement	completamente
continuel	continuelle	continuellement	continuamente
doux	douce	doucement	suavemente
fier	fière	fièrement	orgulhosamente
franc	franche	franchement	francamente
sérieux	sérieuse	sérieusement	seriamente

Ils marchent lentement
il marxe laNtemaN
Eles andam lentamente.

Advérbios Irregulares

Adjetivo Masculino	Adjetivo Feminino	Advérbio	Significado
bref	brève	brièvement	brevemente
gentil	gentille	gentiment	amavelmente

Elle répond gentiment.
éle rêpoN jaNtimaN
Ela responde amavelmente.

Exceções à Regra

A vida seria tão mais simples se não houvesse tantas exceções à regra. Entretanto, isso não é o que acontece com os advérbios em francês. Felizmente, as irregularidades são fáceis de entender e não devem apresentar quaisquer dificuldades no que concerne a sua formação.

Como demonstrado na tabela a seguir, alguns advérbios são formados mudando o *e* átono do adjetivo para *é* antes da terminação adverbial -*ment*.

Quando formar advérbios, atente para os adjetivos irregulares.

Mais Advérbios Irregulares

Adjetivo	Advérbio	Significado
énorme	énormément	enormemente
intense	intensément	intensamente
précis	précisément	precisamente
profond	profondément	profundamente

Tu travailles intensément.
tü travái aNtaNsemaN
Você trabalha intensamente.

260 **Parte 3: Hora da Diversão**

Adjetivos terminados em *-ant* e *-ent* derivam advérbios que terminam em *-amment* e *-emment*, respectivamente, como mostra a tabela a seguir.

Advérbios Ainda Mais Irregulares

Adjetivo	Advérbio	Significado
constant	constamment	constantemente
courant	couramment	fluentemente
différent	différemment	diferentemente
évident	évidemment	evidentemente
récent	récemment	recentemente

Ils ont déménagé récemment.
il zoN dêmênajê rêsamaN
Eles se mudaram recentemente.

Tenha cuidado com os advérbios na tabela abaixo; os advérbios têm formas distintas de seus adjetivos.

Advérbios Muito Irregulares

Adjetivo	Advérbio
bon (*boN*) bom	bien (*biaN*) bem
mauvais (*mové*) mau	mal (*mal*) mal
meilleur (*méiêur*) melhor	mieux (*miêu*) melhor
petit (*peti*) pouco	peu (*pêu*) pouco

Elle est petite et elle mange peu.
éle é petite é éle maNje pêu
Ela é pequena e come pouco.

Ils sont de bons musiciens, et ils jouent bien de la guitarre.
il soN de boN müzisieN é il ju biaN de la gitáre
Eles são bons músicos e tocam violão bem.

Alguns advérbios e algumas expressões adverbiais não são formados por adjetivos, e, consequentemente, não terminam em *-ment*. A tabela a seguir apresenta os advérbios mais comuns que seguem esta regra. Essas palavras familiares e de alta frequência são bastante úteis nas conversas do dia a dia.

> **Intensificador de Memória**
>
> Se você não conseguir pensar em um advérbio ou ele não existir, use as frases *d'une façon* (*düne fsoN*) ou *d'une manière* (*düne maniére*), que significam "de maneira", "de forma", "de certa forma".

Advérbios e Expressões Adverbiais Não Formados a partir de Adjetivos

Advérbio	Pronúncia	Significado
alors	*alór*	então
après	*apré*	depois
aussi	*osi*	também
beaucoup	*bôku*	muito
bientôt	*biaNtô*	logo
comme	*kóme*	como
d'habitude	*dabitüde*	sempre, geralmente
déjà	*dêjá*	já
encore	*aNkore*	ainda, de novo
enfin	*aNfeN*	finalmente
ensemble	*aNsaNble*	junto
ensuite	*aNsüite*	então, após
ici	*isi*	aqui
là	*la*	lá, aqui
loin	*luaN*	longe
longtemps	*loNtaN*	há muito tempo
maintenant	*meNtenaN*	agora
même	*méme*	mesmo, até
moins	*muaN*	menos

Continua

Advérbios e Expressões Adverbiais Não Formados a partir de Adjetivos (continuação)

Advérbio	Pronúncia	Significado
parfois	*parfuá*	algumas vezes
plus	*plü*	mais
prés	*pré*	perto
presque	*préske*	quase
puis	*püí*	então
quelquefois	*kélkefuá*	algumas vezes
si	*si*	tão
souvent	*suvaN*	frequentemente
tard	*tar*	tarde
tôt	*tô*	logo, cedo
toujours	*tujur*	sempre
tout	*tu*	bastante, totalmente
tout à coup	*tu ta ku*	de repente
tout à fait	*tu ta fé*	totalmente
tout de suite	*tu de süite*	imediatamente
très	*tré*	muito
trop	*trô*	demais
vite	*vite*	rápido

Posição dos Advérbios

Normalmente, você deve colocar os advérbios depois dos verbos que eles modificam. Entretanto, algumas vezes, a posição dos advérbios varia.

Normalmente ele joga futebol bem.
D´habitude il joue bien au football.
dabitüde il ju biaN ô futból

Ele joga futebol muito bem.
Il joue très bien au futebol.
il ju tré biaN ô futból

Capítulo 18: Jogos e Diversão · 263

> ### O Que Você Faz Bem?
>
> Como estão seus dotes culinários? Você consegue cantarolar uma melodia? Você tem os pés leves ou pisa nos dedos do seu parceiro na pista de dança? Cada um de nós tem um desempenho que varia de acordo com nossas habilidades individuais. Expresse como você executa as seguintes tarefas usando os advérbios.
>
> *Exemplo :* parler anglais   Je parle anglais couramment.
>
> 1. parler français
> 2. jouer du piano
> 3. jouer au golf
> 4. cuisiner (cozinhar)
> 5. travailler
> 6. chanter

Respostas

Encontro Você Lá

1. Tu peux faire du tennis. Tu veux aller au court.
2. Nous pouvons faire du golf. Nous voulons aller au parcours.
3. Vous pouvez faire de la pêche. Vous voulez allez à la mer.
4. Elle peut faire du baseball. Elle veut aller au stade.
5. Ils peuvent faire du patin. Ils veulent aller à la patinoire.

Fazendo o Convite

1. Tu veux aller à la montagne?
2. Vous voulez aller à la piste de ski.
3. On va au sentier?
4. Allons à la patinoire.
5. Allons à la montagne.
6. Ça te dit d'aller à la mer?

Você Vai se Juntar a Nós?

Respostas Sugeridas:

C'est chouette.

Ça dépend.

Je n'ai pas envie.

Je regrette.

C'est une bonne idée.

Eu Acho...

Respostas Sugeridas:

C'est émouvant

C'est un bon film.

Je déteste

C'est amusant.

C'est bidon

C'est toujours la même chose.

O Que Você Faz Bem?

Respostas Sugeridas:

1. Je parles bien français.
2. Je joue mal du piano.
3. Je joue bien au golf.

4. Je cuisine parfaitement bien.
5. Je travaille dur.
6. Je chante beaucoup.

Parte 4
Tempo Livre: Problemas

Ninguém gosta de ter problemas, especialmente quando estiver viajando em um país estrangeiro. Infelizmente, os pequenos aborrecimentos da vida parecem surgir nas horas mais inoportunas. Na Parte 4, você aprenderá a lidar com inconveniências que interferem na sua rotina e ameaçam arruinar seus melhores momentos.

Os problemas menos importantes – esquecer a escova de dente, rasgar uma peça de roupa, acabar a bateria da câmera, gastar toda a sola do sapato, fazer uma ligação telefônica ou enviar uma carta ou um pacote – são de fácil solução. Outras situações são mais sérias e exigem conhecimento mais avançado do idioma para serem resolvidas rapidamente: uma doença, lente de contato partida, óculos quebrados ou receita médica esquecida. A parte 4 discute uma grande variedade de possíveis problemas e cobre as expressões necessárias para lidar com eles o mais fácil e rapidamente possível.

Capítulo 19

Casaco Rasgado? Óculos Quebrados? – Serviços Pessoais

Neste Capítulo

- Serviços pessoais
- Problemas e soluções
- Entendendo pronomes enfáticos
- Fazendo comparações

Você está viajando e aproveitando muito a viagem. De repente, surge um problema que não pode esperar: a raiz do seu cabelo pintado cresceu em tempo recorde, você derramou mostarda na sua camisa de seda branca nova, suas lentes de contato partiram, o salto do seu sapato quebrou ou seu filho de 5 anos deixou sua câmera cair e as lentes se despedaçaram. Você não está em casa e não sabe o que fazer. Pergunte ao concierge do hotel ou consulte *les pages jaunes* (*lé paje jône*; as páginas amarelas).

Não se preocupe, os franceses têm técnicos especialistas competentes; tudo o que tem a fazer é saber o que dizer para contratar o serviço. Este capítulo facilitará essa tarefa.

Mudando a Aparência

Você está de férias e sem compromisso com nada; o céu é o limite. Você passa por um salão de cabeleireiro e é atingido por uma súbita vontade de voltar para casa com uma nova aparência. Por que não ousar? Você está em Paris, o centro mundialmente famoso da *haute couture* (alta costura e moda). Você pensa em um "você" mais inebriante e este é o lugar certo para uma transformação.

No passado, os homens frequentavam *chez le coiffeur* (o barbeiro), enquanto as mulheres estavam acostumadas a ir *au salon de beauté* (ao salão de beleza). Hoje em dia, esses estabelecimentos se tornaram mais ou menos unissex, com homens e mulheres exigindo mais ou menos os mesmos serviços. Para conseguir o que quer, simplesmente peça o seguinte:

Você poderia me dar...	Eu gostaria...	Por favor
Pourriez-vous me donner ...	Je voudrais ...	S'il vous plaît
puriê vu me donê	*je vudré*	*sil vu plé*

Os salões atuais proporcionam os serviços listados na tabela abaixo.

Cuidados com o Cabelo

Termo	Francês	Pronúncia
corte reto	une coupe au carré	*üne kupe ô karê*
tintura (vegetal)	une teinture (végétale)	*üne teNtüre vêjêtale*
massagem facial	un massage facial	*aN masaje fasial*
corte de cabelo	une coupe de cheveux	*üne kupe de xevêu*
reflexos	des reflets (*m.*)	*dé reflé*
corte em camadas	une coupe dégradée	*üne kupe dêgradê*
manicure	une manucure	*üne manüküre*
pedicure	une pédicure	*üne pêdikürí*
permanente	une permanente	*üne permanaNte*
rinsagem	un rinçage	*aN reNsaje*
penteado	une mise en plis	*üne mi zoNplí*
lavar	un shampooing	*aN xaNpuaN*
aparar	une coupe	*üne kupe*
depilação à cera	une épilation	*ün êpilasioN*

Capítulo 19:   Casaco Rasgado? Óculos Quebrados? – Serviços Pessoais   269

A tabela abaixo contém as expressões necessárias para obter outros serviços. Comece o seu pedido com a seguinte frase:

Você poderia, por favor, ...?
Pourriez-vous ..., s'il vous plaît?
puriê vu ..., sil vu plé

Outros Serviços no Salão

Serviço	Francês	Pronúncia
secar os cabelos	me sécher les cheveux	*me sêxê lé xevêu*
frisar meu cabelo	me friser les cheveux	*me frizê lé xevêu*
fazer minha barba, meu bigode	me raser la barbe, la moustache	*me razê la barbe, la mustaxe*
alisar meu cabelo	me défriser les cheveux	*me dêfrizê lá xevêu*
aparar minha franja	me tailler la frange	*me taiê la fraNje*
aparar minha barba, minhas costeletas	me tailler la barbe, les pattes	*me taiê la barbe lé pate*

Já é bastante difícil obter o corte e estilo que deseja quando não há barreira linguística com a qual lidar. Imagine os desastres que poderiam ocorrer na sua pobre cabeça em um país estrangeiro! As frases a seguir o ajudarão a expressar com clareza suas preferências de estilo e cor:

Prefiro meu cabelo...
Je préfère mes cheveux...
je prêfére me xevêu

castanho avermelhado	castanho escuro	ruivo
auburn, châtain clair	châtains	roux
obürn, xateN klér	*xateN*	*Ru*
preto	cacheados	curto
noirs	bouclés	courts
nuar	*buklê*	*kur*
loiro	comprido	liso
blonds	longs	raides (lisses)
bloN	*loN*	*réde (lise)*

escuro	comprimento médio	ondulado
bruns	mi-longs	frisés
braN	*mi-loN*	*frizê*

Prefiro...	a mesma cor
Je préfère ...	la même couleur
je prêfére	*la méme kulêur*

uma cor mais escura	uma cor mais clara
une teinte plus foncée	une teinte plus claire
üne teNte plü foNsê	*üne teNte plü klére*

Você é alérgico a algum produto ou a alguma substância química específica? É sensível a odores? Você odeia quando o seu cabelo fica ressecado? Caso não goste de certos produtos para o cabelo, não se intimide. Diga isso ao cabeleireiro:

Não use nenhum..., por favor.
Ne mettez pas de (d')..., s'il vous plaît.
ne metê pá de (d')... sil vu plé

condicionador
après-shampooing (*m.*), shamppoing démelant (*m.*)
apré xaNpuaN, xaNpuaN dêmelaN

gel	laquê	mousse
gel coiffant (*m.*)	laque (*f.*)	mousse coiffante (*f.*)
jél kuafaN	*lake*	*muse kuafaNte*

loção	xampu
lotion (*f.*)	shampooing (*m.*)
losioN	*xaNpuaN*

Problemas e Soluções

Algumas frases serão muito úteis quando estiver procurando determinados serviços ou precisando consertar alguma coisa. Use as frases abaixo na tinturaria, no sapateiro, oftalmologista, joalheiro ou em uma loja de fotografias:

A que horas vocês abrem?	A que horas vocês fecham?
Vous êtes ouvert à quelle heure?	Vous fermez à quelle heure?
vu zé tuvér a kélêur	*vu fermê a kélêur*

Capítulo 19:   Casaco Rasgado? Óculos Quebrados? – Serviços Pessoais   271

Quais dias vocês abrem? Fecham?
Vous êtes ouvert (vous fermez)
  quels jours?
vu zé tuvér (vu fermê) kéle jur

Você pode consertar ... para mim?
Pouvez-vous me réparer ...?
puvê vu me rêparê ...

Você pode consertá-lo (la/las/los) hoje?
Pouvez-vous le/la (les) réparer
  aujourd'hui?
puvê vu le/la (lé) rêparê

Pode me dar o recibo?
Puis-je avoir un reçu?
püí je avuár aN resü

Você pode consertá-lo (la/las/los) temporariamente (enquanto espero)?
Pouvez-vous le/la (les) réparer provisoirement (pendant que j'attends)?
puvê vu le/la (lé)rêparê provizuarmaN (paNdaN ke jataN)

Na Tinturaria

Você já desarrumou as malas. Sua calça azul está amarrotada, parecendo
que você dormiu com ela e sua jaqueta marrom tem uma mancha feia
na manga que você não notou quando a colocou na mala. Não se aflija.
É possível livrar-se de manchas, sujeiras, rasgos e amarrotados *à la
teinturerie* (na tinturaria) se souber como explicar o seu problema e pedir
o serviço necessário.

Qual o problema? Há...
Quel est le problème? Il y a...
kélé le probléme? iliá...

um buraco
un trou
aN tru

um botão a menos
un bouton qui manque
aN butoN ki maNke

uma mancha
une tache
üne taxe

um rasgão
une déchirure
üne dêxirüre

Agora que você explicou o problema, diga o que quer que eles façam:

Você pode lavar (a seco) este/esta/estes/estas ... para mim?
Vous pouvez me nettoyer (à sec) ... ce/cette/cet (ces) ...?
vu puvê me netuaiê (a sék) se/séte/set/sé ...

lavar (a seco)
nettoyer (à) sec
netuaiê (a) sék

consertar
réparer
rêparê

passar	engomar
repasser	amidonner
repasê	*amidonê*

remendar	cerzir
faire recoudre	tisser
fére rekudre	*tisê*

Você pode consertar essa calça para mim?
Vous pouvez me réparer ce pantalon?
vu puvê me rêparê se pantaloN

Caso esteja contratando um serviço para outra pessoa, use o objeto indireto apropriado: *te* (você), *lui* (ele, ela), *nous* (nos), *vous* (vocês), *leur* (eles, elas):

Você pode cerzir este casaco para ele (ela)?
Vous pouvez *lui* tisser ce manteau?
vu puvê lüí tisê se maNtô

Use o verbo *faire* (fazer) antes de um infinitivo para dizer que quer que eles façam alguma coisa para você mesmo:

Eu gostaria que você lavasse a seco o meu terno.
Je voudrais faire nettoyer à sec mon costume.
je vudré fére netuaiê a sék moN costume

Na Lavanderia

Se já tem uma pilha de roupa suja e não se importa de lavá-la, você pode tentar encontrar *la blanchisserie* ou *la laverie automatique* (lavanderia automática). Use as seguintes frases para obter as informações de que precisa:

Gostaria de lavar as minhas roupas.
Je voudrais laver mes vêtements.
je vudré lavê me vétemaN

Gostaria que lavassem as minhas roupas.
Je voudrais faire laver mes vêtements.
je vudré fére lavê me vétemaN

Você está com vergonha porque alguém irá ver suas roupas sujas ou talvez receie que um funcionário inexperiente possa estragar sua camisa de seda nova. Caso queira, você mesmo, lavar as suas roupas, as frases abaixo podem ajudá-lo bastante:

Capítulo 19: Casaco Rasgado? Óculos Quebrados? – Serviços Pessoais **273**

Há alguma máquina de lavar (secadora) disponível?
Y a-t-il une machine à laver (un séchoir) libre?
I atil üne Maxine a lavê (aN sêxuar) libre

Onde posso comprar sabão (amaciante)?
Où puis-je acheter de la lessive (de l'assouplissant)?
u püije axetê de la lesive (de lasuplisaN)

No Sapateiro

Digamos que você caminhou tanto que gastou as solas dos sapatos. Ou
talvez você tenha arrebentado um cadarço do seu sapato ou, simplesmente,
gostaria do sapato engraxado. As frases abaixo o ajudam a descrever o seu
problema *chez le cordonnier* (no sapateiro):

Você pode consertar ... para mim?
Pouvez-vous me réparer ...?
puvê vu me rêparê ...

estes sapatos
ces chaussures
sé xosüre

este salto
ce talon
se talon

estas botas
ces bottes
sé bote

esta sola
cette semelle
sete seméle

Vocês vendem cadarços?
Vendez-vous des lacets?
vaNdê vu dé lasé

Gostaria de uma graxa.
Je voudrais un cirage.
je vudré aN siraje

No Oculista

O que poderia ser mais irritante do que perder ou partir as lentes de contato
ou quebrar ou perder os óculos enquanto estiver fora de casa? Para aqueles
que dependem desses corretivos óticos, as frases a seguir poderiam, algum
dia, ser bastante úteis *chez l'opticien* (no oculista):

A lente (A armação) quebrou.
Le verre (La monture) est cassé(e).
le vére (la moNtüre) é kasê

Parte 4: Tempo Livre: Problemas

Você pode consertar esses óculos para mim?
Pouvez-vous me réparer ces lunettes?
puvê vu me rêparê sé lünete

Você pode substituir esta lente de contato?
Pouvez-vous remplacer cette lentille (ce verre) de contact?
puvê vu raNplasê séte laNti i (se vére) de koNtakt

Vocês têm lentes progressivas?
Avez-vous des verres progressifs?
ave vu dé vére progresif

Vocês vendem óculos de sol?
Vendez-vous des lunettes de soleil?
vaNdê vu dé lünete de solei

Na Joalheria

Caso seu relógio tenha parado ou não esteja funcionando como deveria, pode ser que precise levá-lo para ser consertado *chez le bijoutier* (joalheiro) antes de voltar para casa.

Você pode consertar este relógio?
Pouvez-vous réparer cette montre?
puvê vu rêparê séte moNtre

Meu relógio não está funcionando.
Ma montre ne marche pas.
ma moNtre ne marxe pá

Meu relógio está adiantando (atrasando).
Ma montre avance (retarde).
ma moNtre avaNse (retarde)

Você vende pulseiras (baterias)?
Vendez-vous des bandes (des piles)?
vaNdê vu dé bande (dé pile)

Na Loja de Fotografia

Para muitas pessoas, férias não são férias a menos que sejam registradas em filme. Se precisar ir a *le magasin de photographie* (uma loja de filmes ou fotografias) em um país de língua francesa, os termos contidos na tabela abaixo serão bastante úteis.

Termo	Francês	Pronúncia
vídeo gravadora	un caméscope	*aN kamêskope*
uma câmera	un appareil-photo	*aN naparéi fotô*
uma câmera digital	un appareil photo numérique	*aN naparéi fotô nümêrike*

Capítulo 19: Casaco Rasgado? Óculos Quebrados? – Serviços Pessoais 275

Termo	Francês	Pronúncia
um cartão de memória	une carte mémoire	*üne karte mêmuar*
filme	un film	*aN film*

Se precisar de algo específico, você pode perguntar o seguinte:

Gostaria de revelar estas fotos.
Je voudrais faire développer cettes photos.
je vudré fére dêvelopê sete fotô

Preciso de uma bateria nova (um cartão de memória).
Il me faut une novelle pile (une carte de mémoire).
il me fô üne nuvéle pile (üne karte de mêmuar)

Vocês vendem acessórios para câmeras digitais?
Vendez-vous des accessoires pour les appareils photos numériques?
vaNdê vu dé zaksésuar pur lé zaparéi fotô nümêrike

Quais?
Lesquels?
lékél

Na Loja de Música

Você gosta tanto de música quanto eu? Bem, se for como eu, você não vai a nenhum lugar sem o seu iPod. As frases abaixo serão muito úteis caso precise de ajuda com o seu iPod ou qualquer outra coisa *au magasin multimédia* (na loja de música):

Vocês vendem acessórios para iPod (leitores digitais de música)?
Vendez-vous des accessoires pour les iPod (les baladeur numérique)?
vaNdê vu dé zaksesuar pur les iPod (lé baladêur numêrike)

Quais?	Preciso de...
Lesquels?	Il me faut...
lékél	*il me fô*
uma base	cabos
une station d'accueil	des câbles
üne stasioN d'akéie	*dé kable*
uma braçadeira	fones de ouvido
un brassard	des écouteurs
aN brasar	*dé zêkutêur*

Outros Serviços

Além do sapateiro, da loja de fotografia e do cabeleireiro, pode ser que, às vezes, você precise de outros serviços especiais. Você pode, por exemplo, precisar encontrar o seu consulado para comunicar a perda de um passaporte. Ou, talvez, pode ser que sua bolsa seja roubada e você precise fazer um boletim de ocorrência na polícia. Você pode até requisitar um tradutor para certificar-se de que não terá maiores problemas. As frases abaixo devem ajudar:

Onde é...	...a delegacia de polícia?
Où est...	...le commissariat de police?
u é...	*...le komisariá de polise*
...o consulado brasileiro?	...a embaixada brasileira?
...le consulat brésilien?	...l'ambassade brésilienne?
...le konsülá brêzilieN	*...laNbasade brêziliéne*
Perdi...	meu passaporte.
J'ai perdu...	mon passeport.
jé perdü...	*mon pasepor*
minha carteira.	Socorro!
mon portefeuille.	Ausecours!
moN portefêuie	*ô sekur*
Preciso de um intérprete.	Me ajude, por favor.
Il me faut un interprète.	Aidez-moi, s'il vous plaît.
il me fô taN naNterpréte	*édê muá sil vu plé*
Alguém aqui fala português?	
Y a-t-il quelqu'un qui parle portugais?	
i a til kélkaN ki parle portügé	

Dando Ênfase

Pronomes enfáticos são assim denominados por serem usados para enfatizar um determinado fato. Pronomes enfáticos podem enfatizar ou substituir certos substantivos ou pronomes, ou podem ser usados após preposições. Enquanto em português normalmente adicionamos ênfase usando alteração de voz ("*Eu* estou saindo"), os franceses geralmente adicionam um pronome

Capítulo 19: Casaco Rasgado? Óculos Quebrados? – Serviços Pessoais

para expressar ênfase (*"Moi, je pars"*). Esse conceito parece mais confuso do que realmente é. A tabela abaixo mostra os pronomes pessoais com seus pronomes enfáticos correspondentes.

Pronomes Enfáticos

Pronomes Sujeito	Ênfase	Significado	Pronomes Sujeito	Ênfase	Significado
Singular			*Plural*		
(je)	moi(*muá*)	eu, me	(nous)	nous(*nu*)	nós, nos
(tu)	toi(*tuá*)	você (*inf.*)	(vous)	vous(*vu*)	os senhores (*form.*)
(il)	lui(*lüí*)	ele	(ils)	eux(*êu*)	eles
(elle)	elle(*éle*)	ela	(elles)	elles(*éle*)	elas
(on)	soi(*suá*)	se			

Use pronomes enfáticos nas seguintes situações:

Quando quiser enfatizar o sujeito:

Moi, je veux parler au propiétare.
muá, je vêu parlê ô propriêtére
Eu, eu quero falar com o proprietário.

Lui, il a fait une faute.
lüí, il a fé tüne fôte
Ele, ele fez um erro.

Após *ce + être* (sou, é, somos, são):

Qui est-ce? C'est moi.
ki ése? sé muá
Quem é? Sou eu.

C'est lui qui répare les montres.
sé lüí ki rêpare lé moNtre
É ele que conserta os relógios.

Quando o pronome não tem verbo:

Qui est la propriétaire? Elle.
ki é la propriêtére? éle
Quem é o proprietário? Ela.

Em sujeitos compostos:

Anne et eux vont chez le coiffeur.
ane ê êu voN xê le kuafêur
Anne e eles vão ao cabeleireiro.

Parte 4: Tempo Livre: Problemas

Se um dos pronomes enfáticos for *moi*, o pronome sujeito *nous* é usado (pois alguém + eu = nós), mas não precisa, necessariamente, estar explícito na frase:

Henri et moi, nous allons chez l'opticien.
Henri et moi allons chez l'opticien.
Henri e eu vamos ao oculista.

Se um dos pronomes enfáticos for *toi*, o sujeito *vous* é usado (pois alguém + você = vocês), mas ele não precisa, necessariamente, estar explícito na frase:

Guy et toi, vous allez chez le cordonnier.
Guy et toi allez chez le cordonnier.
Guy e você irão ao sapateiro.

Após uma preposição que se refere a uma pessoa ou pessoas:

Je vais chez toi.   Ne pars pas sans lui.
je vé xê tuá   *ne par pá saN lüí*
Vou à sua casa.   Não vá sem ele.

Após certos verbos que não usam um objeto direto e não podem ser ligados a um pronome objeto indireto anteposto a eles:

avoir affaire à   être à
avuár fére a   *étre a*
ter negócios com   pertencer a

penser à   se fier à
paNsê a   *se fiê a*
pensar em (sobre)   confiar em

s'intéresser à   J'ai affaire à lui.
saNtêresê a   *jé fére a lüí*
estar interessado em   Tenho negócios com ele.

Cette montre est à moi.
séte moNtre é a muá
Aquele relógio é meu.

Capítulo 19:   Casaco Rasgado? Óculos Quebrados? – Serviços Pessoais   279

Seja Enfático

Se quiser falar como um nativo, certifique-se de que está usando os pronomes enfáticos corretamente. Os exemplos abaixo mostram os diferentes tipos de frases que os exigem. Complete com o pronome apropriado.

1. (nós) Il a affaire à _____.
2. (ele, eu) _____ et _____ allons à l'ambassade.
3. (você), _____ tu va chez le coiffeur?
4. (ela) _____ elle répare bien les vêtements.
5. (eles) Je ne peux pas partir sans _____.
6. (o senhor [formal]) C'est _____ qui allez m'accompagner.

Comparando Lojas

Qual loja oferece a mercadoria menos cara? Qual comerciante é o mais honesto? Quem é o mais confiável? Quando fazemos compras ou contratamos serviços, frequentemente comparamos custos, reputação, as mercadorias e os serviços propriamente ditos antes de tomarmos uma decisão. A tabela a seguir apresenta as frases e os adjetivos necessários para fazer comparações.

Comparação de Adjetivos – Graus Comparativo e Superlativo

	Adjetivo	Pronúncia	Significado
Normal	honnête	*onéte*	honesto(a)
Comparativo	plus honnête, moins honnête	*plü zonéte* *muaN zonéte*	mais honesto(a) menos honesto(a)

continua

280   Parte 4: Tempo Livre: Problemas

Comparação de Adjetivos – Graus Comparativo e Superlativo   (continuação)

	Adjetivo	Pronúncia	Significado
Superlativo	le(la,les)	*le(la, lé)*	o(s)/a(s)
	plus honnête(s)	*plü zonéte*	mais honesto(a)(s)
	le(la, les)	*le(la, lé)*	o(s)/a(s)
	moins honnête(s)	*muaN zonéte*	menos honesto(a)(s)

Que pode ou não ser usado após o comparativo. Quando usado, *que* significa "que". *Que* torna-se *qu'* antes de uma vogal ou um som vocálico.

Qui est plus charmant(e)?
Roger est plus charmant (que Lucien).
Sylvie est plus charmante (qu'Anne).

A preposição *de* + artigo definido (*du, de la, de l', des*) podem ser usados para expressar "no(na)(s)/do(da)(s)":

Ce cordonnier est honnête.
Ce cordonnier est plus honnête que lui.
Ce cordonnier est le plus honnête (de la ville).

Ces coiffeuses sont aimables.
Ces coiffeuses sont plus aimables.
Ces coiffeuses sont les moins aimables (du salon).

Quando preparo minha receita especial francesa de caçarola (carne assada), todos se reúnem ansiosos ao redor da mesa. Meu filho Eric é o que come mais lentamente e aprecia cada pedaço. Meu marido come com prazer. Mas o meu filho Michael é o que come mais rápido. Seu raciocínio é "Mais para mim!". Quer esteja comendo, trabalhando ou correndo, você pode comparar as diferentes maneiras de fazer as coisas. A tabela abaixo mostra como fazer comparações usando advérbios.

Comparação de Advérbios – Graus Comparativo e Superlativo

	Advérbio	Pronúncia	Significado
Normal	vite	*vite*	rápido
Comparativo	plus vite,	*plü vite*	mais rápido
	moins vite	*mueN vite*	menos rápido

Capítulo 19: Casaco Rasgado? Óculos Quebrados? – Serviços Pessoais 281

	Advérbio	Pronúncia	Significado
Superlativo	le plus vite, le moins vite	*le plü vite* *le mueN vite*	o mais rápido o menos rápido

Elle court plus vite que moi.   Ela corre mais rápido que eu.

Isso É Altamente Irregular

Cuidado com comparações irregulares. Nunca use *plus* ou *moins* com o adjetivo *bon* ou com o advérbio *bien*. Há formas comparativas especiais para expressar "melhor" e "o melhor":

bon(ne)(s)	meilleur(e)(s)	le(la, les) meilleur(e)(s)
bom	melhor	o(a)(s) melhor(e)(s)
bien	mieux	le mieux
bem	melhor	o melhor

Cette tarte est bonne mais celle-là est meilleure.
Esta torta é boa, mas aquela ali é melhor.

Il danse bien mais je danse mieux que lui.
Ele dança bem, mas eu danço melhor que ele.

Comparações de Igualdade

Você passou o dia visitando museus em Paris. O Louvre é enorme e contém tesouros da antiguidade, enquanto que o museu Picasso é muito moderno. Você achou esses museus igualmente atraentes ou prefere um ao outro? Você gastou o mesmo tempo em cada um deles ou uma das visitas durou mais do que a outra? Se tudo foi igual, você pode expressar essa igualdade usando o seguinte:

aussi + adjetivo ou advérbio + *que*
tão (tanto) ... quanto

Il est aussi charmant qu'eux.
il é ôsí xarmaN kêu
Ele é tão charmoso quanto eles.

> **Intensificador de Memória**
>
> As partículas *-ci* e *-là* (este[a][s], aquele[a][s]) podem ser ligadas a substantivos para ajudar a diferenciar entre a comparação de dois objetos ou duas ações:
>
> Ce coiffeur-ci est plus sympathique que ce coiffeur-là.
>
> Este cabeleireiro é mais simpático que aquele cabeleireiro.

282   Parte 4: Tempo Livre: Problemas

Elle travaille aussi dur que nous.
éle travaie ôsí dür ke nu
Ela trabalha tanto quanto nós.

> **Compare-se**
>
> Como você se compara com as pessoas que conhece? É mais baixo? Mais magro? Mais charmoso? Dança melhor? Trabalha mais seriamente? Escuta mais pacientemente? Use o que aprendeu para comparar-se com amigos ou familiares.

Respostas

Seja Enfático

1. nous   2. lui/moi   3. toi   4. elle   5. eux   6. vous

Compare-se

Respostas Sugeridas:

Ma sœur est plus grande que moi.

Ma mère cuisine mieux que moi.

Moi, je travaille plus dur que mon mari.

Mon mari, lui, il est plus patient que moi.

Capítulo 20

"Preciso de um Médico... Agora!"

Neste Capítulo

- Seu corpo
- Sintomas, queixas e doenças
- Maneiras de explicar "há quanto tempo"
- O verbo irregular *dire* (dizer, contar)
- Tudo sobre verbos reflexivos

No capítulo 19, você aprendeu a lidar com pequenos problemas e reparos. Com apenas algumas poucas frases simples é possível resolver rapidamente pequenos aborrecimentos na sua vida.

Neste capítulo, você aprenderá as palavras-chave e frases necessárias no caso de ficar doente enquanto estiver em outro país. Adoecer enquanto está longe de casa já é bastante complicado, mas a situação é ainda pior se você não conseguir expressar qual o problema. Aqui, você aprenderá como explicar suas indisposições e há quanto tempo tem sentido os sintomas.

Dói Bem Aqui

Sinto-me especialmente capacitada para escrever este capítulo, uma vez que parece que a minha família já passou uma quantidade incomum de tempo em hospitais estrangeiros enquanto deveríamos estar gozando nossas férias! Por exemplo, uma vez o meu tio chegou à França, de férias, e imediatamente foi acometido por um ataque de cálculo renal. Ele passou o resto de suas férias deitado, recuperando-se da cirurgia de remoção dos cálculos. Ou o meu filho que, durante umas férias na República Dominicana, teve que ser levado às pressas ao hospital após ter quebrado o dente em um vaso sanitário. E também houve um ano em que o meu marido e eu quase fomos derrubados pela diferença de fuso horário enquanto viajávamos como mochileiros pela Europa. Após 10 dias sem dormir, finalmente conseguimos alguns soníferos com um médico parisiense. Mas, antes do final da viagem, fui parar em um hospital em Leeds, Inglaterra, com gastroenterite aguda.

> **Un, deux, trois**
>
> Tenha uma foto de corpo inteiro de uma pessoa em seu material de estudo. Use-a para identificar as diferentes partes do corpo e pratique seus nomes em francês.

Espero que a sua sorte seja diferente da nossa, mas é sempre bom estar preparado caso adoeça. Para começar, familiarize-se com as partes do corpo listadas na tabela seguinte.

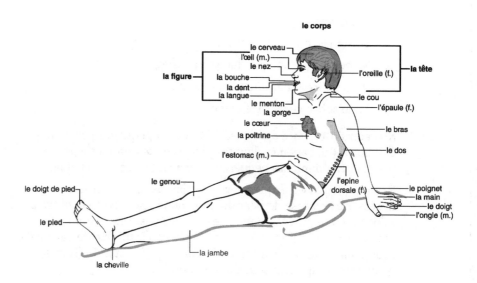

Partes do Corpo

Parte do Corpo	Francês	Pronúncia
tornozelo	la cheville	la xevíe
braço	le bras	le bra
costas	le dos	le dô
corpo	le corps	le kór
cérebro	le cerveau, la cervelle	le servô, la servéle
peito	la poitrine	la puatrine
queixo	le menton	le maNtoN
orelha	l'oreille (f.)	lóréie
cotovelo	le coude	le kude
olho	l'œil (m.)	l'ei
olhos	les yeux	lé ziêu
rosto	la figure, le visage	la figure, le vizaje
dedo da mão	le doigt	le duá
pé	le pied	le piê
mão	la main	la meN
cabeça	la tête	la téte
coração	le cœur	le kêur
joelho	le genou	le jenu
perna	la jambe	la jaNbe
lábio	la lèvre	la lévre
fígado	le foie	le fuá
pulmão	le poumon	le pumoN
boca	la bouche	la buxe
unha	l'ongle (m.)	loNgle
pescoço	le cou	le ku
nariz	le nez	le nê
ombro	l'épaule (f.)	lêpole
pele	la peau	la pô
coluna vertebral	l'épine dorsale (f.) la colonne vertébrale	lêpine la kolóne vertébrale

Continua

286 Parte 4: Tempo Livre: Problemas

Partes do Corpo (continuação)

Parte do corpo	Francês	Pronúncia
estômago	l'estomac (*m.*)	*lestomak*
	le ventre	*le vaNtre*
garganta	la gorge	*la gorje*
dedo do pé	l'orteil (*m.*)	*lortéie*
língua	la langue	*la laNge*
dente	le dent	*le daN*
punho	le poignet	*le puanhê*

Estou com Dor no...

Para evitar uma visita ao médico enquanto estiver de férias, o melhor conselho que podem lhe dar é o seguinte: se você não tiver um estômago de ferro, não beba água da torneira ao viajar. Mas digamos que você se esqueceu desse conselho e comeu salada verde lavada com água da torneira. Ou pediu uma bebida com gelo, esquecendo-se dos futuros efeitos gastrointestinais das pedras de gelo. Você já passou tempo demais em *les toilettes* e agora acha que é necessário ir ao médico. A primeira pergunta óbvia que ele ou ela fará é: "Qual o problema com você?" (*"Qu'est-ce que vous avez?"*; *kése ke vu zavê*). Para expressar onde dói ou o que o aflige, use a expressão *avoir mal à* + artigo definido:

J'ai mal au ventre.   Ils ont mal aux pieds.
jé mal ô vaNtre   *il zoN mal ô piê*
Estou com dor no estômago.   Seus pés doem.

Outra maneira de falar sobre os seus sintomas é usando a expressão *faire mal à*, que significa "doer". (Essa expressão exige um objeto indireto para *à* + pessoa.) Use o pronome objeto indireto referente à pessoa que possa estar com dor, como *me* (a mim), *te* (a você), *lui* (a ele ou ela), *nous* (a nós), *vous* (a vocês), *leur* (a eles ou a elas). Lembre-se também de usar a forma correta do pronome possessivo referente à pessoa em questão (*mon, ma, mes; ton, ta, tes; son, sa, ses; notre, nos; votre, vos; leur, leurs*).

Mon ventre me fait mal.   Ses pieds lui font mal.
moN vaNtre me fé mal   *sé piê lüí foN mal*
Meu estômago dói.   Seus pés doem.

Ai! Isso Dói!

Digamos que os seus sintomas são mais específicos que uma dor vaga. A tabela abaixo contém sintomas que serão bastante úteis caso precise descrever um problema. Use a expressão *J'ai* (*jé*; Eu tenho) para iniciar sua queixa.

Lembre-se de conjugar o verbo *avoir* de modo que ele concorde com o sujeito. Embora os franceses usem *avoir* para expressar o que os incomoda, em português usamos o verbo "estar":

Elle a mal aux yeux.   Ela está com dor nos olhos.

Caso precise ir ao dentista, use a expressão *avoir mal aux dents* (estar com dor de dente) ou *avoir une rage* (pronunciado *üne raje*) *de dents* (ter uma dor de dente muito forte):

J'ai mal aux dents.   Elle a une rage aux dents.
Estou com dor de dente.   Ela está com uma terrível dor de dente.

Outros Sintomas

Sintoma	*Le symptôme*	Pronúncia
bolha	une ampoule	*ün aNpule*
contusão	une contusion	*üne koNtüzioN*
galo, inchaço	une bosse	*üne bóse*
queimadura	une brûlure	*üne brülüre*
calafrio	des frissons	*dé frisoN*
resfriado	un rhume	*aN rüme*
tosse	une toux	*üne tu*
câimbra	des crampes (f.)	*dé kraNpe*
corte	une coupure	*üne kupüre*
diarreia	de la diarrhée	*de la diarê*
febre	de la fièvre	*de la fiévre*
fratura	une fracture	*üne fraktüre*
indigestão	une indigestion	*üne aNdijestioN*
infecção	une infection	*üne aNfeksioN*
tumor	une grosseur	*üne grosêur*

Continua

288   **Parte 4: Tempo Livre: Problemas**

Outros Sintomas   (continuação)

Sintoma	Le symptôme	Pronúncia
enxaqueca	une migraine	*üne migréne*
dor	une douleur	*üne dulêur*
erupção	une éruption	*üne êrüpsioN*
distensão	une foulure	*üne fulüre*
inchaço	une enflure	*ün aNflüre*
ferimento	une blessure	*üne blesüre*

Outras frases úteis incluem o seguinte:

Estou com tosse.
Je tousse.
je tuse

Estou espirrando.
J'éternue.
jéternü

Estou sangrando.
Je saigne.
je sénhe

Estou exausto.
Je n'en peux plus.
je naN pêu plü

Estou com náusea.
J'ai des nausées.
jé dé nozê

Não consigo dormir.
J'ai du mal à dormir.
jé dü mal a dormir

Estou me sentindo mal.
Je me sens mal.
je me saN mal

Estou com dor no corpo todo.
J'ai mal partout.
jé mal partu

Estou com nariz escorrendo.
J'ai le nez qui coule.
jé le NE ki kule

Estou com resfriado.
Je suis enrhumé(e).
je sui zaNrümê

O Que Há de Errado?

Use o que aprendeu até agora para descrever os seus sintomas e as suas queixas a um médico. Suponhamos que você apresente os seguintes problemas de saúde:

1. sintomas de gripe
2. alergia
3. distensão de tornozelo
4. enxaqueca

E o Diagnóstico É...

Obviamente, você não será o único a falar ao visitar um médico. Pedirão que preencha formulários, informe os medicamentos que estiver tomando e responda a outras perguntas sobre seus sintomas e sua saúde em geral. Provavelmente você ouvirá o seguinte:

Você já teve...?　　　　　　Você sofre de...?
Avez-vous subi (eu)...?　　　Soufrez-vous de (d')...?
ave vu subi (ü)...　　　　　*sufrê vu de (d')...*

O médico ou enfermeiro poderá perguntar sobre os problemas de saúde contidos na tabela abaixo.

Problemas de Saúde

Problema	Francês	Pronúncia
reação alérgica	une réaction allergique	*üne rêaksioN alerjike*
apendicite	l'appendicite (*f.*)	*lapaNdisite*
asma	l'asthme (*m.*)	*lasme*
bronquite	la bronchite	*la broNxite*
câncer	le cancer	*le kaNser*
resfriado	un rhume	*aN rüme*
diabete	la diabète	*la diabéte*
vertigem	le vertige	*le vertije*
gripe	la grippe	*la gripe*
alergia a pólen	le rhume des foins	*le rume dé fuaN*
ataque cardíaco	une crise cardiaque	*üne krize kardiake*
hepatite	l'hépatite (*f.*)	*lêpatite*
pneumonia	la pneumonie	*la pnumoni*
derrame cerebral	hemorragie cérébrale	*lemoraji cerebrale*

Há Quanto Tempo Você Está se Sentindo Assim?

O seu médico provavelmente irá perguntar há quanto tempo você tem tido os sintomas. Estas expressões indicam as diferentes maneiras de se fazer essa pergunta. As expressões variam em grau de dificuldade, mas todas têm o mesmo significado. Se precisar perguntar "há quanto tempo?", a primeira expressão é a mais fácil de ser usada.

Há Quanto Tempo Você Tem Tido Esses Sintomas?

Pergunta	Português	Resposta	Português
Depuis quand...	Desde quando...	Depuis...	Desde...
Depuis combien de temps...	Há quanto tempo...	Depuis...	Há...
Combien de temps y a-t-il que...	Quanto tempo faz que...	Il y a + tempo + que...	Há...
Ça fait combien de temps que...	Quanto tempo faz que...	Ça fait + tempo + que...	Há.../Faz...
		Voilá + tempo + que...	

Depuis combien de temps souffrez-vous?
depüi koNbieN de taN sufrê vu
Há quanto tempo tem sofrido?

Depuis deux jours.
depüi dêu jur
Há dois dias.

Depuis quand souffez-vous?
depüi kaN sufrê vu
Desde quando tem sofrido?

Depuis hier.
depüi iér
Desde ontem.

Combien de temps y a-t-il que vous souffrez?
koNbiaN de taN I atil ke vu sufrê
Há quanto tempo tem sofrido?

Il y a un jour.
iliá aN jur
Há um dia.

Ça fait combien de temps que vous souffrez?
sa fé koNbiaN de taN ke vu sufrê
Há quanto tempo tem sofrido?

Ça fait une semaine.
sa fé üne seméne
Faz uma semana.

Voilá une semaine.
vualá üne seméne
Faz uma semana.

Diga a Verdade

O que você diz quando alguém pergunta como você está? Você diz que está bem ou descreve cada dor que tem sentido? Quando quiser dizer a outras pessoas como está, use o verbo irregular *dire* (dizer), como mostrado na tabela abaixo.

Dire (Dizer)

Conjugação	Pronúncia	Significado
je **dis**	*je di*	eu digo
tu **dis**	*tü di*	tu dizes, você diz
il, elle, on **dit**	*il, éle, oN di*	ele, ela diz
nous **disons**	*nu dizoN*	nós dizemos
vous **dites**	*vu dizê*	vós dizeis, vocês dizem
ils, elles **disent**	*il, éle dize*	eles, elas dizem

Para dizer "que" após *dire*, use *que*:

On dit que je ne suis pas gravement malade.
Dizem que não estou muito doente.

O Que Você Está Fazendo a Si Próprio?

Se desejar expressar como se sente, você pode usar o verbo irregular *se sentir*. Como pode observar, *se sentir* não é um verbo comum, pois há um pronome que o antecede. Este pronome, que pode atuar tanto como objeto direto quanto indireto, é denominado pronome reflexivo. Um pronome reflexivo indica que o sujeito está executando uma ação sobre si mesmo. O sujeito e o pronome reflexivo se referem à(s) mesma(s) pessoa(s) ou ao(s) mesmo(s) objeto(s):

Ela se feriu. Eles se divertem.

A tabela abaixo demonstra como conjugar um verbo reflexivo usando os pronomes certos.

Se Sentir (Sentir-se)

Conjugação	Pronúncia	Significado
je **me** sens	*je me saN*	eu me sinto
tu **te** sens	*tü te saN*	tu te sentes, você se sente
il, elle, on **se** sent	*il, éle, oN se saN*	ele, ela se sente
nous **nous** sentons	*nu nu saNtoN*	nós nos sentimos
vous **vous** sentez	*vu vu santé*	vós vos sentis, vocês se sentem
ils, elles **se** sentent	*il, éle se saN*	eles, elas se sentem

292 **Parte 4: Tempo Livre: Problemas**

Agora você pode expressar como se sente:

Je me sens bien.
je me saN bieN
Sinto-me bem.

Je me sens mal.
je me saN mal
Sinto-me mal.

Je me sens mieux.
je me saN miêu
Sinto-me melhor.

Je me sens pire.
je me saN pire
Sinto-me pior.

Você está de saída, mas não antes de pagar a conta (*la note*; *la note*) e de fazer a seguinte pergunta:

Você pode me dar um recibo para o meu seguro saúde?
Puis-je avoir une quittance pour mon assurance maladie, s'il vous plaît?
püi je avuar üne kitaNse pur moN nasüraNse maladi, si vu plé

É Reflexivo?

É lógico que você conhece a sensação de voltar de viagem com uma mala cheia de presentes para familiares e amigos. Mas você se trata bem, também? Você põe de lado todas as preocupações financeiras e se presenteia com aquela lembrança que tanto deseja? Em francês, sempre que executar uma ação sobre ou para si próprio, essa ação (verbo) é reflexiva e exige um pronome reflexivo. Sabe-se que o verbo é reflexivo se o infinitivo é precedido pelo pronome *se*.

Em muitos casos, é possível usar o mesmo verbo sem o pronome reflexivo e executar a ação sobre ou para outra pessoa. Nesses casos, um pronome objeto (direto ou indireto) é usado:

Je *me* lave.
Eu me *lavo*.

Je lave mon chien.
Eu lavo meu cachorro.

Je *le* lave.
Eu o *lavo*.

No exemplo à direita, o pronome objeto direto *le* refere-se a "ele."

Je *m'*achète un sac.
Compro uma bolsa para mim.

J'achète un sac à Anne.
Compro uma bolsa para Anne.

Je *lui* achète un sac.
Compro uma bolsa para ela.

Nesse último exemplo, o pronome objeto indireto *lui* refere-se a "para ela."

Capítulo 20: "Preciso de um Médico... Agora!" 293

É possível tornar verbos, que normalmente não são reflexivos, reflexivos adicionando a eles um pronome reflexivo, contando que a frase faça sentido:

Je parle.   Je *me* parle.
Eu falo.   Eu falo para mim mesmo.

Alguns verbos são, geralmente ou sempre, usados reflexivamente. A tabela abaixo apresenta uma lista dos verbos reflexivos mais comuns.

Verbos Reflexivos Mais Comuns

Problema	Pronúncia	Significado
s'appeler*	*sapelê*	chamar-se
s'approcher de	*saproxê de*	aproximar-se
s'arrêter de	*sarêtê de*	parar de
se baigner	*se benhê*	banhar-se
se blesser	*se blésê*	machucar-se
se brosser	*se brósê*	escovar-se
se casser	*se kasê*	machucar-se (sentido de quebrar)
se coiffer	*se kuafê*	pentear-se
se coucher	*se kuxê*	deitar-se
se demander	*se demaNdê*	perguntar-se
se dépêcher	*se dêpexê*	apressar-se
se déshabiller	*se dêzabi-iê*	despir-se
s'endormir	*saNdormir*	adormecer
se fâcher (contre)	*se faxê (koNtre)*	irritar-se (com)
s'habiller	*sabi-iê*	vestir-se
s'inquiéter de*	*saNliêtê de*	preocupar-se com
se laver	*se lavê*	lavar-se
se lever*	*se leve*	levantar-se
se maquiller	*se makiiê*	maquiar-se
se mettre à	*se métre a*	pôr-se a
s'occuper de	*Soküpê*	ocupar-se de
se peigner	*se penhê*	pentear-se
se promener*	*se promenê*	passear
se rappeler*	*se rapelê*	recordar-se

Continua

294   Parte 4: Tempo Livre: Problemas

Verbos Reflexivos Mais Comuns   (continuação)

Problema	Pronúncia	Significado
se raser	*se razê*	barbear-se
se reposer	*se repozê*	repousar-se
se réunir	*se reunir*	reunir-se
se réveiller	*se rêvei-iê*	acordar
se servir de	*se servir de*	servir-se de
se tromper	*se troNpê*	enganar-se

Lembre-se de que esses verbos são "verbos sapato". Todos apresentam alteração ortográfica do radical e devem ser conjugados de acordo com tais alterações. Veja o Capítulo 12 para lembrar-se desses verbos.

Suponha que você está contando a alguém tudo o que faz pela manhã, ao aprontar-se para o trabalho ou a escola. É provável que diga: "Escovo meus dentes. Aparo o meu bigode. Lavo meu cabelo". Como você usa a palavra *meu(s)*, não é necessário terminar a frase com "para/a mim mesmo". Está subentendido. Em francês, entretanto, faz-se o contrário. Usa-se o pronome reflexivo *me (para/a mim mesmo)*. Então, não é necessário usar o pronome possessivo *meu (mon, ma, mes)* ao referir-se a partes do corpo, pois a ação está, obviamente, sendo executada sobre o sujeito e, assim, o artigo definido é usado no lugar do pronome.

> Je me brosse les dents. Il se rase la barbe.
> *je me bróse lé daN* *li se raze la barbe*
> Escovo meus dentes. Ele se barbeia.

Posição dos Pronomes Reflexivos

Qualquer que seja o idioma estudado, a ordem das palavras sempre difere de uma língua para outra. Em português, dependendo do caso, o pronome reflexivo pode ser usado antes ou após o verbo. Em francês, o pronome reflexivo é usado na mesma posição de outros pronomes já estudados aqui (*y* e *en*) – ou seja, antes do verbo ao qual seu significado está ligado (geralmente o verbo conjugado). Quando há dois verbos, posicione o pronome antes do infinitivo.

> Je *me* lave. Je ne *me* lave pas.
> Eu me lavo. Não me lavo.

Je vais *me* laver.
Vou me lavar.

Ne *te* lave pas.
Não se lave.

No imperativo afirmativo, os pronomes reflexivos mudam de posição e são colocados imediatamente após o verbo, ligados a ele por hífen. *Te* torna-se *toi* quando posicionado após o verbo.

Lave-*toi!*

Lavez-*vous!*

Usando Verbos Reflexivos

Use o que aprendeu até agora para descrever tudo o que você faz antes de sair de casa pela manhã. (*Je me lave.*) Depois, fale sobre o que irá fazer antes de se deitar à noite. (*Je vais me laver.*)

Respostas

O Que Há de Errado?

Respostas sugeridas:

1. Je tousse. J'éternue. J'ai des frissons. J'ai de la fièvre.
2. J'éternue. J'ai une migraine.
3. J'ai mal à la cheville. J'ai de la douleur.
4. J'ai mal à la tetê. J'ai du mal à dormir. J'ai de la douleur.

Usando Verbos Reflexivos

Respostas Sugeridas:

1. Je me réveille. Je me lève. Je me déshabillé. Je me lave. Je me baigne. Je m'habille. Je me coiffe. Je me maquille. (Je me rase.) Je me regarde dans la glace. Je me prépare.
2. Je vais me déshabiller. Je vais me laver. Je vais m'habiller. Je vais me coucher. Je vais m'endormir.

Capítulo 21

"Ih, Esqueci de Colocar Minha Escova de Dente na Mala!"

Neste Capítulo

- Grandes e pequenos itens de perfumaria e farmácia
- O verbo irregular *venir* (vir)
- Dicas para falar do passado

O capítulo 20 o ajudou a expressar como se sente. Você aprendeu a falar sobre boa saúde, bem como desconfortos e dores. Quer precise apenas de algumas aspirinas ou de um medicamento que exige receita médica, você irá querer dar um pulo até a farmácia. Quando chegar lá, ficará surpreso com todas as outras coisas que poderá comprar.

Na última viagem que fizemos, meu marido e eu nos esquecemos de colocar nossas escovas de dente, nossa pasta e escova de cabelo na mala. Imagine só nossa consternação ao percebermos nosso engano. Entretanto, rimos do acontecido e fomos à farmácia mais próxima. Na França, tivemos a opção de ir a *une pharmacie* (*üne farmasí*), *une droguerie* (*üne drogerí*), ou *un drugstore* (*aN drugstore*). Confuso? Não se preocupe, este capítulo o levará ao lugar certo onde você encontrará todos os artigos de higiene pessoal, assim como quaisquer medicamentos. Além disso, você aprenderá como se expressar no passado.

"Preciso de uma Aspirina"

Quer esteja tentando obter medicamento ou um frasco de xampu, você quer ter certeza de que está no lugar certo na França. Aqui estão suas opções:

Une pharmacie, que é facilmente identificada por uma cruz verde acima da porta, vende medicamentos que exigem receita médica e aqueles vendidos sem receita, itens de higiene pessoal e alguns cosméticos. Caso a farmácia esteja fechada, geralmente uma placa acima da porta indicará aos clientes onde encontrar uma farmácia de plantão nas proximidades (*une pharmacie de garde*).

Une droguerie vende produtos químicos, tintas, detergentes e produtos de limpeza para uso doméstico, acessórios de limpeza (esfregões, vassouras, baldes) e alguns produtos de beleza e de higiene. *Une droguerie* não vende medicamentos.

Un drugstore assemelha-se a uma loja de departamentos pequena. Lá, espera-se encontrar seções variadas que vendem itens de higiene pessoal, livros, revistas, jornais, CDs, mapas, guias, presentes e souvenirs, mas não medicamentos que exigem receita médica. Além disso, você poderá encontrar lanchonetes, um bar e até mesmo um cinema.

Se estiver tentando comprar medicamentos com uma prescrição médica, diga ao farmacêutico:

> Preciso de medicamentos.
> Il me faut des médicaments.
> *il me fô dé mêdikamaN*

> Você pode providenciar esta receita (imediatamente)?
> Pourriez-vous exécuter (tout de suíte) cette ordonnance, s'il vous plaît?
> *puriê vu êzêkütê (tu de süite)séte ordonaNse sil vu plé*

Se estiver procurando apenas medicamentos sem receita médica ou outros itens, a tabela a seguir o ajudará a encontrá-los. Você pode começar dizendo o seguinte para o farmacêutico:

> Estou procurando por...
> Je cherche...
> *je xerxe*

Itens de Drogaria

Português	Francês	Pronúncia
Para Homens e Mulheres		
álcool	de l'alcool (*m.*)	*de lalkól*
antiácido	un anti-acide	*aN naNtiaside*
anti-histamínico	un antihistaminique	*aN naNti-istaminique*
antisséptico	un antiseptique	*aN naNtiséptike*
aspirinas	des aspirines (*f.*)	*dé zaspirine*
ataduras (ferimento)	des pansements (*m.*)	*dé paNsemaN*
grampos de cabelo	des épingles à cheveux (*f.*)	*dé zêpeNgle a xevêu*
escova	une brosse	*üne bróse*
creme demaquilante	de la crème démaquillante	*de la kréme dêmaki iaNte*
preservativos	des préservatifs (*m.*)	*dé prêzervatif*
pastilhas para tosse	des pastilles contre la toux (*f.*)	*dé pastii koNtre la tu*
xarope para tosse	du sirop contre la toux	*dü sirô kontre la tu*
desodorante	du déodorant	*dü dêodoraN*
colírio	les gouttes pour les yeux	*lé gute pur lezieu*
delineador	du traceur à paupières	*dü traceur a popiére*
sombra	du fard à paupières	*dü far a popiére*
estojo de primeiros socorros	un trousse de premiers secours	*un truse de premiê secur*
laxante (suave)	un laxatif (léger)	*aN laksatif (lêjê)*
batom	du rouge à lèvres	*dü ruje a lévre*
rímel	du mascara	*dü maskará*
antisséptico bucal	de l'eau dentrifice (*f.*)	*de lô daNtifrise*
lixa de unha	une lime à ongles	*üne lime a ongle*
bolsa térmica	coussin chauffant	*cusaN xofaN*
esmalte de unhas	du vernis à ongles	*dü verní a ongle*
acetona	du dissolvant	*dü disolvaN*
gotas nasais	des gouttes nasales (*f.*)	*dé gute nazale*
barbeador elétrico	rasoir electrique	*razuar eleKtrike*
lâminas de barbear	des lames de rasoir (*f.*)	*dé lame de razuar*

continua

Itens de Drogaria (continuação)

Português	Francês	Pronúncia
alfinete de fralda	des épingles de sûreté (f.)	*dé zêpangle de süretê*
absorventes femininos	des serviettes hygiéniques (f.), des serviettes sanitáires	*dé serviéte ijiênike, dé serviéte sanitere*
bolsa de gelo	un sachet de glace	*aN saxê de glace*
xampu (anticaspa)	du shampooing (anti-pellicules)	*dü xaNpuaN (anti-peliküle)*
creme de barbear	la crème à raser	*la kréme a razê*
sabonete (barra)	une savonette	*üne savonéte*
óleo de bronzear	de la lotion solaire	*de la losioN solére*
talco	du talc	*dü talk*
tampões higiênicos	des tampons/périodiques(m.)	*dé taNpoN/pêriodike*
lenços de papel	des mouchoirs en papier (m.)	*dé muxuar aN papiê*
escova de dentes	une brosse à dents	*üne bróse a daN*
pasta de dentes	de la pâte dentifrice	*la pate daNtifrise*
pinça	une pince à épiler	*üne peNse a êpilê*
Para bebês		
mamadeira	un biberon	*aN biberoN*
fraldas (*descartáveis*)	des couches (disponibles) (f.)	*dé kuxe (disponible)*
chupeta	une sucette	*üne süsete*

Do Que Você Precisa?

Você está de férias e não está se sentindo muito bem. Peça ao funcionário tudo aquilo de que precisa para cada uma das situações a seguir. Inicie as frases com *Il me faut...* (Eu preciso de...).

1. Você tem um resfriado.

2. Você está com dor de cabeça.

3. Você se cortou.

4. Você está com dor de estômago.

5. Você se esqueceu de seu aparelho de barbear/maquiagem.

6. Seu bebê está chorando muito.

Pessoas Especiais, Necessidades Especiais

Uma farmácia especializada em *la location d'appareils médicaux* (*la lokasioN daparéi mêdikô*; aluguel de equipamentos médicos) tanto vende como fornece informações a respeito de itens para indivíduos portadores de deficiências. Estes aparelhos estão disponibilizados na tabela a seguir.

Para auxiliá-lo na procura, peça da seguinte forma:

Onde posso obter...?
Où puis-je obtenir...?
u pêu je obtenir

Necessidades Especiais

Equipamento	*L'equipament*	Pronúncia
tala (para membros fraturados)	une attelle	*ün atéle*
bengala	une canne	*üne kane*
muletas	des béquilles	*dé bêkie*
aparelho auditivo	un audiophone	*aN nodiofone*
andador	un déambulateur	*aN dêaNbülatêur*
cadeira de rodas	un fauteuil roulant	*aN fotêui rulaN*

Venha Comigo

Se você ligasse para a farmácia para saber se eles vendem certo produto, você usaria o verbo *venir* para informar ao farmacêutico quando iria buscá-lo. A tabela a seguir apresenta as formas deste verbo irregular, que se assemelha ao "verbo sapato" no que concerne as formas *nous* e *vous*. Os radicais são como no infinitivo, enquanto as formas para as outras pessoas não seguem tal padrão.

Use *venir* + *de* (*d'*antes de vogal ou som vocálico) + infinitivo para alguma coisa que acabou de acontecer:

Je viens d'arriver.
Acabei de chegar.

Venir (Vir)

Conjugação	Pronúncia	Significado
je **viens**	*je viaN*	eu venho
tu **viens**	*tü viaN*	tu vens
il, elle, on **vient**	*il, éle, on viaN*	ele, ela vem
nous **venons**	*nu venoN*	nós vimos
vous **venez**	*vu venê*	tu vindes, vocês vêm
ils,elles **viennent**	*il, éle viéne*	eles, elas vêm

Eis aqui um exemplo de como usar *venir*:

Je viens dans une heure.   Venho em uma hora.

Você Deve Estar Vivendo no Passado

Ah, não! Parece que você perdeu seu colírio ou não consegue achar o creme de barbear. Uma razão pela qual você deve ir à *pharmacie* ou à *droguerie* é porque esqueceu em casa alguma coisa de que realmente precisa.

Para expressar o que fez ou o que não fez você deve usar o tempo passado. Em francês, este tempo é chamado de *passé composé* – o passado composto. A palavra *composto* é uma palavra-chave porque ela sugere que o tempo verbal é composto por mais de um elemento. Dois elementos são necessários para formar o *passé composé*: um verbo auxiliar, que expressa que alguma coisa aconteceu, e um particípio passado, que indica exatamente qual foi a ação.

Em português, frequentemente usamos o verbo no pretérito perfeito em vez de usar um tempo composto, que requeira um verbo auxiliar. Diríamos: "Ah, não! Esqueci minha escova de dentes". (Provavelmente, não diríamos: "Ah, não! Tenho esquecido minha escova de dente.") Em francês, você deve usar o verbo auxiliar: "*Zut! J'ai oublié ma brosse à dents*".

O Verbo Auxiliar *avoir*

Avoir significa "ter". Desta forma, faz bastante sentido dizer que ele funciona como um verbo auxiliar. Como ele é o primeiro verbo usado logo após o sujeito, é preciso conjugá-lo. Depois, deve-se adicionar um verbo no particípio passado.

Eis aqui o verbo *avoir*, no caso de você tê-lo esquecido:

Capítulo 21: "Ih, Esqueci de Colocar Minha Escova de Dente na Mala!"   303

j'ai	nous avons
tu as	vous avez
il, elle on a	ils, elles ont

Formando o Particípio Passado dos Verbos Regulares

Todos os verbos regulares terminados em *-er, -ir* e *-re* formam seu particípio passado diferentemente, como demonstrado na tabela a seguir. Não há alterações na formação dos particípios passados dos "verbos sapato" (*-cer, -ger, -yer*, e + consoante + *-er*, e *é* + consoante + verbos terminados em *-er*). O particípio passado permanece o mesmo para todos os sujeitos: *J'ai dansé, Tu as dansé* etc.

Formação do Particípio Passado

Verbos terminados -er	Verbos terminados -ir	Verbos terminados -re
voya**ger**	chois**ir**	répon**dre**
voya**gé**	chois**i**	répon**du**

Tu as *oublié* les aspirines.
tü a ubliê lé zaspirine
Você esqueceu as aspirinas.

Ils *ont rendu* le rasoir.
il zoN raNdü le razuar
Eles devolveram o barbeador.

Le docteur a *réfléchi* avant d'agir.
le doktêur a rêflêxi avaN dajir
O médico refletiu antes de agir.

Alguns advérbios curtos podem ser colocados antes do particípio passado, como por exemplo:

Elle a trop mangé.   Ela comeu muito.

Não Aconteceu Desta Forma

Como o verbo auxiliar é conjugado, use-o para formar a negativa e a interrogativa. *Ne* e *pas* e todos os outros elementos negativos são posicionados ao seu redor:

Tu *n'*as *pas* oublié les aspirines.
tü na pá zubliê lé zaspirine
Você não esqueceu as aspirinas.

304   Parte 4: Tempo Livre: Problemas

Le docteur *n'a rien* dit.
le doktêur na riaN di
O médico nada disse.

Ils *n'ont jamais* attendu.
el noN jamé zataNdü
Eles nunca esperaram.

Você Não Fez, Fez?

Uma ida ao médico é sempre necessária e raramente agradável quando você não está se sentindo muito bem. Para ficar bem, é preciso cooperar. Alguns pacientes são muito teimosos. Diga o que cada pessoa fez e não fez no passado.

Exemplo: je/parler à l'infimière

J'ai parlé à l'infimière.

Je n'ai pas parlé à l'infirmière.

1. je/remplir le formulaire
2. tu/répondre franchement
3. tu/obéir au docteur
4. nous/acheter nos médicaments
5. elle/chercher ses pilules
6. ils/attendre le pharmacien

Perguntando Sobre o Passado

Você pode fazer uma pergunta usando a entonação, *est-ce que* ou *n'est ce pas*:

Ils *ont rendu* le rasoir?
il zoN raNdü le razuar
Eles devolveram o barbeador?

Est-ce qu'ils ont rendu le rasoir?
ése kil zon raNdü le razuar
Eles devolveram o barbeador?

Ils *ont rendu* le rasoir, n'est-ce pas?
il zoN raNdü le razuar nése pá
Eles devolveram o barbeador, não devolveram?

Para usar a inversão, simplesmente inverta o sujeito e o verbo auxiliar conjugado:

As-tu oublié les aspirines?
a tü ubliê lé zaspirine
Você esqueceu as aspirinas?

Le docteur, a-t-*il* réfléchi avant d'agir?
le doktêur atil rêflêxi avaN dajir
O médico refletiu antes de agir?

A-t-*il* rendu le rasoir?
atil raNdü le razuar
Ele devolveu o barbeador?

Perguntando Sobre o Passado Negativamente

Isto fica relativamente fácil sem a inversão:

Ils *n'ont pas* rendu le rasoir?   *Est-ce qu'ils n'ont pas* rendu le rasoir?
il noN pá raNdü le razuar   *ése kil noN pá randü le razuar*
Eles não devolveram o barbeador?   Eles não devolveram o barbeador?

Formar a pergunta negativa usando a inversão é um pouco complicado. Coloque o pronome e o verbo invertidos entre *ne* e *pas*:

*N'*as-tu *pas* oublié les aspirines?
na tü pá zubliê lé zaspirine
Você não esqueceu as aspirinas?

Le docteur, *n'*a-t-il *pas* réfléchi avant d'agir?
le doktêur na til pá rêflêxi avaN dajir
O médico não refletiu antes de agir?

*N'*ont-ils *pas* rendu le rasoir?
noN til pa raNdü le razuar
Eles não devolveram o barbeador?

Seu Passado em Questão

O que faz uma pessoa ficar doente? Comer muito? Trabalhar muito? Não seguir as ordens do médico? Faça perguntas tanto na afirmativa como na negativa no passado sobre cada um dos seguintes sujeitos.

Exemplo: il/trop crier

    A-t-il trop crié?

    N'a-t-il pas trop crié?

1. nous/travailler trop dur
2. elle/ obéir au docteur
3. ils/perdre conscience
4. vous/trop maigrir
5. tu/trop manger
6. il/ attendre dehors longtemps

Particípio Passado de Verbos Irregulares

Aqueles verbos que não pertencem à família *-er, -ir,* ou *re* têm particípio passado irregulares, como demonstrado na tabela abaixo. Em capítulos anteriores, estudamos estes verbos mais profundamente; outros aparecerão em capítulos subsequentes, à medida que forem observados.

Particípios Passados Irregulares

Infinitivo	Particípio Passado	Pronúncia
avoir (ter)	eu	*ü*
boire (beber)	bu	*bü*
connaître (conhecer; ver capítulo 23)	connu	*konü*
devoir (ter que, dever, veja capítulo 22)	dû	*dü*
dire (dizer)	dit	*di*
écrire (escrever; veja capítulo 23)	écrit	*êkri*
être (ser)	été	*êtê*
faire (fazer)	fFait	*fé*
lire (ler; veja capítulo 23)	lu	*lü*
mettre (colocar)	mis	*mi*
pouvoir (poder)	pu	*pü*
prendre (pegar)	pris	*pri*
recevoir (receber)	reçu	*resü*
savoir (saber; veja capítulo 23)	su	*sü*
voir (ver)	vu	*vü*
vouloir (querer)	voulu	*vulü*

Estes verbos formam o *passé composé* da mesma forma que os verbos regulares:

Il a été au cinéma.   A-t-il été au cinema?
Il n'a pas été au cinema.   N'a-t-il pas été au cinéma?

O Verbo Auxiliar *être*

Alguns verbos comuns usam *être* em vez de *avoir* como verbo auxiliar. A maioria destes verbos demonstra algum tipo de movimento, como por exemplo, indo para cima, para baixo, para dentro, para fora, ou permanecendo em repouso.

Capítulo 21: "Ih, Esqueci de Colocar Minha Escova de Dente na Mala!"

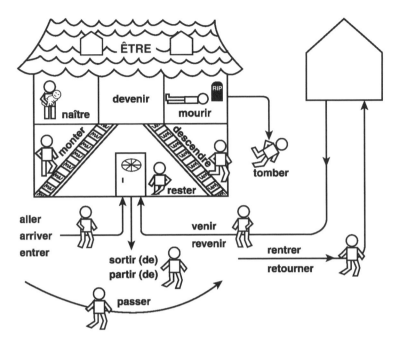

Para ajudá-lo a lembrar quais verbos usam *être*, pense nesta casa como sendo habitada por DR. e MRS. VANDERTRAMPP.

	Infinitivo	Particípio Passado	Pronúncia
D	devenir (tornar-se)	devenu*	*devenü*
R	revenir (voltar)	revenu*	*revenü*
M	mourir (morrer)	mort*	*mór*
R	retourner (retornar)	retourné	*returnê*
S	sortir (sair)	sorti	*sortí*
V	venir (vir)	venu*	*venü*
A	arriver (chegar)	arrivé	*arivê*
N	naître (nascer)	né*	*nê*
D	descendre (descer)	descendu	*desaNdü*
E	entrer (entrar)	entré	*aNtrê*
R	rentrer (voltar)	rentré	*raNtrê*

Continua

308   Parte 4: Tempo Livre: Problemas

Continuação

Infinitivo		Particípio Passado	Pronúncia
T	tomber (cair)	tombé	*toNbê*
R	rester (ficar)	resté	*restê*
A	aller (ir)	allé	*alê*
M	monter (subir)	monté	*montê*
P	partir (partir)	parti	*parti*
P	passer (passar [sem objeto direto])	passé	*pasê*

* Você precisa memorizar todos os particípios passados dos verbos. Todos os verbos reflexivos usam être *como verbo auxiliar. Nós os revisaremos no próximo capítulo.*

Observe, na tabela a seguir, o que acontece, entretanto, quando adicionamos o particípio passado.

O Passado com *être*

Sujeitos Masculinos	Sujeitos Femininos
je suis allé	je suis allée
tu es allé	tu es allée
il est allé	elle est allée
nous sommes allés	nous sommes allées
vous êtes allés	vous êtes allées
ils sont allés	ils sont allées

Como você pode observar, o particípio passado de todos os verbos conjugados com *être* concordam em gênero (masculino ou feminino [adicione *e*]) e número (singular ou plural [adicione s]) com o sujeito. Para o grupo misto, sempre use as formas masculinas. Se o particípio passado masculino terminar em uma consoante não pronunciada, pronuncie a consoante nas formas femininas singular e plural:

Luc et Anne sont restés.	Ils sont restés.	Eles ficaram.
Luc et Anne sont venus.	Ils sont venus.	Eles vieram.
Luc et Anne sont morts.	Ils sont morts.	Eles morreram.
Marie et Anne sont mortes.	Elle sont mortes.	Eles morreram.

Capítulo 21: "Ih, Esqueci de Colocar Minha Escova de Dente na Mala!" 309

As formas interrogativas e negativas com *être* como verbo auxiliar são formadas do mesmo modo como com *avoir*:

Elle est arrivée.   Est-elle arrivée?

Elle *n*'est *pas* arrivée.   *N*'est-elle *pas* arrivée?

Quem Fez o Quê?

Ontem foi sábado, e a maior parte das pessoas estava livre para fazer o que quisesse. Elas saíram ou ficaram em casa? Diga o que cada pessoa fez usando o verbo auxiliar correto (*avoir* ou *être*) e o particípio passado:

1. il/faire du football
2. tu/voir ce film
3. je (*f.*) arriver chez un ami
4. ils/rester à la maison
5. elles/prendre une grande décision
6. ils/avoir un rendez-vous
7. vous/ aller
8. ils/descendre en ville

Respostas

Do Que Você Precisa?

Respostas Sugeridas:

1. Il me faut des aspirines et des gouttes nasales.
2. Il me faut des aspirines.
3. Il me faut un antiseptique et des pansements.
4. Il me faut du lait de magnésie.
5. Il me faut un rasoir, des lames de rasoir et de la mousse à raser.
6. Il me faut um biberon et une sucette.

Você Não Fez, Fez?

1. J'ai rempli... Je n'ai pas rempli...
2. Tu as répondu... Tu n'as pas répondu...

310   Parte 4: Tempo Livre: Problemas

3. Tu as obéi... tu n'as pas obéi...

4. Nous avons acheté... Nous n'avons pas acheté...

5. Elle a cherché... Elle n'a pas cherché...

6. Ils ont attendu... Ils n'ont pas atendu...

Seu Passado em Questão

1. Avons-nous travaillé...? N'avons-nous pas travaillé...?

2. A-t-elle obéi...? N'a-t-elle pas obéi...?

3. Ont-ils perdu...? N'ont-ils pas perdu...?

4. Avez-vous trop maigri...? N'avez-vous pas trop maigri...?

5. As-tu trop mangé...? N'as-tu pas trop mangé ...?

6. A-t-il attendu...? N'a-t-il pas attendu...?

Quem Fez o Quê?

1. Il a fait

2. Tu as vu

3. Je suis arrivée

4. Ils sont restés

5. Elles ont pris

6. Ils ont eu

7. Vous êtes allés

8. Ils sont descendus

Capítulo 22

Ligue para Casa... ou para Qualquer Outro Lugar

Neste Capítulo

- ◆ Dicas de como fazer uma ligação telefônica
- ◆ Regras de etiqueta para o uso do telefone
- ◆ Expressões a serem usadas no caso de problemas
- ◆ O verbo irregular *devoir* (dever)
- ◆ Maneiras de usar verbos reflexivos no passado

Tratamos dos problemas com medicamentos e da necessidade de artigos de higiene pessoal no capítulo 21. Agora você se sente ótimo e gostaria de que seus familiares e amigos soubessem que está tudo bem. É hora de telefonar para casa.

Fazer uma ligação internacional de um país estrangeiro é sempre um desafio. Frequentemente é necessário falar com um(a) telefonista e a maioria das pessoas não imagina a dificuldade que é comunicar-se por telefone com alguém que fala uma língua diferente. O luxo de contar com a leitura da linguagem corporal do interlocutor ou de observar seus lábios na esperança de captar algumas pistas desaparece com a introdução de um telefone.

312   Parte 4: Tempo Livre: Problemas

Este capítulo o ajudará a fazer uma ligação telefônica para dentro ou para fora do país que estiver visitando; irá prepará-lo para lidar com sinais de ocupado, enganos ou outros percalços que possam ocorrer em uma ligação telefônica; e o ensinará como usar verbos reflexivos no passado.

Fazendo uma Ligação

Se estiver planejando fazer uma ligação interurbana de um país estrangeiro, provavelmente alguém terá que explicar a você como usar o sistema telefônico. Também é provável que os procedimentos para fazer ligações locais sejam diferentes dos que você usa em casa. Uma coisa que irá querer fazer corretamente é expressar o tipo de ligação que deseja. A tabela abaixo apresenta algumas opções.

Tipos de Ligação Telefônica

Tipo de Ligação	Francês	Pronúncia
ligação a cobrar	la communication en P.C.V.	*la komünikasioN aN pê sê vê*
ligação paga com cartão de crédito	la communication par carte de crédit	*la komünikasioN par karte de krêdi*
ligação local	la communication locale	*la komünikasioN lokale*
ligação interurbana	la communication interurbaine	*la komünikasioN eNterürbéne*
ligação para fora do país	la communication à l'étranger	*la komünikasioN a lêtraNjê*
ligação individual de pessoa para pessoa	la communication avec préavis	*la komünikasioN avék prêavi*

Para ajudá-lo a lidar com problemas que possa vir a ter ao usar o telefone, familiarize-se com as diferentes partes do aparelho contidas na tabela abaixo.

O Telefone

Português	Francês	Pronúncia
bluetooth	le bluetooth	*le blututh*
cabine telefônica	la cabine téléphonique	*la kabine têlêfonike*
botão	le bouton	*le butoN*

Capítulo 22: Ligue para Casa... ou para Qualquer Outro Lugar 313

Português	Francês	Pronúncia
telefone celular	le cellulaire, portable	*le sélülére, portable*
telefone sem fio	le téléphone sans fil	*le têlêfone saN fil*
disco	le cadran	*le kadraN*
teclado	le clavier à touches	*le klaviê a tuxe*
cartão telefônico	la télécarte	*la têlêkarte*
telefone público	le téléphone public	*le têlêfone püblik*
fone	le combiné, le récepteur	*le koNbinê, le rêseptêur*
abertura para colocar moedas	la fente	*la faNte*
viva voz	haut-parleur	*ô parlêur*
fone de ouvido e micr fone para telefone	mains libres	*meN libre*
catálogo telefônico	l'annuaire (m.)	*lanüére*
número de telefone	le numéro de téléphone	*le nümêrô de têlêfone*
telefone de teclado	le poste à clavier (à touche)	*le póste a klaviê (a tuxe)*

Agora você está pronto para fazer uma ligação. Esteja preparado para cobrança de taxas exorbitantes por parte do seu hotel; geralmente é o que acontece. Na França, comprar uma *télécarte*, disponível nos correios, cafés e em lojas de conveniência, é uma excelente ideia. É possível comprar 50 ou 120 unidades de chamada. (Certifique-se de que a sua *télécarte* fique bem guardada. Em caso de perda, qualquer pessoa pode usá-la, pois não há meios de identificar o proprietário.) A tabela abaixo explica como completar a chamada usando a *télécarte*.

Fazendo uma Ligação Telefônica

Português	Francês	Pronúncia
telefonar novamente	rappeler, retéléphoner	*rapelê, retêlêfonê*
discar	composer (faire) le numéro	*koNpozê (fére) le nümêrô*
desligar (o telefone)	raccrocher, quitter	*rakroxê, kitê*
inserir o cartão	introduire la carte	*aNtrodüire la karte*
saber o código de área	savoir l'indicatif, du pays (país), de la ville (cidade)	*savuár l'endikatif dü péí, de la vile*

Continua

Fazendo uma Ligação Telefônica (continuação)

Português	Francês	Pronúncia
deixar um recado	laisser un message	*lesê aN mesaje*
esperar dar sinal	attendre la tonalité	*ataNdre la tonalitê*
atender (o telefone)	décrocher	*dêkroxê*
telefonar, fazer uma ligação	téléphoner, donner un coup de fil	*têlêphonê, donê aN ku de fil*

Em português, muitas vezes, quando queremos dizer que alguém irá fazer algo novamente, usamos o prefixo *re-*, como em *redirecionar* ou *rediscar*. Os franceses adicionam o mesmo prefixo, como em *recomposer* (discar novamente). Suprima o *e* de *re-* antes de uma vogal, como em *rappeler* (telefonar novamente).

"Alô? Quem Fala?"

Conversas telefônicas são muito mais difíceis de serem conduzidas do que as que ocorrem face a face, pois não é possível observar as expressões faciais e os gestos da pessoa. Além do mais, os telefones podem distorcer as vozes e os sons.

Familiarize-se com as palavras usadas para fazer e atender uma ligação telefônica. A tabela abaixo mostra como iniciar uma conversa por telefone.

Conversas Telefônicas

Português	Chamando	Português	Atendendo
Alô	Allô	Alô	Allô
É da casa de...?	Je suis bien chez...?	Quem fala?	Qui est à l'appareil?
É...	C'est...	Aqui é...	Ici...
O(A)... está?	... est là?		
Eu gostaria de falar com...	Je voudrais parler à...	Um momento.	Ne quitte(z) pas.
Um momento.	Un moment.	Ele(Ela) não está.	Il(Elle) n'est pas là.
Quando ele (ela) volta?	Quand sera-t il(elle) de retour?	Quer deixar algum recado?	Voulez-vous (veux tu) laisser un message?
Eu retornarei a ligação mais tarde.	Je vais rappeler plus tard.		

Na França só se usa *Allô* ao telefone. Ao cumprimentar alguém pessoalmente, use *bonjour, bonsoir* (apenas à noite) ou *salut* (mais informal).

Desculpe, Foi Engano

Ao fazer uma ligação, podem ocorrer alguns problemas: número errado, sinal de ocupado ou queda de linha. Veja alguns exemplos de frases que talvez você use ou ouça caso ocorra alguma dificuldade:

Que número você chamou?
Vous demandez quel numéro?
vu demaNdê kél nümêrô

É engano.
C'est une erreur.
sé tüne erêur

Eu/Você tenho/tem o número errado.
J'ai/Vous avez le mauvais numéro.
jé/vu zavê le mové nümêrô

Fomos desconectados.
On nous a coupés.
oN nu za kupê

Por favor, ligue novamente.
Recomposez le numéro, s'il vous plaît.
rekoNpozê le nümêrô sil vu plé

Não consigo ouvi-lo.
J'entends mal.
jaNtaN mal

Não consigo ouvi-lo.
Je ne peux pas vous (t') entendre.
je ne pêu pa vu zaNtaNdre (taNtaNdre)

O telefone está com defeito.
Le téléphone est en panne (hors de service).
le têlêfone é taN pane (tor de servise)

Há muito ruído na linha.
Il y a beaucoup de parasites sur la ligne.
Ilyá boku de parazite sür la linhe

Telefone-me novamente mais tarde.
Rappelez-moi (Rappele –moi) plus tard.
rapélê muá (rapéle muá) plü tar

Telefones Celulares

Agora que os telefones celulares tornaram-se tão populares, logo abaixo estão algumas frases que podem ser úteis quando viajar para o exterior com seu celular:

Não consigo encontrar o meu celular. Você o viu?
Je ne trouve pas mon cellulaire (mon portable). L'avez-vous (L'as-tu) vu?
je ne truve pá moN selülére. lavê vu (la tü) vu

É possível enviar mensagem de texto daqui?
Est-ce possible envoyer des messages de texte d'ici?
ése posible aNvuaiê dé mésaje de tekste disí

Preciso de um carregador para recarregar meu celular.
Il me faut un chargeur pour recharger mon téléphone cellulaire.
il me fô taN xarjêur pur rexarjê moN têlêfone selülére

Preciso de uma bateria USB recarregável.
Il me faut une batterie USB rechargeable.
il me fô tune bateri ü ése bê rexarjable

Você tem fone de ouvido sem fio (fone de ouvido Bluetooth)?
Avez-vous des oreillettes sans fil (oreillettes mains libres Bluetooth)?
avê vu dé zoreiéte saN fil (zoreiéte meN libre blututh)

Quais as Suas Obrigações?

Talvez você esteja muito ocupado hoje e não tenha tempo de falar ao telefone. O verbo irregular *devoir*, mostrado na tabela abaixo, permite que você expresse o que tem que fazer. Este verbo se assemelha a um verbo sapato, pois as formas para *nous* e *vous* se parecem com o infinitivo, ao contrário das demais formas.

Devoir (Dever, Ter Que)

Conjugação	Pronúncia	Significado
je **dois**	*je duá*	eu devo
tu **dois**	*tü duá*	tu deves, você deve
il, elle, on **doit**	*il, éle, oN duá*	ele, ela deve
nous **devons**	*nu devoN*	nós devemos
vous **devez**	*vu devê*	vós deveis, vocês devem
ils, elles **doivent**	*il, éle duáve*	eles, elas devem

Como o verbo *devoir* é sempre seguido por outro verbo, *devoir* é conjugado enquanto que o outro verbo permanece no infinitivo:

> Je dois raccrocher.
> *je duá rakroxê*
> Devo (tenho que) desligar.

> Ils doivent se reposer.
> *il duáve se reposê*
> Eles devem (têm que) repousar.

"Não Posso Falar Agora"

Todos nós já passamos por uma situação em que o telefone começou a tocar justamente na hora em que colocávamos o pé para fora de casa ou quando estávamos abarrotados de coisas para fazer. Ou, às vezes, estamos com muita pressa para virar e atender ao telefone. Diga por que cada uma destas pessoas não pode falar ao telefone agora, usando o verbo *devoir* (conjugado) + infinitivo:

1. elle/réparer sa voiture
2. nous/aller en ville
3. tu/sortir
4. vous/faire des courses
5. ils/travailler
6. je /partir tout de suite

O Que Você Fez a Si Mesmo?

Outras razões pelas quais você não pode falar ao telefone podem envolver um verbo reflexivo no passado. Todos os verbos reflexivos usam *être* como verbo auxiliar do *passé composé*:

Je me suis endormi(e).	Nonus nous sommes endormi(e)s.
Tu t'és endormi(e).	Vous vous êtes endormi(e)s.
Il s'est endormi.	Ils se sont endormis.
Elle s'est endormie.	Elles se sont endormies.

Em frases negativas e interrogativas, o pronome reflexivo permanece antes do verbo auxiliar conjugado:

Elle ne *s'est* pas réveillée à temps.
Ela não acordou a tempo.

S'est-elle réveillée à temps?
Ela acordou a tempo?

Ne *s'est*-elle pas réveillée à temps?
Ela não acordou a tempo?

Não há concordância do particípio passado se o pronome reflexivo for usado como objeto indireto, o que ocorre muito raramente.

Elle *s'est* lavée.   Ela *se* lavou.

"Se" é o objeto direto. Como *s'* é um objeto direto antecedente, o particípio passado *lavée* deve concordar com o pronome objeto direto feminino antecedente *s'*.

Elle *s'est* lavé les cheveux.   Ela lavou seu cabelo.

O "ela mesma" subentendido é o objeto indireto. "Cabelo" é o objeto direto. Como *s'* é um objeto indireto antecedente e o objeto direto (*les cheveux*) está posicionado após o verbo, não há concordância do particípio passado *lavé* com o pronome objeto indireto antecedente *s'*.

Capítulo 22: Ligue para Casa... ou para Qualquer Outro Lugar   319

Desculpando-se

Diga por que cada pessoa não conseguiu fazer as ligações telefônicas que ele ou ela deveria fazer:

1. je (*f.*)/se casser le bras
2. elle/se réveiller tard
3. nous (*m.*)/s'occuper d'autre chose
4. ils/se mettre à travailler
5. vous (*f. plural*)/se lever à midi
6. tu (*f.*)/se coucher tôt

Respostas

"Não Posso Falar Agora"

1. Elle doit réparer...
2. Nous devons aller...
3. Tu dois sortir...
4. Vous devez faire...
5. Ils doivent travailler...
6. Je dois partir...

Desculpando-se

1. Je me suis cassée le bras.
2. Elle s'est réveillée tard.
3. Nous nous sommes occupés d'autre chose.
4. Ils se sont mis à travailler.
5. Vous vous êtes levées à midi.
6. Tu t'es couchée tôt.

Capítulo 23

Mantendo Contato

Neste Capítulo

- ◆ Correspondência: enviando e recebendo
- ◆ Os verbos irregulares *écrire* (escrever) e *lire* (ler)
- ◆ A diferença entre *savoir* e *connaître*
- ◆ O *passé composé* e o imperfeito

No Capítulo 22, você aprendeu como fazer uma chamada telefônica: iniciar uma conversa e usar regras de etiqueta apropriadas ao telefone. Em países estrangeiros, frequentemente, os telefones públicos estão prontamente acessíveis nos correios – e é deste ponto que decolamos para a próxima lição.

As probabilidades apontam para o fato de que você não irá aos correios para fazer uma chamada telefônica, mas sim para enviar cartas, cartões-postais e pacotes para a família e para os amigos. Você aprenderá como enviar cartas registradas e por sedex, bem como cartas por via aérea para que possa ter certeza de que sua correspondência chegue ao seu destino rapidamente. Em sua correspondência, você será capaz de expressar fatos que aprendeu e falar de pessoas que conheceu, assim como das atividades das quais participou desde o momento de sua chegada.

Enviando Sua Correspondência

Você acabou de visitar o Musée du Louvre, jantar no La Tour d'Argent e fazer compras na casa Channel, e agora não vê a hora de compartilhar suas experiências com os amigos e a família. Qualquer carta enviada por correio geralmente chega ao seu destino. A pergunta é quanto tempo ela demorará para chegar lá. Se velocidade é o que quer, esteja pronto para pagar taxas de postagem mais altas. Uma carta dentro da França custa, aproximadamente, 3 euros em uma tarifa de primeira classe. Comparativamente, a tarifa de postagem no Brasil é uma pechincha.

Você não pode postar uma carta ou uma encomenda sem alguns itens essenciais, tais como envelopes e selos. A tabela a seguir apresenta o vocabulário de que você precisa para enviar sua correspondência.

Termos Relativos a Correios e Correspondências

Português	Francês	Pronúncia
endereço	l'adresse (f.)	ladrése
destinatário	le destinataire	le destinatére
carta aérea	l'aérogramme (m.)	laêrograme
envelope	l'envelope (f.)	laNvelope
carta	la lettre	la létre
caixa de correio	la boîte aux lettres	la buáte ô létre
pacote	le paquet	le pakê
encomenda	le colis	le kolí
cartão-postal	la carte postale	la karte postale
postagem	l'affranchissement (m.)	lafranxisemaN
código postal	le code postal (régional)	le kode postal (rêjional)
carteiro (a)	le facteur (m.), la factrice	le faktêur, la faktrise
tarifa	le tarif	le tarif
remetente	l'expéditeur (m.), l'expéditrice (f.)	lekspêditêur lekspêditrise
selo	le timbre	le teNbre
guichê	le guichet	le gixé

Serviço com um Sorriso

 Você escreveu sua carta, dobrou-a e selou-a no envelope. Agora, tudo o que precisa fazer é achar uma agência dos correios ou caixa postal. Para descobrir onde fica uma, simplesmente pergunte o seguinte:

Onde fica a agência de correios mais próxima (caixa postal)?
Où se trouve (est) le bureau de poste (la boîte aux lettres) le (la) plus proche?
u se truve (é) le bürô de poste (la buáte ô létre) le (la) plü próxe

Diferentes tipos de cartas e encomendas exigem formulários, papelada e tarifas postais especiais. Você precisa saber como perguntar qual tipo de serviço deseja:

Qual é a tarifa de postagem...?
Quel est le tarif de l'affranchissement...?
kél é le tarif de lafranxisemaN

...para o Brasil   ...para carta aérea
...pour le Brésil   ...pour une lettre envoyée par avion
...pur le brêzil   *...pur üne létre aNvuaiê par avioN*

Eu gostaria de enviar esta carta (esta encomenda) por correio normal (por via aérea, remessa especial).
Je voudrais envoyer cette lettre (ce paquet) par courrier régulier (par avion, par exprès).
je vudré aNvuaê séte létre (se paké) par kuriê rêgüliê (par avioN, par ekspré)

Gostaria de enviar esta encomenda com pagamento contra entrega (C.O.D.).
Je voudrais envoyer ce paquet livrable contre remboursement (payable à l'arrivée).
je vudré aNvuaiê se paké livrable koNtre raNbursemaN (péiable a larivê)

Quando irá chegar? Quando irão chegar?
Quand arrivera-t-il (elle)? Quand arriveront-ils (elles)?
kaN tariverá til (téle)? kaN tariveroN til (téle)

324 Parte 4: Tempo Livre: Problemas

O Que Devo Escrever?

Após ter preenchido todo tipo de papelada, você ainda precisará fornecer várias informações por escrito. Familiarize-se com as formas irregulares do verbo *écrire* (escrever) na tabela abaixo.

Observe que é necessário adicionar um *v* ao radical das formas plurais. O particípio passado de *écrire* é *écrit* (*êkri*).

Écrire (Escrever)

Conjugação	Pronúncia	Significado
j'**écris**	*jêkri*	eu escrevo
tu **écris**	*tü êkri*	tu escreves
il, elle on **écrit**	*il, éle, oN nêkri*	ele, ela escreve
nous **écrivons**	*nu zêkrivoN*	nós escrevemos
vous **écrivez**	*vu zêkrivê*	vós escreveis, vocês escrevem
ils, elles **écrivent**	*il, éle êkrive*	eles, elas escrevem

Elle écrit bien. Ela escreve bem.

Adoro Ler

Você lerá muito em francês: formulários, avisos, cardápios, revistas ou jornais. O verbo irregular *lire* (ler) é apresentado na tabela a seguir. É preciso adicionar *s* ao radical em todas as formas no plural. O particípio passado de *lire* é *lu* (pronunciado *lü*).

Lire (Ler)

Conjugação	Pronúncia	Significado
je **lis**	*je li*	eu leio
tu **lis**	*tü li*	tu lês
il, elle, on **lit**	*il, éle, oN li*	ele, ela lê
nous **lisons**	*nu lizon*	nós lemos
vous **lisez**	*vu lizê*	vós ledes, vocês leem
ils, elles **lisent**	*il, éle lize*	eles, elas leem

Qu'est-ce que tu lis?	O que você está lendo?

As revistas francesas lhe causam estranheza? Você está interessado em ficar em dia com as notícias? Existe alguma placa que você não entende? Nunca esquecerei uma vez em que vi uma placa que dizia EAU NON-POTABLE. Apesar de ter feito letras em francês, eu nunca tinha me deparado com esta frase; "potable" era um cognato desconhecido para mim. Eu sabia que *eau* significava "água", mas isso era tudo o que eu entendia. Ainda bem que eu não bebi daquela água. Quando mais tarde eu procurei o significado daquela frase, descobri que significava que aquela água era imprópria para beber.

A próxima tabela disponibiliza itens que você poderá ler enquanto estiver na França.

Coisas para Ler

Português	Francês	Pronúncia
um anúncio	une annonce publicitaire	*üne anoNse püblisitére*
um livro	un livre	*aN livre*
um e-mail	un courriel	*aN kuriél*
uma revista	un magazine, une revue	*aN magazine, üne revü*
um cardápio	la carte	*la karte*
um jornal	un journal	*aN jurnal*
um romance	un roman	*aN Roman*
um folheto	une brochure	*üne broxüre*
um recibo	un reçu	*aN resü*
uma placa	un écriteau	*aN nêkritô*
um alerta	un avertissement	*aN navertisemaN*

Você Sabe Alguma Coisa Sobre Isso?

Você sabe o nome de um bom restaurante francês? Sabe? Você sabe onde ele fica? E o telefone? Você conhece o proprietário, também? Ele é seu primo de segundo grau, e ele realmente sabe como preparar uma caldeirada à provençal razoável? Ótimo! Para exprimir certos fatos, certas informações, relações e habilidades, você precisa dos dois verbos em francês que significam "saber" e "conhecer": *savoir* e *connaître*, apresentados a seguir, nas duas tabelas abaixo.

Parte 4: Tempo Livre: Problemas

Savoir (Saber) (Particípio Passado: *su*)

Conjugação	Pronúncia	Significado
je **sais**	*je sé*	eu sei
tu **sais**	*tü sé*	tu sabes
il, elle on **sait**	*il, éle, oN sé*	ele, ela sabe
nous **savons**	*nu savoN*	nós sabemos
vous **savez**	*vu savê*	vós sabeis, vocês sabem
ils, elles **savent**	*il, éle save*	eles, elas sabem

Je ne sais pas son nom.   Não sei seu nome.

Connaître (Conhecer) (Particípio Passado: *connu)*

Conjugação	Pronúncia	Significado
je **connais**	*je koné*	eu conheço
tu **connais**	*tü koné*	tu conheces
il, elle on **connaît**	*il, éle, oN koné*	ele, ela conhece
nous **connaissons**	*nu konésoN*	nós conhecemos
vous **connaissez**	*vu konésê*	vós conheceis, vocês conhecem
ils, elles **connaissent**	*il, éle konése*	eles, elas conhecem

Connaissez-vous cette chanson?   Você(s) conhece(m) esta música?

Sabe a Diferença?

Como em português, em francês há uma distinção entre saber sobre fatos e como fazer as coisas (*savoir*) e conhecer (ter conhecimento de) pessoas, lugares e ideias (*connaître*):

Savez-vous l'adresse?   Sait-il faire du ski?
save vu ladrése   *sé til fére dü ski*
Você sabe o endereço?   Ele sabe esquiar?

O verbo *connaître* indica familiaridade com uma pessoa, um lugar, ou uma coisa. Se puder substituir "conhecer" por "estar familiarizado com", use o verbo *connaître*:

Connaissez-vous Marie?	Connais-tu cette chanson?
konésê vu mari	*koné tü séte xaNsoN*
Você conhece a Marie?	Você conhece esta música?
(Você é familiarizado	(Você ouviu esta música, mas não
com ela?)	sabe a letra?)

Observe a diferença entre estes dois exemplos:

Je sais ce poème.	Je connais ce poème.
Eu sei este poema (de cor).	Eu conheço este poema. (Sou
	familiarizado com ele.)

O Que Estava Acontecendo?

Eu **estava sentado** preguiçosamente em um clube no bulevar St. Germain, saboreando um Cointreau e olhando as outras pessoas se divertirem. Não **conhecia** ninguém e **estava ficando entediada**. De repente, a música começou e fiquei intrigada com um francês sexy que **dançava** intensamente. Eu não sou tímida, então *fui* até ele e o *convidei* para dançarmos a próxima música. Eu **não** acreditei quando ele *respondeu* sim. *Dançamos* e *conversamos* a noite toda e eu *acabei* tendo uma ótima noite. Ele até *pediu* meu telefone.

A história acima aconteceu recentemente, mas, contudo, no passado. Em francês, há dois tipos diferentes de passado: o *passe composé* e o imperfeito (***l'imparfait***), como apresentado no parágrafo anterior. Observe que o imperfeito é diferente do *passe composé* no sentido de que o imperfeito não precisa de verbo auxiliar. Isto faz com que falar sobre o passado fique um pouco confuso. Se usar um pelo outro ainda assim será compreendido. Algumas vezes, qualquer um dos tempos verbais pode estar correto.

Qual a diferença? O *passe composé* expressa ações ou eventos específicos completos no passado (em algum momento), enquanto que o imperfeito indica uma ação incompleta ou um estado contínuo no passado (representado por uma linha ondulada).

Formação do Imperfeito

Antes de partirmos para uma explicação mais detalhada, vejamos como se forma o imperfeito. Para os verbos regulares e irregulares, forma-se o imperfeito suprimindo a terminação *-ons* das formas de *nous* no presente e adicionando as seguintes terminações:

je	*-ais*	nous	*-ions*
tu	*-ais*	vous	*-iez*
Il, elle, on	*-ait*	ils, elles	*-aient*

328 Parte 4: Tempo Livre: Problemas

A tabela abaixo mostra como é fácil.

O Imperfeito

Verbos Terminados em -er	Verbos Terminados em -ir	Verbos Terminados em –re
nous parl**ons**	nous finiss**ons**	nous répond**ons**
je parl**ais**	je finiss**ais**	je répond**ais**
je parlé	*je finisé*	*je rêpondé*
tu parl**ais**	tu finiss**ais**	tu répond**ais**
tü parlé	*tü finisé*	*tü rêpondé*
il, elle, on parl**ait**	il, elle on finiss**ait**	il, elle, on répond**ait**
il, éle, oN parlé	*il, éle, oN finisé*	*il, éle, oN rêpondé*
nous parl**ions**	nous finiss**ions**	nous répond**ions**
nu parlioN	*nu finisioN*	*nu rêpoNdioN*
vous parl**iez**	vous finiss**iez**	vous répond**iez**
vu parliê	*vu finisiê*	*vu rêpondiê*
Ils, elles parl**aient**	Ils, elles finiss**aient**	Ils, elles répond**aient**
il, éle parlé	*il, éle finisé*	*il, éle rêpondé*

O único verbo que fica irregular no imperfeito é o verbo *être*:

j'étais	nous étions
jêté	*nu zêtioN*
tu étais	vous étiez
tü êté	*vu zêtiê*
il, elle, on était	ils, elles étaient
il, éle, oN nêté	*il, éle zêté*

> ## Intensificador de Memória
>
> Verbos teminados em *-ions* no presente levam um i antes de *-ions* e *-iez* nas terminações do imperfeito: nous vérifions, nous vérifiions.

Para todos os outros verbos irregulares no presente, você precisa saber a forma correta de *nous* no presente para formar o imperfeito.

O Imperfeito Revisitado

Qual a eficiência da sua memória? Na tabela abaixo, complete a primeira coluna com a forma do presente do *nous* dos verbos irregulares listados e, em seguida, forneça a forma correta do imperfeito para os pronomes contidos na segunda coluna.

Infinitivo	Forma do Presente de *Nous*	Imperfeito
avoir (ter)	nous _____	elle _____
boire (beber)	nous _____	je _____
connaître (conhecer)	nous _____	vous _____
devoir (dever, ter que)	nous _____	tu _____
dire (dizer)	nous _____	ils _____
écrire (escrever)	nous _____	elles _____
faire (fazer)	nous _____	vous _____
lire (ler)	nous _____	je _____
mettre (colocar, por)	nous _____	nous _____
pouvoir (poder)	nous _____	elle _____
prendre (levar)	nous _____	ils _____
recevoir (receber)	nous _____	vous _____
savoir (saber)	nous _____	elles _____
voir (ver)	nous _____	elles _____
vouloir (querer)	nous _____	je _____

O Imperfeito e as Mudanças de Ortografia

Alguns verbos sapato apresentam mudança na ortografia:

Verbos terminados em *-cer* trocam *c* para *ç* antes de *a* ou *o* para manter o som *c* suave. Essas mudanças ocorrem em todas as formas, exceto para *nous* e *vous*: *j'avançais; tu avançais; il, elle, on avançait; nous avancions; vous avanciez; ils, elles avançaient.*

Verbos terminados em *-ger* inserem um *e* mudo entre o *g* e o *a* ou *o* para manter o som *g* suave. Essas mudanças ocorrem em todas as formas, exceto para *nous* e *vous*: *je mangeais; tu mangeais; il, elle, on mangeait; nous mangions; vous mangiez; ils, elles mangeaient.*

O *Passé Composé* versus o Imperfeito

Qual você deve usar e quando? O *passé composé* expressa uma ação completa em um tempo específico no passado. Pense em uma câmera fotográfica. O

330 Parte 4: Tempo Livre: Problemas

passé composé representa uma ação que se pôde capturar por um instântaneo; uma ação que aconteceu e que terminou.

O imperfeito expressa ações que continuaram no passado durante um tempo indeterminado. Pense em uma câmera novamente. O imperfeito representa uma ação que pôde ser capturada por uma câmera de vídeo. A ação continuou fluindo; a ação *estava* acontecendo, *costumava* acontecer, ou *acontecia*. O imperfeito é um tempo descritivo.

A próxima tabela oferece um olhar mais profundo nas diferenças entre os dois tempos verbais.

O *Passé Composé* versus o Imperfeito

Passé Composé	Imperfeito
Eventos que começaram e terminaram em um período definido no passado (mesmo que o tempo não esteja mencionado): *J'ai parlé au diredteur.* (Falei/Conversei com o diretor).	Eventos contínuos no passado que podem ou não ter terminado: *Je parlais au directeur.* (Eu falava/conversava com o diretor).
Um evento específico ocorrido em um ponto determinado no passado: *Hier il est sorti à midi.* (Ontem ele saiu ao meio-dia.)	Eventos repetidos que aconteceram no passado: *D'habitude il sortait à midi.* (Ele sempre saía ao meio-dia.)
Um evento específico que se repetiu determinado número de vezes: *Il sont allés au cinema six fois.* (Eles foram ao cinema seis vezes.)	Descrevendo uma pessoa, um lugar, uma coisa ou um estado de espírito: *Nous étions contents.* (Estávamos contentes.) *La mer était calme.* (O mar estava calmo.) *La porte était ouverte.* (A porta estava aberta.) *Je voulais partir.* (Eu queria ir embora.)

Passé Composé ou Imparfait?

O tempo estava ótimo e fui a um piquenique com um amigo. Algo imprevisto aconteceu que quase arruinou o nosso dia. Complete a história com a forma correta do verbo no *passé composé* ou no imperfeito:

Capítulo 23: Mantendo Contato — 331

C'(être) _____ une belle journée de printemps. Le ciel (être) _____ bleu et les oiseaux (chanter) _____. Je ne (faire) _____ pas grand-chose quand tout à coup le téléphone (sonner) _____. C'(être) _____ mon amie Barbara. Elle me (m') (demander) _____ si je (vouloir) _____ faire un pique-nique dans les bois. Je (J') (dire) _____ "Oui, volontiers!" Alors je (partir) _____ la chercher à 10 h chez elle et nous (aller) _____ au parc en voiture. En route, nous (s'arrêter) _____ à la charcuterie pour acheter des sandwiches et des boissons. À 11 h nous (arriver) _____ au parc. Le soleil (briller) _____ et il (faire) _____ si beau. Nous (trouver) _____ vite un endroit pour nous installer. Nous (commencer) _____ à manger nos sandwiches quand tout à coup une abeille (attaquer) _____ Barbara. Elle (crier) _____ mais elle (s'écharper) _____. Nous (passer) _____ le reste de la journée à parler de nos amis et à nous amuser. L'après-midi (être) _____ magnifique.

Respostas

O Imperfeito Revisitado

Infinitivo	Formas de *Nous* no presente	Imperfeito
avoir (ter)	nous avons	elle avait
boire (beber)	nous buvons	je buvais
connaître (conhecer)	nous connaissons	vous connaissiez
devoir (dever)	nous devons	tu devais
dire (dizer)	nous disons	ils disaient
écrire (escrever)	nous écrivons	elles écrivaient
faire (fazer)	nous faisons	vous faisiez
lire (ler)	nous lisons	je lisais
mettre (colocar)	nous mettons	nous mettions
pouvoir (poder)	nous pouvons	elle pouvait
prendre (pegar)	nous prenons	ils prenaient
recevoir (receber)	nous recevons	vous receviez

continua

O Imperfeito Revisitado (continuação)

Infinitivo	Formas de *Nous* no presente	Imperfeito
savoir (saber)	nous savons	elles savaient
voir (ver)	nous voyons	elles voyaient
vouloir (querer)	nous voulons	je voulais

Passé Composé ou *Imparfait?*

1. était
2. était
3. chantaient
4. faisais
5. a sonné
6. était
7. a demandé
8. voulais
9. ai dit
10. suis parti(e)
11. sommes allé(e)s
12. nous sommes arrêté(e)s
13. sommes arrivé(e)s
14. brillait
15. faisait
16. avons vite trouvé
17. commencions
18. a attaqué
19. a crié
20. s'est échappée
21. avons passé
22. était

Parte 5
É Hora de Fazer Negócios

Hoje, mais do que nunca, as empresas procuram pessoas que conseguem se comunicar eficazmente no nosso mundo multilíngue em constante expansão. Falar um idioma estrangeiro pode ser a chave para uma carreira bem-sucedida.

A parte 5 é para leitores cujos cargos e negócios requerem mais do que um conhecimento superficial do idioma francês. Nossa sociedade moderna, dotada de alta tecnologia, exige conhecimento de termos e expressões computacionais atuais, assim como o vocabulário necessário para fotocopiar e enviar documentos importantes por meio de fax. Expressões bancárias e do mundo dos negócios também são imprescindíveis. E para viajantes que estão constantemente em movimento, ou que gostam de combinar negócios com lazer, apresento alternativas à tradicional hospedagem em hotéis.

Ao completar a parte 5, se empenhar-se de maneira aplicada, ambiciosa e consciente, você estará pronto para enfrentar qualquer situação em francês. E tenho certeza de que poderá fazê-lo sozinho!

Capítulo 24

Para o Empresário

Neste Capítulo

- ◈ Suprimentos de artigos de papelaria
- ◈ Fazendo cópias, enviando faxes e outras tarefas relacionadas ao computador
- ◈ Conversa de negócios
- ◈ O tempo futuro

O capítulo 23 o ajudou a encontrar uma caixa-postal e uma agência dos correios; a comprar selos, envelopes e outros produtos essenciais para correspondências; e a informar-se sobre tarifas postais. Ele também explicou como descrever, em francês, o que você deseja ler ou escrever, fatos e pessoas que conhece e atividades que realizou no passado.

Agora que se tornou um especialista em escrever cartas, talvez queira tentar realizar alguns negócios em francês. Para fazê-lo, você precisará de suprimentos de artigos de papelaria e do conhecimento das expressões próprias para operar fax, fotocopiadora e computador apresentadas neste capítulo. Aqui você aprenderá algumas frases-chave que todo bom empresário usa e como expressar seus planos de negócios para o futuro.

"Preciso de Material!"

Para realizar qualquer tipo de negócio, você precisará adquirir algumas ferramentas necessárias para a tarefa. Uma parada importante seria *à la papeterie* (*a la papeteri*; na papelaria), onde encontrará os materiais de escritório necessários listados na tabela abaixo. Comece a sua transação dizendo:

Eu gostaria de comprar (um, uma, alguns, algumas)...
Je voudrais acheter ...
je vudré axetê ...

Na Papelaria

Português	Francês	Pronúncia
caneta esferográfica	un stylo (à bille)	*aN stilô (a bíi)*
calculadora	une calculette (calculatrice)	*üne kalküléte (kakulatrise)*
envelopes	des enveloppes (f.)	*dé zaNvelope*
borracha	une gomme	*üne góme*
caderno	un cahier	*aN kaiê*
papel	du papier	*dü papiê*
clipes para papéis	des trombones (m.)	*dé troNbone*
apontador de lápis	un taille-crayon	*aN taie kréioN*
lápis	des crayons	*dé kréioN*
régua	une règle	*üne régle*
fita adesiva	du ruban adhésif, du scotch	*dü rübaN adêsif dü skótch*
grampeador	une agrafeuse	*ün agrafêuze*
papéis de carta	du papier à lettres	*dü papiê a létre*
papel de embrulho	du papier d'emballage	*dü papiê daNbalaje*
bloco de notas	un bloc	*aN blók*

Fotocópias, Faxes e Computadores

Hoje em dia, a maior parte dos negócios exige três itens essenciais para facilitar e acelerar os projetos empresariais: faxes, fotocópias e computadores.

Capítulo 24: Para o Empresário **337**

Fazendo Cópias

Suponhamos que a sua empresa o enviou à França em uma viagem de negócios. Você recebeu uma quantia bem generosa para despesas, para a qual é necessário emitir recibos. Sua carteira já está cheia deles e você gostaria de ter uma cópia de cada, caso um ou outro seja perdido durante a viagem. Seria prudente fazer fotocópias o mais cedo possível. Veja o que talvez você tenha que dizer:

Gostaria de fazer uma fotocópia deste papel (documento).
Je voudrais faire une photocopie de ce papier (ce document).
je vudré fére üne fotokopí de se papiê (se dokümaN)

Gostaria que fizesse uma fotocópia deste papel (documento).
Je voudrais faire faire une photocopie de ce papier (ce document).
je vudré fére fére üne fotokopí de se papiê (sedokümaN)

Qual o preço por página?
Quel est le prix par page?
kél é le pri par paje

Você pode ampliá-lo (em cinquenta por cento)?
Pouvez-vous l'élargir (de cinquante pour cent)?
puvê vu lélarjir (de seNkaNte pur saN)

Você pode reduzi-lo (em vinte e cinco por cento)?
Pouvez-vous le réduire (de vingt-cinq pour cent)?
puvê vu le rêdüir (de veN-seNk pur saN)

Você pode fazer uma cópia colorida (dele[s])?
Pouvez-vous en faire une copie en couleurs?
puvê vu aN fére üne kopi aN kulêur

Enviando Fax

Os estabelecimentos comerciais e industriais constataram que o envio de informações e documentos por meio de fax é extremamente conveniente. Poder transmitir e receber informações em uma questão de segundos ou minutos acelera o tempo gasto para realizar um negócio, e isso se traduz em reais, dólares e euros extras. Se estiver realizando negócios na França, você desejará estar familiarizado com o fax.

338 Parte 5: É Hora de Fazer Negócios

Qual o número do seu fax?
Quel est le numéro de votre télécopieur (téléfax/fax)?
kél é le nümêrô de votre têlêkopiêur

Eu gostaria de enviar um fax.
Je voudrais transmettre une télécopie (un fax).
je vudré transmétre üne têlêkopí (aN faKs)

Posso enviar esta(e) carta (documento) por fax para você?
Puis-je vous transmettre une télécopie de cette lettre (de ce document)?
püi-je vu transmétre üne kopí de séte létre (de se dokümaN)

Envie-me uma cópia dele por fax.
Envoyez-m'en (Envoie-m'en) une télécopie (un fax).
aNvuaiê-maN (aNvuá-maN) üne têlêkopí (aN faKs)

Não recebi o seu fax.
Je n'ai pas reçu votre télécopie (un fax).
je na pá resü votre têlêkopí (aN faKs)

Você recebeu o meu fax?
Avez-vous reçu ma télécopie (un fax)?
avê-vu resü ma têlêkopí (aN faKs)

O seu fax está ilegível.
Votre télécopie n'est pas lisible.
votre têlêkopí né pá lizible

Favor enviá-lo novamente.
Veuillez la transmettre de nouveau.
vêuiê la transmétre de nuvô

Observe que embora o verbo *faxer* seja usado informalmente, seu uso não é bem visto pelos puristas.

Operando o Computador

No mundo acelerado de hoje, é necessário ter conhecimento de informática para realizar negócios. É importante saber quais sistemas, programas e periféricos as outras empresas estão usando. Seus processadores de texto e suas planilhas serão compatíveis? Vocês poderão conectar-se em rede?

As seguintes frases e tabela o auxiliarão, mesmo que você não seja muito entendido de informática.

Capítulo 24: Para o Empresário 339

Que tipo de computador você possui?
Quel système (type, genre) d'ordinateur avez-vous?
kél sistéme (tipe, jaNre) dordinatêur avê-vu

Que sistema operacional você está usando?
Quel système opérant employez-vous?
kél sistéme opêraN aNpluaiê-vu

Que programa de processador de texto você está usando?
Quel système de traitement de texte employez-vous?
kél sistéme de trétemaN de tékste aNpluaiê-vu

Qual é a senha?
Quel est le mot de passe?
Kél é le mô de pase

Preciso de um cartão Wi-Fi.
Il me faut une carte Wi-Fi.
il me fô üne karte wi-fi

Eu tenho um laptop.
J'ai un ordinateur portable.
jé aN nordinatêur portable

> **Attention!**
> O termo popular atual para e-mail em francês é le courriel. É uma combinação das palavras courrier (correio) e élétronique. O termo para spam é le pourriel. O verbo francês pourrir significa "apodrecer".

Preciso de uma conexão de internet sem fio.
Il me faut une connexion l'Internet sans fil.
il me fô üne koneksioN leNternet saN fil

Como posso ativar (comprar) uma conta Wi-Fi online?
Comment peux-je activer (acheter) un compte Wi-Fi en ligne?
kómaN pêu-je active (axetê) aN koNte wi-fi aN linhe

Onde fica o cibercafé (hotspot) mais próximo?
Où est le café l'Internet (hotspot) le plus proche?
u é le kafê leNternet (ótspót) le plü próxe

Onde posso encontrar uma listagem de hotspots?
Où peux-je trouver un annuaire des hotspots?
u pêu-je truvê aN nanüére dé ótspót

Você tem acesso à internet por Wi-fi?
Avez-vous accès à l'Internet par Wi-Fi?
avê-vu aksé a leNternet par wi-fi

340 Parte 5: É Hora de Fazer Negócios

Tenho um BlackBerry. Posso usá-lo aqui?
J'ai un BlackBerry. Peux-je l'utilizer ici?
jé aN blackberrí. pêu-je lütilizê isí

Termos Relacionados à Informática

Português	Francês	Pronúncia
acesso	l'accès (*m.*)	*laksé*
inicializar	démarrer	*dêmarê*
bug	le bogue	*lê bóge*
byte	le byte	*le bite*
cartucho (laser, jato de tinta)	la cartouche (le laser, le jet d'encre)	*la kartuxe (le lazer, le jé daNkre)*
CD	le CD	*lê cêde*
clicar	cliquer	*klikê*
computador	l'ordinateur (*m.*)	*lordinatêur*
informática	l'informatique (*f.*)	*laNformatike*
conexão	le raccordement	*le rakordemaN*
CPU	l'unité centrale (*f.*)	*lünitê saNtrale*
cursor	le curseur	*le kürsêur*
banco de dados	la base de données	*la baze dé dónê*
computador desktop	l'ordinateur (*m.*)	*lordinatêur*
unidade de disco	le lecteur de disques	*le lektêur de diske*
disquete	la disquette	*la diskéte*
fazer download	décharger	*dêxarjê*
menu suspenso	le menu-déroulant	*le menu-dêrulaN*
e-mail	le courriel le e-mail	*le kuriél* *le i-mél*
tecla de função	la touche de fonction	*la tuxe de foNksioN*
hacker	le pirate	*le pirate*
disco rígido	le disque dur	*le disk düre*
hardware	le matériel	*le matêriél*
inserir	introduire, insérter	*eNtrodüir, eNsêrtê*
internet	l'Internet	*leNternet*

Português	Francês	Pronúncia
joystick	la manette de jeux	*la manéte de jêu*
tecla	la touche	*la tuxe*
teclado	le clavier	*le klaviê*
laptop	l'ordinateur portable (*m.*)	*lordinatêur portable*
mala direta	le mailing, le publipostage	*le méling le püblipostaje*
cartão de memória	la carte de mémoire	*la karte de mêmuar*
modem	le modem	*le módem*
monitor	le moniteur	*le monitêur*
mouse	le souris	*le surí*
rede	le réseau	*le rêzô*
sistema operacional	le système opérant	*le sistém opêraN*
periféricos	les périphériques (*m.*)	*lé pêrifêrike*
domínio público	le domaine publique	*le doméne püblike*
scanner, digitalizar	scanner, digitaliser	*skanê, dijitalizê*
tela	l'écran (*m.*)	*lêkraN*
software	le logiciel	*le lojisiél*
velocidade	la vitesse	*la vitése*
corretor ortográfico	le correcteur ortographique	*le kórektêur ortografike*
planilha	le tableur	*le tablêur*
dicionário de sinônimos	le dictionnaire	*le diKsionére*
processador de texto	le système de traitement de texte	*le sistéme de trétemaN de tékste*

Como Ser um Bom Empresário

Se estiver planejando exportar ou enviar mercadorias para uma empresa francesa que usa o francês como principal idioma, as palavras-chave na tabela abaixo podem fornecer o que necessita para se comunicar com seus parceiros.

Termos de Negócios

Português	Francês	Pronúncia
contador	le comptable	*le koNtable*
quantia	le montant	*le moNtaN*
bens	l'actif (*m.*)	*laktif*
autorizar	autoriser	*ôtorizê*
fatura	la facture de paiement	*la faktüre de pémaN*
nota de venda	la lettre de vente	*la létre de vaNte*
contabilidade	la comptabilité	*la koNtabilitê*
negócio	l'affaire (*f.*)	*lafére*
comprar	acheter	*axetê*
comprar a dinheiro	payer comptant	*peiê koNtaN*
descontar um cheque	encaisser un chèque	*aN késê aN xéke*
preço competitivo	le prix de concurrence	*le prí de koNküraNse*
consumidor	le consommateur	*le koNsómatêur*
contrato	le contract	*le koNtrá*
crédito	le crédit	*le krêdí*
débito	le débit	*le dêbí*
entregar	livrer	*livrê*
desconto	la réduction, le rabais	*la rêdüksioN, le rabé*
devido/vencido	échu	*êxü*
despesas	les frais (*m.*)	*lé fré*
exportar	exporter	*éksportê*
comércio exterior	le commerce extérieur	*le kómérse ékstêriêur*
produtos	les produits (*m.*)	*lé prodüi*
importar	importer	*eNportê*
juros	les intérêts (*m.*)	*lé zentêré*
fatura	la facture	*la faktüre*
administração/gerência	la gestion	*la jestioN*
gerente	le gérant	*le jêraN*

Capítulo 24: Para o Empresário 343

Português	Francês	Pronúncia
mercadoria	la marchandise	*la marxaNdize*
dinheiro	l'argent (*m.*)	*larjaN*
escritório	le bureau	*le bürô*
despesas gerais	les frais généreaux (*m.*)	*lé fré jênêrô*
proprietário	le propriétaire	*le propriêtére*
embalar	emballer	*aNbalê*
sócio	l'associé (*m.*)	*lasosiê*
pagamento	le versement	*le versemaN*
por cento	pour cent	*pur saN*
produtor	le producteur	*le prodüktêur*
propriedade	la propriété	*la propriêtê*
compra	l'achat (*m.*)	*laxá*
recibo	le reçu	*le resü*
varejista	le détaillant	*le dêtaiaN*
venda	la vente	*la vaNte*
amostra	l'échantillon (*m.*)	*lêxaNti-ioN*
preço de venda	le prix de vente	*le pri de vaNte*
enviar	envoyer	*aNvuaiê*
envio com pagamento contraentrega	envoyer payable à l'arrivée	*aNvuaiê paiable a larivê*
pagar/liquidar	payer	*peiê*
remessa	l'expédition	*lékspêdisioN*
taxa	l'impôt (*m.*)	*leNpô*
isento de impostos	exempt d'impôts	*egzaN deNpô*
comércio	le commerce	*le kómerse*
realizar negócios	faire des affaires	*fére dé zafére*
imposto sobre circulação de mercadorias e serviços	la taxe sur la valeur ajoutée	*la takse sür la valêur ajutê*
atacadista	le grossiste	*le grosiste*

Há Esperança para o Futuro

Um empresário otimista tende a olhar para o futuro e a se preparar com sabedoria para ele. Como em português, em francês, o futuro pode ser expresso de duas formas: usando *aller* (ir) + um verbo no infinitivo ou usando o tempo verbal futuro.

Para refrescar sua memória, eis aqui o verbo irregular *aller* (ir):

je vais	nous allons
tu vas	vous allez
il, elle on va	ils, elles vont

Aller + Infinitivo

O verbo *aller* significa "ir". Então, é compreensível que ele seja usado para expressar aquilo que o falante irá fazer. Como o verbo "ir" é o primeiro verbo da locução, é preciso conjugá-lo.

Je vais aller en ville.
je vé alê aN vile
Irei para a cidade.

Ils vont envoyer une lettre.
il voN taNvuaiê üne létre
Eles irão enviar uma carta.

O Tempo Verbal Futuro

É possível também expressar o futuro mudando o verbo para o tempo futuro. O futuro indica o que o sujeito fará ou que ação ocorrerá em um período futuro. O futuro dos verbos regulares é formado adicionando as terminações à forma do infinitivo, como demonstrado na próxima tabela. Observe que as terminações do futuro se assemelham às do verbo *avoir*, exceto para *nous* e *vous*, nas quais o início *av-* (*nous avons, vous avez*) é suprimido.

Para os verbos terminados em *-re*, suprima o *e* final do infinitivo antes de adicionar a terminação apropriada:

Il m'attendra à midi.
Ele me esperará ao meio-dia.

O Futuro

Verbos Terminados em -er	Verbos Terminados em -ir	Verbos Terminados em -re
travailler (trabalhar) ... *trabalhará*	choisir (escolher) ... *escolherá*	vendre (vender) ... *venderá*
je travailler**ai** *je travaierê*	je choisir**ai** *je xuazirê*	je vendr**ai** *je vaNdrê*
tu travailler**as** *tü travaierá*	tu choisir**as** *tü xuazirá*	tu vendr**as** *tü vaNdrá*
il, elle, on travailler**a** *il, éle, oN travaierá*	il, elle on choisir**a** *il, éle, oN xuazirá*	il, elle on vendr**a** *il, éle oN vaNdrá*
nous travailler**ons** *nu travaieroN*	nous choisir**ons** *nu xuaziroN*	nous vendr**ons** *nu vaNdroN*
vous travailler**ez** *vu travaierê*	vous choisir**ez** *vu xuazirê*	vous vendr**ez** *vu vaNdrê*
ils, elles travailler**ont** *il, éle travaieroN*	ils, elles choisir**ont** *il, éle xuaziroN*	ils, elles vendr**ont** *il, éle vaNdroN*

O Tempo Futuro dos "Verbos Sapato"

Apenas certos verbos são irregulares no futuro. (Os demais "verbos sapato" formam o futuro como descrito na seção anterior.)

Os verbos com terminação -*yer* mudam o *y* para *i* em todas as formas do futuro. Não existe mais sapato, já que todas as formas usam *i* em vez de *y*: *j'emploierai; tu emploieras; il, elle, on emploiera; nous emploierons; vous emploierez; ils, elles emploieront.* Os verbos com terminação -*ayer* podem ou não mudar o *y* para *i*. Ambas as formas *je paierai* e *je payerai* são aceitas.

Os verbos terminados em *e* + consoante + *er* (mas não *é* + consoante + *er*) mudam o *e* átono para *è* no futuro. Mais uma vez, não haverá mais sapato, porque as alterações ocorrem em todas as formas: *j'achèterai; tu achèteras; il, elle, on achèta; nous achèterons; vous achèterez; ils, elles achèteront.*

Os verbos *appeler* e *jeter* dobram suas consoantes no sapato no tempo presente. O mesmo ocorre em todas as formas do futuro: *je t'appellerai.* (Eu lhe telefonarei.) I*ls jetteront les ordures.* (Eles jogarão o lixo fora.)

Verbos Irregulares no Futuro

Os verbos na próxima tabela têm radicais irregulares no futuro. Adicione as terminações do futuro a esses radicais para obter a forma correta do tempo futuro.

Infinitivo	Radical	Futuro
avoir (ter)	aur- (*or*)	tu _____
devoir (dever, ter que)	devr- (*dev*)	nous _____
envoyer (enviar)	enverr (*aNver*)	il _____
être (ser)	ser- (*ser*)	elles _____
faire (fazer)	fer- (*fer*)	je _____
pouvoir (poder)	pourr- (*pur*)	vous _____
recevoir (receber)	recevr- (*resev*)	nous_____
savoir (saber)	saur- (*sor*)	ils _____
venir (vir)	viendr- (*viaNdr*)	tu _____
voir (ver)	verr- (*ver*)	je _____
vouloir (querer)	voudr- (*vudr*)	elle _____

Fazendo Previsões para o Futuro

Você gostaria de ter uma bola de cristal para olhar o futuro, ou prefere não saber? Se estiver curioso, consulte seu horóscopo para saber o que está guardado para você. Quais são as previsões para cada signo do zodíaco?

Bélier (21 mars - 20 avril)
Des opportunités financières exceptionnelles se présenteront.

Taureau (21 avril - 20 mai)
Vous passerez um mois très agréable.

Gémeaux (21 mai - 20 juin)
Vous aurez des tensions et des disputes avec des collègues.

Câncer (21 juin - 22 juillet)
Vous serez en très bonne forme.

Lion (23 juillet - 21 août)

Vous vous concentrerez sur vos affaires financières.

Vierge (22 août - 22 septembre)

Vous prendez une décision importante concernant votre avenir professionnel.

Balance (23 septembre - 22 octobre)

Vous serez en harmonie avec vos amis.

Scorpion (23 octobre - 22 novembre)

Votre ambition vous servira.

Sagittaire (23 novembre - 20 décembre)

Vous aurez des discussions importantes avec des membres de votre famille.

Capricorne (21 décembre - 20 janvier)

Tout ira bien pour vous.

Verseau (21 janvier - 19 février)

Vous ferez la connaissance d'une personne importante.

Poissons (20 février - 20 mars)

Votre agenda sera tous les soirs plein et les propositions de week-end afflueront.

Respostas

Verbos Irregulares no Futuro

Infinitivo	Radical	Futuro
avoir (ter)	aur- (*or*)	tu auras
devoir (dever, ter que)	devr- (*dev*)	nous devrons
envoyer (enviar)	enverr- (*aNver*)	il enverra
être (ser)	ser- (*ser*)	elles seront
faire (fazer)	fer- (*fer*)	je ferai

Continua

Verbos Irregulares no Futuro (continuação)

Infinitivo	Radical	Futuro
pouvoir (poder)	pourr- (*pur*)	vous pourrez
recevoir (receber)	recevr- (*resev*)	nous recevrons
savoir (saber)	saur- (*sor*)	ils sauront
venir (vir)	viendr- (*viaNdr*)	tu viendras
voir (ver)	verr- (*ver*)	je verrai
vouloir (querer)	voudr- (*vudr*)	elle voudra

Fazendo Previsões para o Futuro

Áries. Oportunidades financeiras excepcionais se apresentarão para você.

Touro. Você terá um mês muito bom.

Gêmeos. Haverá tensões e conflitos com seus colegas.

Câncer. Você estará em boa forma.

Leão. Você irá concentrar-se em seus assuntos financeiros.

Virgem. Você tomará uma importante decisão a respeito de seu futuro profissional.

Libra. Você estará em harmonia com seus amigos.

Escorpião. Sua ambição será útil.

Sagitário. Você terá discussões importantes com os membros de sua família.

Capricórnio. Tudo irá bem para você.

Aquário. Você encontrará uma pessoa importante.

Peixes. Você estará ocupado todas as noites e terá muitos planos para o fim de semana.

Capítulo 25

Comprando e Alugando um Imóvel

Neste Capítulo

◆ Apartamentos e casas

◆ Aposentos, móveis, aparelhos e comodidades

◆ O modo condicional

Embora você adore o luxo de um hotel bem equipado, a longo prazo, essa acomodação pode acabar não sendo eficaz em termos de custo. Provavelmente vale mais a pena comprar ou alugar um apartamento, uma casa ou propriedade em condomínio ou até mesmo comprar um imóvel no sistema de propriedade compartilhada.

Este capítulo explica como obter as comodidades que deseja e de que necessita e como expressar o que faria em certas circunstâncias.

Alugue um *Château*

Alugar um *château* pode ser demais para o seu bolso, mas alugar ou comprar um imóvel em um país francófono não é, absolutamente, incomum nos dias de hoje. Se estiver pensando nessa possibilidade, leia *Um ano na Provence* (*"A year in Provence"*; Vintage, 1991) escrito por Peter Mayle. Além de ser uma leitura leve e agradável, o livro pode convencê-lo a ir morar no sul da França.

Parte 5: É Hora de Fazer Negócios

Caso decida que está na hora de ousar e comprar uma casa própria, você vai querer ser capaz de ler e entender os anúncios no jornal e de perguntar a um corretor de imóveis o que está à venda. Quer você deseje que a propriedade possua uma lareira, armários enormes ou aquecimento central, a tabela abaixo o ajudará a decifrar quais recursos uma casa ou um apartamento possui. Use a frase *"Il me faut..."* (*il me fô*; "Preciso...") para expressar suas necessidades.

A Casa, o Apartamento, os Cômodos

Português	Francês	Pronúncia
ar-condicionado (central)	la climatisation (centrale)	*la klimatizasioN (saNtral)*
apartamento	l'appartement (*m.*)	*lapartemaN*
edifício de apartamentos	l'immeuble (*m.*)	*limêuble*
eletrodomésticos	appareils ménagers	*aparéi menajê*
sótão	le grenier	*le greniê*
quintal	le jardin	*le jardeN*
sacada	le balcon	*le balkoN*
porão	le sous-sol	*le susól*
banheiro	la salle de bains les toilettes (*f.*)	*la sale de beN lé tualéte*
quarto	la chambre (à coucher)	*la xaNbre (a kuxê)*
teto rebaixado (tipo chalé)	plafond cathédral	*plafoN katedrale*
armário	le placard	*le plakar*
pátio	la cour	*la kur*
sala de estar	la salle de séjour le living	*la sale de sêjur le living*
sala de jantar	la salle à manger	*la sal a maNjê*
porta	la porte	*la porte*
elevador	l'ascenseur (*m.*)	*lasaNsêur*
entrada	l'entrée (*f.*)	*laNtrê*
lareira	la cheminée	*la xeminê*
piso, assoalho	la plancher	*la plaNxê*
piso, andar	l'étage (*m.*)	*lêtaje*
garagem	le garage	*le garaje*

Português	Francês	Pronúncia
andar térreo	le rez-de-chaussée	*le rê de xosê*
corredor, entrada	le couloir, le vestibule	*le kuluar, le vestibüle*
aquecimento	le chauffage	*le xôfaje*
elétrico	électrique	*êlektrike*
a gás	au gaz	*ô gaz*
casa	la maison	*la mézoN*
chave	la clé	*la klê*
cozinha	la cuisine	*la küizine*
lavanderia	la buanderie	*la büaNderi*
gramado	la pelouse	*la peluze*
arrendamento	le bail	*le baí*
sala de visitas	le salon	*le saloN*
manutenção	l'entretien (*m.*)	*laNtretieN*
proprietário(a)	le/la propriétaire	*le/la propriêtér*
aluguel	le loyer	*le luaiê*
telhado	le toit	*le tuá*
cômodo	la pièce, la salle	*la piése, la sale*
depósito caução	la caution	*la kosioN*
chuveiro	la douche	*la duxe*
escada	l'escalier (*m.*)	*léskaliê*
terraço	la terrasse	*la terase*
muro	le mur	*le mür*
janela	la fenêtre	*la fenétre*

Lar Doce Lar

É *imprescindível* que você tenha um forno duplo para impressionar os seus sócios com o seu repertório de *nouvelle cuisine*. Um forno de micro-ondas também é essencial. E uma lava-louças? E móveis, televisão, máquina de lavar roupas e secadora? Que móveis e aparelhos eletrodomésticos estão incluídos na compra ou no aluguel do imóvel?

Consulte a tabela a seguir para obter uma lista completa de praticamente tudo o que deseja ou espera encontrar em um imóvel. Use "*Y a-t-il ...?*" (*i atil*; "Há ...?").

Móveis e Acessórios

Item	Francês	Pronúncia
poltrona	un fauteuil	*aN fotéi*
cama	un lit	*aN li*
estante	une étagère	*ün êtajér*
tapete	un tapis	*aN tapí*
cadeira	une chaise, un siège	*üne xéze, aN siéje*
relógio de parede	un pendule	*aN paNdüle*
cortinas	des rideaux (*m.*)	*dé ridô*
lava-louças	un lave-vaisselle	*aN lave véséle*
cômoda	une commode	*üne kómode*
secadora	un séchoir, un sèche-linge	*aN sêxuar, aN séxe leNje*
aparelho de DVD	un lecteur DVD	*aN léktêur dê vê dê*
freezer	un congélateur	*aN konjêlatêur*
móveis	des meubles (*m.*)	*dé mêuble*
luminária	une lampe	*üne laNpe*
espelho	un miroir	*aN miruar*
forno	un four	*aN fur*
geladeira	un réfrigérateur	*aN rêfrijêratêur*
tapete	un tapis	*aN tapí*
venezianas	des stores (*m.*)	*dé stór*
sofá	un canapé, un divan	*aN kanapê, aN divaN*
aparelho de som estereofônico	une chaîne stéréo	*üne xéne stêrêô*
fogão	une cuisinière	*üne küiziniér*
mesa de cabeceira	une table de nuit	*üne table de nüí*
televisão de tela grande	une télévision à grand écran	*üne têlêvizioN a graN dêkraN*
máquina de lavar roupa	une machine à laver	*üne maxine a lavê*

Você Deveria Comprar ou Alugar?

Quer você compre ou alugue um imóvel, certamente irá querer expressar suas preferências ou fazer algumas perguntas. Use as seguintes frases ou expressões para ajudá-lo a obter exatamente o que deseja:

Capítulo 25: Comprando e Alugando um Imóvel   353

Estou procurando...
Je cherche...
je xerxe...

a seção de anúncios de imóveis
la publicité immobilière
la püblisitê imobiliér

os pequenos anúncios
les petites annonces
lé peti tanoNse

uma agência imobiliária
une agence immobilière
ün ajaNse imobiliér

Eu gostaria de alugar (comprar)...
Je voudrais louer (acheter)...
je vudré luê (axetê)...

um apartamento
un appartement
aN apartemaN

uma casa
une maison
üne mézoN

um imóvel em condomínio
un logement en copropriété
aN lojemaN aN kopropriêtê

É de alto luxo?
Est-ce de haute prestation?
ése de ôte prestasioN

Qual é o aluguel?
Quel est le loyer?
kél é le luaiê

Qual o custo da manutenção do apartamento (casa)?
Ça coûte combien l'entretien de l'appartement (de la maison)?
sa kute koNbieN laNtretieN de lapartemaN (de la mézoN)

O aquecimento (gás) está incluído?
Le chauffage (Le gaz)... est compris?
le xôfaje (le gas)... é koNpri

A eletricidade está incluída?
L'électricité est comprise?
lélektrisitê é koNprize

Qual o valor do aluguel mensal?
À combien sont les paiements mensuels?
a koNbiaN soN lé pémaN maNsüél

354 Parte 5: É Hora de Fazer Negócios

É preciso deixar um depósito caução?

Dois-je payer une caution?
duá je péiê üne kosioN

Eu gostaria de fazer um empréstimo para compra de imóvel.

Je voudrais prendre un financement immobilier.
je vudré praNdr ün finaNcemaN imobilier

Essas São as Condições

Você gostaria de uma casa grande ou pequena? Mobiliada ou sem móveis? Que tal uma piscina? O *condicional* é um modo verbal em francês, usado para expressar o que o falante faria ou o que aconteceria em determinadas circunstâncias. O condicional do verbo *vouloir* ou *aimer* é frequentemente usado para expressar do que o falante gostaria:

Je voudrais (J'amerais) acheter une maison.
je vudré (jameré) axetê üne mézoN
Eu gostaria de comprar uma casa.

> **Attention!**
>
> Como as formas são muito semelhantes, você precisará observar com cuidado as terminações adicionadas aos radicais dos verbos para diferenciar entre o futuro (o que o sujeito fará), o condicional (o que o sujeito faria) e o imperfeito (o que o sujeito fazia).

Formação do Condicional

Forme o condicional usando o mesmo radical que você usou para formar o futuro, independentemente de o verbo ser regular ou irregular. As terminações para formar o condicional, entretanto, são diferentes. Elas são exatamente as mesmas terminações para a formação do imperfeito. Em outras palavras, para formar o condicional, comece com o radical para a formação do futuro e adicione as terminações para a formação do imperfeito, como demonstrado na tabela a seguir.

Para os verbos terminados em *-re*, suprima o *e* final do infinitivo antes de adicionar a terminação correta.

O Condicional dos Verbos Regulares

Verbos Terminados em *-er*	Verbos Terminados em *-ir*	Verbos Terminados em *-re*
travailler (trabalhar) ...*trabalharia*	choisir (escolher) ...*escolheria*	vendre (vender) ...*venderia*

Verbos Terminados em *-er*	Verbos Terminados em *-ir*	Verbos Terminados em *-re*
je travaill**ais** *je travaieré*	je choisir**ais** *je xuaziré*	je vendr**ais** *je vaNdré*
tu travaill**ais** *tü travaieré*	tu choisir**ais** *tü xuaziré*	tu vendr**ais** *tü vaNdré*
il, elle, on travaill**ait** *il, éle, oN travaieré*	il, elle, on choisir**ait** *il, éle, oN xuaziré*	il, elle, on vendr**ait** *il, éle, oN vaNdré*
nous travaill**ions** *nu travaierioN*	nous choisir**ions** *nu xuazirioN*	nous vendr**ions** *nu vaNdrioN*
vous travaill**iez** *vu travaieriê*	vous choisir**iez** *vu xuaziriê*	vous vendr**iez** *vu vaNdriê*
ils, elles travaill**eraient** *il, éle travaieré*	ils, elles choisir**aient** *il, éle xuaziré*	ils, elles vendr**aient** *il, éle vaNdré*

O Condicional dos "Verbos Sapato"

Apenas determinados verbos sapato sofrem alterações no condicional. Todos os outros seguem as regras para formação do condicional vistas anteriormente.

Os verbos terminados em *-yer* substituem o *y* pelo *i* em todas as formas do condicional. Consequentemente, não há mais sapato, pois todas as formas passam a usar o *i* em vez do *y*. Os verbos terminados em *-ayer* podem ou não substituir o *y* pelo *i*: *j'emploierais; tu emploierais; il, elle, on emploierait; nous emploierions; vous emploieriez; ils, elles emploieraient*. Tanto *je payerais* quanto *je paierais* são aceitos.

Os verbos terminados em *e* + consoante + *er* (mas não *é* + consoante + *er*) substituem o *e* átono por *è* no condicional. Mais uma vez, não haverá mais sapato, já que as alterações ocorrerão em todas as formas: *j'achèterais; tu achèterais; il, elle, on achèterait; nous achèterions; vous achèteriez; ils, elles achèteraient*.

Os verbos *appeler* e *jetter* dobram suas consoantes no sapato no presente, assim como em todas as suas formas do condicional:

Il m'appellerait s'il avait mon numéro de téléphone.
Ele me telefonaria se tivesse o meu número.

Je ne jetterais pas ces papiers.
Eu não jogaria fora esses papéis.

356 **Parte 5: É Hora de Fazer Negócios**

Verbos Irregulares no Condicional

Os verbos presentes na tabela a seguir apresentam radicais irregulares no condicional. Para completar o quadro, adicione as terminações do condicional aos radicais para obter a forma correta.

Infinitivo	Radical	Condicional
avoir (ter)	aur- (*ór*)	tu _____
devoir (dever, ter que)	devr- (*dev*)	nous _____
envoyer (enviar)	enverr- (*aNver*)	il _____
être (ser, estar)	ser- (*ser*)	elles _____
faire (fazer)	fer- (*fer*)	je _____
pouvoir (poder, ser capaz)	pourr- (*pur*)	vous _____
recevoir (receber)	recevr- (*resevr*)	nous _____
savoir (saber)	saur- (*sór*)	ils _____
venir (vir)	viendr- (*viaNdr*)	tu _____
voir (ver)	verr- (*ver*)	je _____
vouloir (querer)	voudr- (*vudr*)	elle _____

Respostas

Verbos Irregulares no Condicional

Infinitivo	Radical	Condicional
avoir (ter)	aur- (*ór*)	tu aurais
devoir (dever, ter que)	devr- (*dev*)	nous devrions
envoyer (enviar)	enverr- (*aNver*)	il enverrait
être (ser, estar)	ser- (*ser*)	elles seraient
faire (fazer)	fer- (*fer*)	je ferais
pouvoir (poder, ser capaz)	pourr- (*pur*)	vous pourriez
recevoir (receber)	recevr- (*resevr*)	nous recevrions
savoir (saber)	saur- (*sór*)	ils sauraient
venir (vir)	viendr- (*viaNdr*)	tu viendrais
voir (ver)	verr- (*ver*)	je verrais
vouloir (querer)	voudr- (*vudr*)	elle voudrait

Capítulo 26

O Assunto É Dinheiro

Neste Capítulo

- ◆ Termos bancários
- ◆ Maneiras de expressar do que precisa
- ◆ Conheça o subjuntivo

O Capítulo 25 o preparou para uma estada prolongada em um país de língua francesa. Você aprendeu as palavras e expressões de que precisaria caso quisesse alugar um apartamento ou imóvel em condomínio ou até mesmo comprar uma casa. Agora, você sabe como descrever os recursos de que necessita para viver confortavelmente.

Este último capítulo é para qualquer um que precise ir ao banco: um turista que deseja trocar dinheiro, um empresário com obrigações financeiras, um investidor com preocupações monetárias ou alguém que esteja interessado em adquirir um imóvel ou um negócio. Você também aprenderá a expressar suas necessidades pessoais específicas usando o subjuntivo.

No Banco

Em um país estrangeiro, uma pessoa pode parar em um banco por muitas razões. A mais comum é para trocar dinheiro. (Os bancos oferecem uma taxa de câmbio muito favorável.) Mas pode ser que você tenha objetivos maiores. Talvez você queira adquirir uma propriedade, abrir um negócio, fazer investimentos, aventurar-se

Parte 5: É Hora de Fazer Negócios

no mercado de ações ou estender a sua estadia e abrir uma conta-corrente ou poupança. Se assim for, você precisará familiarizar-se com as expressões contidas na tabela a seguir.

Termos Bancários

Português	Francês	Pronúncia
conta	un compte	aN koNte
caixa eletrônico	un distributeur automatique de billets	aN distribütêur otomatike de bi-ié
saldo	le solde	le solde
banco	la banque	la baNke
ficha bancária (do correntista)	le livret d'épargne	le livré dêparnhe
pegar emprestado	emprunter	aNprantê
filial	la succursale	la sükürsal
dinheiro vivo	l'argent liquide (m.)	larjaN likide
converter em dinheiro	encaisser	aNkésê
caixa	la caisse	la kése
troco	la monnaie	la móné
cheque	le chèque	le xéke
talão de cheque	le carnet de chèque, le chéquier	le karné de xéke, le xêkiê
conta-corrente	comptecourant	le koNte kuraN
moeda	la piése de moné	la piése de moné
depósito	le dépôt, le versement	le dêpô, le vérsemaN
endossar	endosser	aNdosê
trocar	échanger	êxaNjê
taxa de câmbio	le cours du change	le kur dü xaNje
taxa de juros	le taux d'intérêt	le tô daNtêré
investir	placer	plasê
investimento	le placement	le plasemaN
fazer um empréstimo	faire un emprunt	fér aN naNpraN
gerenciar	gérer	jêrê
casa de câmbio	le bureau de change	le bürô de xaNje
extrato mensal	le relevé mensuel	le releve maNsüel
hipoteca	l'hypothèque (f.)	lipotéke
pagar à vista em dinheiro	payer comptant	péiê koNtaN

Capítulo 26: O Assunto É Dinheiro — 359

Português	Francês	Pronúncia
pagamento	le versement, le paiement	*le vérsemaN, le péimaN*
porcentagem	la pourcentage	*la pursaNtaje*
recibo	le reçu, la quittance	*le resü, la kitaNse*
cofre	le coffre	*le kófre*
economizar	économiser, épargner	*êkonomizê, êparnhê*
caderneta de poupança	le compte d'épargne	*le koNte dêparnhe*
assinar	signer	*sinhê*
assinatura	la signature	*la sinhatüre*
caixa (funcionário)	le caissier, la caissière	*le kasiê, la kasiér*
guichê	le guichet	*le gixé*
retirar	retirer	*retirê*

Também é possível trocar dinheiro em *un bureau de change.* Você encontra essas casas de câmbio por toda parte nas ruas de Paris, assim como no mundo inteiro. Algumas oferecem ótimas taxas, enquanto outras cobram comissões exorbitantes. É sempre prudente fazer uma pesquisa antes de trocar o seu dinheiro. Você pode facilmente efetuar retiradas em um caixa eletrônico francês ou canadense com o seu cartão de crédito. As taxas de câmbio são boas e, embora uma tarifa seja cobrada, ela é pequena, caso faça uma retirada maior de uma só vez. As informações no caixa eletrônico são, geralmente, disponibilizadas em vários idiomas.

Serviços de Que Preciso

Se estiver planejando ir ao banco, as frases a seguir serão muito úteis para transações bancárias comuns, do dia a dia (efetuar depósitos e retiradas, abrir uma conta-corrente ou pedir um empréstimo):

Qual o horário de funcionamento?
Quelles sont les heures d'ouverture et de fermeture?
kél soN lé zêure duvertür e de fermetür

Eu gostaria...	de fazer um depósito.
Je voudrais...	faire un dépôt (un versement).
je vudré	*fér aN dêpo (aN versemaN)*

Parte 5: É Hora de Fazer Negócios

de fazer uma retirada.
faire un retrait.
fér aN retré

de abrir (fechar) uma conta.
ouvrir (fermer) un compte.
uvrir (fermê) aN koNte

de trocar algum dinheiro.
changer de l'argent.
xaNjê de larjaN

de descontar um cheque.
toucher un chèque.
tuxê aN xéke

Qual o valor da mais recente taxa de câmbio?
Quel est le cours du change le plus récent?
kél é le kur dü xaNje le plü resaN

Vocês têm um caixa eletrônico?
Avez-vous un distribuiteur (guichet) automatique de billets?
avê-vu aN distribüitêur (gixé) otomatike de biié

Eu gostaria de pedir um empréstimo pessoal.
Je voudrais pendre un emprunt personnel (une hypothèque).
je vudré paNdre uN naNpraN personél (ün ipotéke)

Qual o período de tempo do empréstimo?
Quelle est la période d'amortissement?
kél é la pêriode damortisemaN

Qual o valor das prestações mensais?
À combien sont les paiements mensuels?
a koNbieN soN lé pémaN maNsüél

Qual a taxa de juros?
Quel est le taux d'intérêt?
kél é le tô daNtêré

Essas São as Minhas Necessidades

Parece que todos nós precisamos de mais dinheiro. Mas acontece que quanto mais temos, mais queremos. No Capítulo 20, você aprendeu que pode usar o verbo *devoir* seguido de um verbo no infinitivo para expressar necessidade. Outra maneira de expressar que alguém precisa ou deve fazer alguma coisa é usar a expressão *il faut que...* (*il fô ke*; é necessário). Uma forma verbal especial denominada *subjuntivo* segue *il faut que*, assim como outras expressões que indicam necessidade.

O subjuntivo é um modo, não um tempo, e expressa desejo, vontade, emoção e dúvida. É usado após muitas expressões que indicam incerteza e também após determinadas conjunções. (Não discutiremos essas aplicações neste livro.)

Como o subjuntivo não é um tempo (é um modo verbal), o presente do subjuntivo pode ser usado para referir-se a ações no presente ou no futuro. (Como seu uso é limitado, não abordaremos o subjuntivo passado neste livro.)

O uso do subjuntivo só pode ocorrer sob determinadas condições:

- Deve haver duas orações com dois sujeitos distintos.
- As duas orações devem ser ligadas por *que*.
- Uma das orações deve indicar necessidade, emoção ou dúvida.

Veja, a seguir, alguns exemplos demonstrando quando você usaria o subjuntivo:

Il faut que nous téléphonions à notre agent.
il fô ke nu têlêfonioN a notr ajaN
Temos (teremos) que telefonar para o nosso agente.

Il faut qu'ils se reposent.
il fô k'il se repoze
Eles têm (terão) que descansar.

Formação do Presente do Subjuntivo

Para formar o presente do subjuntivo dos verbos regulares e de alguns irregulares, como demonstrado na tabela a seguir, suprima a terminação -*ent* da forma do presente do indicativo de *ils/elles* e adicione as seguintes terminações:

je	-*e*	nous	-*ions*
tu	-*es*	vous	-*iez*
il, elle, on	-*e*	ils, elles	-*ent*

Presente do Subjuntivo dos Verbos Regulares

verbos -*er*	verbos -*ir*	verbos -*re*
parler	finir	attendre
ils parl**ent**	ils finiss**ent**	ils attend**ent**
...que je parle	...que je finisse	...que j'attende
...ke je parle	*...ke je finise*	*...ke jataNde*

continua

Presente do Subjuntivo dos Verbos Regulares (continuação)

verbos -er	verbos -ir	verbos -re
...que tu parles ...ke tü parle	...que tu finisses ...ke tü finise	...que tu attendes ...ke tü ataNde
...qu'il parle ...kil parle	...qu'il finisse ...kil finise	...qu'il attende ...kil ataNde
...que nous parlions ...ke nu parlioN	...que nous finissions ...ke nu finisioN	...que nous attendions ...ke nu zataNdioN
...que vous parliez ...ke vu parliê	...que vous finissiez ...ke vu finisiê	...que vous attendiez ...ke vu zataNdiê
...qu'ils parlent ...kil parle	...qu'ils finissent ...kil finise	...qu'ils attendent ...kil zataNde

"Verbos Sapato"

Como demonstrado na tabela abaixo, verbos sapato e verbos conjugados como eles seguem a regra sapato na formação do subjuntivo.

O Subjuntivo dos "Verbos Sapato"

Boire	*Ils boivent*
...que je boive	...que nous buvions
...que tu boive	...que vous buviez
...qu'il boive	...qu'ils boivent

Prendre	*Ils prennent*
...que je prenne	...que nous prenions
...que tu prennes	...que vous preniez
...qu'il prenne	...qu'ils prennent

Manger	*Ils mangent*
...que je mange	...que nous mangions
...que tu manges	...que vous mangiez
...qu'il mange	...qu'ils mangent

Envoyer	Ils envoient
...que j'envoie	...que nous envoyions
...que tu envoies	...que vous envoyiez
...qu'il envoie	...qu'ils envoient

Acheter	Ils achètent
...que j'achète	...que nous achetions
...que tu achètes	...que vous achetiez
...qu'il achète	...qu'ils achètent

Préférer	Ils préfèrent
...que je préfère	...que nous préférions
...que tu préfères	...que vous préfériez
...qu'il préfère	...qu'ils préfèrent

Appeler	Ils appellent
...que j'appelle	...que nous appelions
...que tu appelles	...que vous appeliez
...qu'il appelle	...qu'ils appellent

Verbos Irregulares no Subjuntivo

Alguns verbos não seguem nenhuma regra e é necessário memorizá-los. A tabela a seguir apresenta aqueles que certamente serão os mais úteis.

Observação: Não há alterações no modo subjuntivo dos verbos sapato terminados em *-cer*, uma vez que o *c* seguido por *e* ou *i* sempre produzem um som suave:

...que je commen*ce*   ...que nous commen*ci*ons

Subjuntivos Irregulares

Aller	
...que j'aille (*ai-i*)	...que nous allions (*alioN*)
...que tu ailles (*ai-i*)	...que vous alliez (*aliê*)
...qu'il aille (*ai-i*)	...qu'ils aillent (*ai-i*)

Parte 5: É Hora de Fazer Negócios

Vouloir	
...que je veuille (*vêuie*)	...que nous voulions (*vulioN*)
...que tu veuilles (*vêuie*)	...que vous vouliez (*vuliê*)
...qu'il veuille (*vêuie*)	...qu'ils veuillent (*vêuie*)

Faire	
...que je fasse (*fase*)	...que nous fassions (*fasioN*)
...que tu fasses (*fase*)	...que vous fassiez (*fasiê*)
...qu'il fasse (*fase*)	...qu'ils fassent (*fase*)

Pouvoir	
...que je puisse (*püise*)	...que nous puissions (*püisioN*)
...que tu puisses (*püise*)	...que vous puissiez (*püisiê*)
..qu'il puisse (*püise*)	...qu'ils puissent (*püise*)

Savoir	
...que je sache (*saxe*)	...que nous sachions (*saxioN*)
...que tu saches (*saxe*)	...que vous sachiez (*saxiê*)
...qu'il sache (*saxe*)	...qu'ils sachent (*saxe*)

Avoir	
...que j'aie (*é*)	...que nous ayons (*éioN*)
...que tu aies (*é*)	...que vous ayez (*éiê*)
...qu'il ait (*é*)	...qu'ils aient (*é*)

Être	
...que je sois (*suá*)	...que nous soyons (*suaioN*)
...que tu sois (*suá*)	...que vous soyez (*suaiê*)
...qu'il soit (*suá*)	...qu'ils soient (*suá*)

Há Tanto a Ser Feito!

Você tem um milhão de coisas para fazer esta tarde? Eu também. Não há como escapar das tarefas e chateações necessárias da nossa rotina diária. Indique o que as seguintes pessoas têm que fazer usando *il faut que* + subjuntivo.

Exemplo: il/travailler

Il faut qu'il travaille.

1. nous/préparer le dîner	7. je/se lever de bonne heure
2. elle/finir son travail	8. il/aller à la banque
3. ils/attendre un coup de téléphone	9. vous/être en ville à midi
4. je/téléphoner à mon bureau	10. tu/acheter un cadeau
5. vous/accomplir beaucoup	11. elles/prendre un taxi
6. tu/descendre en ville	12. nous/faire les courses

Outras Expressões de "Necessidade" Que Usam o Subjuntivo

Il faut que é uma expressão muito comum, que é usada com o subjuntivo. Entretanto, muitas outras expressões também requerem o uso do subjuntivo. Para falar corretamente, você deveria se familiarizar com as expressões contidas na tabela abaixo.

Outras Expressões Que Requerem o Subjuntivo

Expressão	Francês	Pronúncia
É imperativo que...	Il est impératif que...	*il é taNpêratif ke*
É importante que...	Il est important que...	*il é taNportaN ke*
É necessário que...	Il est nécessaire que...	*il é nésesér ke*
É preferível que...	Il est préférable que...	*il é prêfêrable ke*
É urgente que...	Il est urgent que...	*il é türjaN ke*
É melhor que...	Il vaut mieux que...	*il vô miêu ke*

É imperativo que você saia.
Il est impératif que vous partiez.
il é taNpêratif ke vu partiê

É urgente que nós conversemos com ele.
Il est urgent que nous lui parlions.
il é türjaN ke nu lüi parlioN

366   Parte 5: É Hora de Fazer Negócios

A Festa

Indique o que todos têm que fazer para que a festa do Michel seja um sucesso.

1. (envoyer) Il est important que Michel _____ les invitations.
2. (choisir) Il est imperatif que vous _____ de bons CD.
3. (appeler) Il est nécessaire que j' _____ tous nos amis.
4. (acheter) Il est urgent que nous _____ toutes les provisions.
5. (aller) Il vaut mieux que Michel et sa mère _____ au supermaché.
6. (pouvoir) Il est préférable que tout ses amis _____ venir.

Respostas

Há Tanto a Ser Feito!

1. nous préparions...
2. elle finisse...
3. ils attendent...
4. je téléphone...
5. vous accomplissiez...
6. tu descendes...
7. je me lève...
8. il aille...
9. vous soyez...
10. tu achètes...
11. elles prennent...
12. nous fassions

A Festa

1. envoie
2. choisissiez
3. appelle
4. achetions
5. aillent
6. puissent

Apêndice A

Listas de Verbos

Verbos Regulares

Verbos Terminados em *-er*

PARLER (falar)

Particípio passado: *parlé*

Imperativo: *Parle! Parlons! Parlez!*

Sujeito	Presente	Imperfeito	Futuro	Condicional	Subjuntivo
je	parle	parlais	parlerai	parlerais	parle
tu	parles	parlais	parleras	parlerais	parles
il	parle	parlait	parlera	parlerait	parle
nous	parlons	parlions	parlerons	parlerions	parlions
vous	parlez	parliez	parlerez	parleriez	parliez
ils	parlent	parlaient	parleront	parleraient	parlent

Verbos Terminados em -ir

FINIR (terminar)

Particípio passado: *fini*

Imperativo: *Finis! Finissons! Finissez!*

Sujeito	Presente	Imperfeito	Futuro	Condicional	Subjuntivo
je	finis	finissais	finirai	finirais	finisse
tu	finis	finissais	finiras	finirais	finisses
il	finit	finissait	finira	finirait	finisse
nous	finissons	finissions	finirons	finirions	finissions
vous	finissez	finissiez	finirez	finiriez	finissiez
ils	finissent	finissaient	finiront	finiraient	finissent

Verbos Terminados em -re

VENDRE (vender)

Particípio passado: *vendu*

Imperativo: *Vends! Vendons! Vendez!*

Sujeito	Presente	Imperfeito	Futuro	Condicional	Subjuntivo
je	vends	vendais	vendrai	vendrais	vende
tu	vends	vendais	vendras	vendrais	vendes
il	vend	vendait	vendra	vendrait	vende
nous	vendons	vendions	vendrons	vendrions	vendions
vous	vendez	vendiez	vendrez	vendriez	vendiez
ils	vendent	vendaient	vendront	vendraient	vendent

Verbos Terminados em -er com Mudanças Ortográficas

Verbos Terminados em -cer

PLACER (colocar)

Particípio passado: *placé*

Imperativo: *Place! Plaçons! Placez!*

Sujeito	Presente	Imperfeito	Futuro	Condicional	Subjuntivo
je	place	plaçais	placerai	placerais	place
tu	places	plaçais	placeras	placerais	places
il	place	plaçait	placera	placerait	place
nous	plaçons	placions	placerons	placerions	placions
vous	placez	placiez	placerez	placeriez	placiez
ils	placent	plaçaient	placeront	placeraient	placent

Verbos Terminados em *-ger*

MANGER (comer)

Particípio passado: *mangé*

Imperativo: *Mange! Mangeons! Mangez!*

Sujeito	Presente	Imperfeito	Futuro	Condicional	Subjuntivo
je	mange	mangeais	mangerai	mangerais	mange
tu	manges	mangeais	mangeras	mangerais	manges
il	mange	mangeait	mangera	mangerait	mange
nous	mangeons	mangions	mangerons	mangerions	mangions
vous	mangez	mangiez	mangerez	mangeriez	mangiez
ils	mangent	mangeaient	mangeront	mangeraient	mangent

Verbos Terminados em *-yer*

EMPLOYER (usar)

Particípio passado: *employé*

Imperativo: *Emploie! Employons! Employez!*

Sujeito	Presente	Imperfeito	Futuro	Condicional	Subjuntivo
je	emploie	employais	emploierai	emploierais	emploie
tu	emploies	employais	emploieras	emploierais	emploies
il	emploie	employiat	emploiera	emploierait	emploie
nous	employons	employions	emploierons	emploierions	employions
vous	employez	employiez	emploierez	emploieriez	employiez
ils	emploient	employaient	emploieront	emploieraient	emploient

370   Apêndice A

e + Consoante + Verbos Terminados em *-er*

ACHETER (comprar)

Particípio passado: *acheté*

Imperativo: *Achète! Achetons! Achetez!*

Sujeito	Presente	Imperfeito	Futuro	Condicional	Subjuntivo
je	achète	achetais	achèterai	achèterais	achète
tu	achètes	achetais	achèteras	achèterais	achètes
il	achète	achetait	achètera	achèterait	achète
nous	achetons	achetions	achèterons	achèterions	achetions
vous	achetez	achetiez	achèterez	achèteriez	achetiez
ils	achètent	achetaient	achèteront	achèteraient	achètent

Verbos Terminados em *-er* com Consoantes Dobradas

APPELER (chamar)

Particípio passado: *appelé*

Imperativo: *Appelle! Appelons! Appelez!*

Sujeito	Presente	Imperfeito	Futuro	Condicional	Subjuntivo
je	appelle	appelais	appellerai	appellerais	appelle
tu	appelles	appelais	appelleras	appellerais	appelles
il	appelle	appelait	appellera	appellerait	appelle
nous	appelons	appelions	appellerons	appellerions	appelions
vous	appelez	appeliez	appellerez	appelleriez	appeliez
ils	appellent	appelaient	appelleront	appelleraient	appellent

JETTER (jogar)

Particípio passado: *jeté*

Imperativo: *Jette! Jetons! Jetez!*

Sujeito	Presente	Imperfeito	Futuro	Condicional	Subjuntivo
je	jette	Jetais	jetterai	jetterais	jette
tu	jettes	Jetais	jetteras	jetterais	jettes

Sujeito	Presente	Imperfeito	Futuro	Condicional	Subjuntivo
il	jette	jetait	jettera	jetterait	jette
nous	jetons	jetions	jetterons	jetterions	jetions
vous	jetez	jetiez	jetterez	jetteriez	jetiez
ils	jettent	jetaient	jetteront	jetteraient	jettent

é + Consoante + Verbos Terminados em *-er*

RÉPÉTER (repetir)

Particípio passado: *répété*

Imperativo: *Répète! Répétons! Répétez!*

Sujeito	Presente	Imperfeito	Futuro	Condicional	Subjuntivo
je	répète	répétais	répéterai	répéterais	répète
tu	répètes	répétais	répéteras	répéterais	répètes
il	répète	répétait	répétera	répéterait	répète
nous	répétons	répétions	répéterons	répéterions	répétions
vous	répétez	répétiez	répéterez	répéteriez	répétiez
ils	répètent	répétaient	répéteront	répéteraient	répètent

Verbos Irregulares

Os verbos conjugados com *y* no passado estão indicados por um asterisco (*).

*ALLER** (ir)

Particípio passado: *allé*

Imperativo: *Va! Allons! Allez!*

Sujeito	Presente	Imperfeito	Futuro	Condicional	Subjuntivo
je	vais	allais	irai	irais	aille
tu	vas	allais	iras	irais	ailles
il	va	allait	ira	irait	aille
nous	allons	allions	irons	irions	allions
vous	allez	alliez	irez	iriez	alliez
ils	vont	allaient	iront	iraient	aillent

AVOIR (ter)

Particípio passado: *eu*

Imperativo: *Aie! Ayons! Ayez!*

Sujeito	Presente	Imperfeito	Futuro	Condicional	Subjuntivo
j'	ai	avais	aurai	aurais	aie
tu	as	avais	auras	aurais	aies
il	a	avait	aura	aurait	aie
nous	avons	avions	aurons	aurions	ayons
vous	avez	aviez	aurez	auriez	ayez
ils	ont	avaient	auront	auraient	aient

BOIRE (beber)

Particípio passado: *bu*

Imperativo: *Bois! Buvons! Buvez!*

Sujeito	Presente	Imperfeito	Futuro	Condicional	Subjuntivo
je	bois	buvais	boirai	boirais	boive
tu	bois	buvais	boiras	boirais	boives
il	boit	buvait	boira	boirait	boive
nous	buvons	buvions	boirons	boirions	buvions
vous	buvez	buviez	boirez	boiriez	buviez
ils	boivent	buvaient	boiront	boiraient	boivent

CONNAÎTRE (conhecer)

Particípio passado: *connu*

Imperativo: *Connais! Connaissons! Connaissez!*

Sujeito	Presente	Imperfeito	Futuro	Condicional	Subjuntivo
je	connais	connaissais	connaîtrai	connaîtrais	connaisse
tu	connais	connaissais	connaîtras	connaîtrais	connaisses
il	connaît	connaissait	connaîtra	connaîtrait	connaisse
nous	connaissons	connaissions	connaîtrons	connaîtrions	connaissions
vous	connaissez	connaissiez	connaîtrez	connaîtriez	connaissiez
ils	conaissent	connaissaient	connaîtrons	connaîtraient	connaissent

Listas de Verbos 373

DEVOIR (dever, ter que)

Particípio passado: *dû*

Imperativo: *Dois! Devons! Devez!*

Sujeito	Presente	Imperfeito	Futuro	Condicional	Subjuntivo
je	dois	devais	devrai	devrais	doive
tu	dois	devais	devras	devrais	doives
il	doit	devait	devra	devrait	doive
nous	devons	devions	devrons	devrions	devions
vous	devez	deviez	devrez	devriez	deviez
ils	doivent	devaient	devront	devraient	doivent

DIRE (dizer)

Particípio passado: *dit*

Imperativo: *Dis! Disons! Dites!*

Sujeito	Presente	Imperfeito	Futuro	Condicional	Subjuntivo
je	dis	disais	dirai	dirais	dise
tu	dis	disais	diras	dirais	dises
il	dit	disait	dira	dirait	dise
nous	disons	disions	dirons	dirions	disions
vous	dites	disiez	direz	diriez	disiez
ils	disent	disaient	diront	diraient	disent

ÉCRIRE (escrever)

Particípio passado: *écrit*

Imperativo: *Écris! Écrivons! Écrivez!*

Sujeito	Presente	Imperfeito	Futuro	Condicional	Subjuntivo
j'	écris	écrivais	écrirai	écrirais	écrive
tu	écris	écrivais	écriras	écrirais	écrives
il	écrit	écrivait	écrira	écrirait	écrive
nous	écrivons	écrivions	écrirons	écririons	écrivions
vous	écrivez	écriviez	écrirez	écririez	écriviez
ils	écrivent	écrivaient	écriront	écriraient	écrivent

ÊTRE (ser)

Particípio passado: *été*

Imperativo: *Sois! Soyons! Soyez!*

Sujeito	Presente	Imperfeito	Futuro	Condicional	Subjuntivo
je	suis	étais	serai	serais	sois
tu	es	étais	seras	serais	sois
il	est	était	sera	serait	soit
nous	sommes	étions	serons	serions	soyons
vous	êtes	étiez	serez	seriez	soyez
ils	sont	étaient	seront	seraient	soient

FAIRE (fazer)

Particípio passado: *fait*

Imperativo: *Fais! Faisons! Faites!*

Sujeito	Presente	Imperfeito	Futuro	Condicional	Subjuntivo
je	fais	faisais	ferai	ferais	fasse
tu	fais	faisais	feras	ferais	fasses
il	fait	faisait	fera	ferait	fasse
nous	faisons	faisions	ferons	ferions	fassions
vous	faites	faisiez	ferez	feriez	fassiez
ils	font	faisaient	feront	feraient	fassent

LIRE (ler)

Particípio passado: *lu*

Imperativo: *Lis! Lisons! Lisez!*

Sujeito	Presente	Imperfeito	Futuro	Condicional	Subjuntivo
je	lis	lisais	lirai	lirais	lise
tu	lis	lisais	liras	lirais	lises
il	lit	lisait	lira	lirait	lise
nous	lisons	lisions	lirons	lirions	lisions
vous	lisez	lisiez	lirez	liriez	lisiez
ils	lisent	lisaient	liront	liraient	lisent

METTRE *(colocar)*

Particípio passado: *mis*

Imperativo: *Mets! Mettons! Mettez!*

Sujeito	Presente	Imperfeito	Futuro	Condicional	Subjuntivo
je	mets	mettais	mettrai	mettrais	mette
tu	mets	mattais	mettras	mettrais	mettes
il	met	mettait	mettra	mettrait	mette
nous	mettons	mettions	mettrons	mettrions	mettions
vous	mettez	mettiez	mettrez	mettriez	mettiez
ils	mettent	mettaient	mettront	mettraient	mettent

OUVRIR *(abrir)*

Particípio passado: *ouvert*

Imperativo: *Ouvre! Ouvrons! Ouvrez!*

Sujeito	Presente	Imperfeito	Futuro	Condicional	Subjuntivo
j'	ouvre	ouvrais	ouvrirai	ouvrirais	ouvre
tu	ouvres	ouvrais	ouvriras	ouvrirais	ouvres
il	ouvre	ouvrait	ouvrira	ouvrirait	ouvre
nous	ouvrons	ouvrions	ouvrirons	ouvririons	ouvrions
vous	ouvrez	ouvriez	ouvrirez	ouvririez	ouvriez
ils	ouvrent	ouvraient	ouvriront	ouvriraient	ouvrent

POUVOIR *(poder)*

Particípio passado: *pu*

Sujeito	Presente	Imperfeito	Futuro	Condicional	Subjuntivo
je	peux	pouvais	pourrai	pourrais	puisse
tu	peux	pouvais	pourras	pourrais	puisses
il	peut	pouvait	pourra	pourrait	puisse
nous	pouvons	pouvions	pourrons	pourrions	puissions
vous	pouvez	pouviez	pourrez	pourriez	puissiez
ils	peuvent	pouvaient	pourront	pourraient	puissent

376 Apêndice A

PRENDRE (pegar)

Particípio passado: *pris*

Imperativo: *Prends! Prenons! Prenez!*

Sujeito	Presente	Imperfeito	Futuro	Condicional	Subjuntivo
je	prends	prenais	prendrai	prendrais	prenne
tu	prends	prenais	prendras	prendrais	prennes
il	prend	prenait	prendra	prendrait	prenne
nous	prenons	prenions	prendrons	prendrions	prenions
vous	prenez	preniez	prendrez	prendriez	preniez
ils	prennent	prenaient	prendront	prendraient	prennent

RECEVOIR (receber)

Particípio passado: *reçu*

Imperativo: *Reçois! Recevons! Recevez!*

Sujeito	Presente	Imperfeito	Futuro	Condicional	Subjuntivo
je	reçois	recevais	recevrai	recevrais	reçoive
tu	reçois	recevais	recevras	recevrais	reçoives
il	reçoit	recevait	recevra	recevrait	reçoive
nous	recevons	recevions	recevrons	recevrions	recevions
vous	recevez	receviez	recevrez	recevriez	receviez
ils	reçoivent	recevaient	recevront	recevraient	reçoivent

SAVOIR (saber)

Particípio passado: *su*

Imperativo: *Sache! Sachons! Sachiez!*

Sujeito	Presente	Imperfeito	Futuro	Condicional	Subjuntivo
je	sais	Savais	saurai	saurais	sache
tu	sais	Savais	sauras	saurais	saches
il	sait	Savait	saura	saurait	sache
nous	savons	savions	saurons	saurions	sachions
vous	savez	Saviez	saurez	sauriez	sachiez
ils	savent	savaient	sauront	sauraient	sachent

Listas de Verbos 377

VENIR * (vir)

Particípio passado: *venu*

Imperativo: *Viens! Venons! Venez!*

Sujeito	Presente	Imperfeito	Futuro	Condicional	Subjuntivo
je	viens	venais	viendrai	viendrais	vienne
tu	viens	venais	viendras	viendrais	viennes
il	vient	venait	viendra	viendrait	vienne
nous	venons	venions	viendrons	viendrions	venions
vous	venez	veniez	viendrez	viendriez	veniez
ils	viennent	venaient	viendront	viendraient	viennent

VOIR (ver)

Particípio passado: *vu*

Imperativo: *Vois! Voyons! Voyez!*

Sujeito	Presente	Imperfeito	Futuro	Condicional	Subjuntivo
je	vois	voyais	verrai	verrais	voie
tu	vois	voyais	verras	verrais	voies
il	voit	voyait	verra	verrait	voie
nous	voyons	voyions	verrons	verrions	voyions
vous	voyez	voyiez	verrez	verriez	voyiez
ils	voient	voyaient	verront	verraient	voient

VOULOIR (querer)

Particípio passado: *voulu*

Imperativo: *Veux! (Veuille!) Voulons! Voulez! (Veuillez!)*

Sujeito	Presente	Imperfeito	Futuro	Condicional	Subjuntivo
je	veux	voulais	voudrai	voudrais	veuille
tu	veux	voulais	voudras	voudrais	veuilles
il	veut	voulait	voudra	voudrait	veuille
nous	voulons	voulions	voudrons	voudrions	voulions
vous	voulez	vouliez	voudrez	voudriez	vouliez
ils	veulent	voulaient	voudront	voudraient	veuillent

Apêndice B

Dicionários

Francês-Português

à para, a, em

à côté (de) próximo de, ao lado

à droite (de) à direita (de)

à gauche (de) à esquerda (de)

à quelle heure a que horas

à tout à l'heure até logo

à travers através de, de lado a lado

abeille (*f.*) abelha

agneau (*m.*) cordeiro

ail (*m.*) alho

aimer gostar, amar

aliments (*m. pl.*) alimentos

Allemagne (*f.*) Alemanha

aller ir

alors então, pois

ambassade (*f.*) embaixada

ami (*m.*) amigo

an (*m.*) ano

ananas (*m.*) abacaxi

anchois (*m.*) anchova

Angleterre (*f.*) Inglaterra

année (*f.*) ano

annuaire (*m.*) catálogo telefônico

août (*m.*) agosto

appareil-photo (*m.*) máquina fotográfica

apporter trazer

après depois, após

après-demain (*m.*) depois de amanhã

argent (*m.*) prata, dinheiro

ascenseur (*m.*) elevador

assez de bastante

assiette (*f.*) prato de jantar

atelier (*m.*) ateliê

attelle (*f.*) tala (para lesões), atadura

attendre esperar (por)

atterrissage (*m.*) aterrissagem

au bas de na parte inferior de

380 Apêndice B

au bout (de) no final (de), após

au fond (de) na parte inferior (traseira) de

au haut (de) na parte superior (de)

au lieu (de) em vez de

au loin à distância

au millieu (de) no meio (de)

au revoir até logo, até breve

aujourd'hui (*m.*) hoje

aussi também

avant antes

avant-hier (*m.*) antes de ontem (anteontem)

averse (*f.*) temporal

avertissement (*m.*) alerta

avion (*m.*) avião

avoir ter

avoir besoin (de) precisar

avoir lieu acontecer

avril (*m.*) abril

baguette (*f.*) baguete

bateau (*m.*) barco

beau (belle) bonito (a)

beau-fils (*m.*) enteado, genro

beau-père (*m.*) sogro

beaucoup (de) muito

belle-fille (*f.*) enteada, nora

belle-mère (*f.*) sogra

beurre (*m.*) manteiga

bien bem

bien sûr naturalmente

bientôt logo, brevemente

bière (*f.*) cerveja

bijouterie (*f.*) loja de joias

billet (*m.*) bilhete, nota

blanc(he) branco(a)

bœuf (*m.*) carne de boi

boire beber

boisson (*f.*) bebida

boîte au lettres (*f.*) caixa de correio

boîte de nuit (*f.*) casa noturna

bon marché barato

bon(ne) bom (boa)

bonjour bom dia

bonsoir boa noite

bouilli cozido na água

boulangerie (*f.*) padaria

bouteille (*f.*) garrafa

briller brilhar

brosse à dents (*f.*) escova de dente

brouillard (*m.*) nevoeiro, bruma

bureau de change (*m.*) casa de câmbio

c'est é

ça isso, isto, aquilo

ça va tudo bem

caisse (*f.*) caixa registradora

cassier (cassière) o (a) caixa (funcionário)

carte (*f.*) cardápio, cartão

ce este(a), esse(a)

ceinture (*f.*) cinto

cela aquilo, aquele(a)

cendrier (*m.*) cinzeiro

cent cem

cerise (*m.*) cereja

ces estes(as), esses(as), aqueles(as)

cet este, esse, aquele

cette esta, essa, aquela

Dicionários 381

champignon (*m.*) cogumelo

charcuterie (*f.*) delicatessen

château (*m.*) castelo

chauffer aquecer

chaussettes (*f. pl.*) meias

chaussures (*f. pl.*) sapatos

chemise (*f.*) camisa (masculina, social)

chemisier (*m.*) blusa

cher (chère) querido(a), caro(a)

chercher procurar

cheveux (*m. pl.*) cabelos

chèvre (*f.*) cabra

chez na casa (estabelecimento) de

chien (*m.*) cachorro

choisir escolher

chou (*m.*) repolho

chou-fleur (*m.*) couve-flor

choucroute (*f.*) chucrute

chouette ótimo

cinq cinco

cinquante cinquenta

clé (clef) (*f.*) chave

combien (de + substantivo) quanto(a), quantos(as)

comme como

commencer (à) começar a

comment como

complet (*m.*) terno

comprendre entender, compreender

comptoir (*m.*) balcão

confiserie (*f.*) confeitaria

confiture (*f.*) geleia

contre contra

couteau (*m.*) faca

coûter custar

couvert nublado

couverture (*f.*) cobertor

crayon (*m.*) lápis

crevette (*f.*) camarão

croisière (*f.*) cruzeiro

cuir (*m.*) couro

cuisses de grenouille (*f. pl.*) coxas de rã

cuit cozido

cuit au four assado

d'accord de acordo

dans dentro

de de, sobre, algum

décollage (*m.*) decolagem

décrocher atender (ao telefone)

défendre defender, proibir

déjà já

déjeuner (*m.*) almoço, almoçar

demain (*m.*) amanhã

dépenser gastar (dinheiro)

depuis desde

déranger incomodar, perturbar

dernier(–ère) último(a)

derrière atrás

des de, sobre, alguns (algumas)

deux dois (duas)

deuxième (second) segundo(a)

devant em frente de

dimanche (*m.*) domingo

dindon (*f.*) peru

dire dizer

dix dez

dix-huit dezoito

382 Apêndice B

dix-neuf dezenove
dix-sept dezessete
donner dar
douanne (*f.*) alfândega
douze doze
du de, sobre, algum

échapper, s' escapar, fugir
écouter escutar
église (*f.*) igreja
elle ela
elles elas
emballer embalar
en em, algum, sobre, de, dele(s), dela(s)
en arrière de trás para frente, atrás de
en bas de na parte inferior de
en face (de) defronte, em frente de
en haut de na parte superior de
en même temps ao mesmo tempo
en retard atrasado
encore ainda, novamente
enfin finalmente
ensemble junto
ensuite então, depois
entendre ouvir
entre entre
envoyer enviar
escale (*f.*) escala
Espagne (*f.*) Espanha
espérer esperar
essayer (de) tentar
essence (*f.*) gasolina
est (*m.*) leste
étage (*m.*) andar, piso

États-Unis (*m. pl.*) Estados Unidos
été (*m.*) verão
étiquette (*f.*) etiqueta de identificação
étranger(-ère) estrangeiro(a)
être ser, estar
être à pertencer a
eux eles
éviter evitar
expliquer explicar

facile fácil
faire fazer
femme (*f.*) mulher, esposa
fenêtre (*f.*) janela
fermer fechar
février (*m.*) fevereiro
fille (*f.*) filha, menina
fils (*m.*) filho
finir terminar
four (*m.*) forno
fourchette (*f.*) garfo
frais (fraîche) fresco(a)
fraise (*f.*) morango
framboise (*f.*) framboesa
français francês
frère (*m.*) irmão
frit frito
fromage (*m.*) queijo
fruits de mer (*m. pl.*) frutos do mar
fumer fumar

garçon (*m.*) menino
gâteau (*m.*) bolo
gazeux(-euse) gasoso(a)

Dicionários **383**

gigot d'agneau (*m.*) pernil de carneiro

glace (*f.*) gelo, sorvete, espelho

gratiné gratinado, corado

gris cinza

guichet (*m.*) guichê

haricots verts (*m. pl.*) vagens

haut alto, grande

heure (*f.*) hora

heureux(-euse) feliz

hier ontem

hiver (*m.*) inverno

homard (*m.*) lagosta americana

homme (*m.*) homem

huile (*f.*) óleo

huit oito

huître (*f.*) ostra

ici aqui

il ele

il y a (+ tempo) há (+ tempo)

ils eles

imperméable (*m.*) capa de chuva

jamais nunca, jamais

jambon (*m.*) presunto

janvier (*m.*) janeiro

jaune amarelo

je eu

jeter jogar, arremessar

jeton (*m.*) marcador, ficha

jeudi (*m.*) quinta-feira

jour (*m.*) dia

journal (*m.*) jornal

juillet (*m.*) julho

juin (*m.*) junho

jupe (*f.*) saia

jus (*m.*) suco

kiosk à journaux (*m.*) banca de jornais, jornaleiro

la a (pronome oblíquo)

là aqui, lá

laine (*f.*) lã

laisser deixar (para trás)

lait (*m.*) leite

laitue (*f.*) alface

lapin (*m.*) coelho

le o (pronome oblíquo)

léger(-ère) leve

légume (*m.*) legume

lendemain (*m.*) dia seguinte

lentement lentamente

les os (pronome oblíquo plural)

leurs deles, delas

librairie (*f.*) livraria

lire ler

livre (*m.*) livro

location de voiture (*f.*) locação de automóveis

loin (de) longe (de)

longtemps muito tempo

louer alugar

lui ele, a ele, a ela, lhe

lundi (*m.*) segunda-feira

madame (*f.*) senhora

mademoiselle (*f.*) senhorita

magasin (*m.*) loja

mai (*m.*) maio

384   Apêndice B

maillot de bain (*m.*) maiô

maintenant agora

maison (*f.*) casa

malade doente

manger comer

manquer (rater) le vol perder o voo

manteau (*m.*) casaco, sobretudo

marcher caminhar, funcionar

mardi (*m.*) terça-feira

mari (*m.*) marido

marron marrom, castanho

mars (*m.*) março

mauvais mau, ruim

me me, para mim

médicin (*m.*) médico

médicament (*m.*) medicamento

meilleur melhor

mercredi (*m.*) quarta-feira

mes meus, minhas

météo (*f.*) tempo (estado atmosférico)

métro (*m.*) metrô

mettre por, colocar

midi (*m.*) meio-dia

mieux melhor

mille (*m.*) mil

milliard (*m.*) bilhão

minuit (*m.*) meia-noite

moi eu, me

moins menos

mois (*m.*) mês

monsieur (*m.*) senhor

monter subir

montre (*f.*) relógio de pulso

montrer mostrar

musée (*m.*) museu

n'est-ce pas não é mesmo

n'importe não faz diferença, não importa

ne ... jamais nunca

ne ... plus não mais

ne ... rien nada

neiger nevar

nettoyer limpar

neuf nove

neuf (neuve) novo(a)

neveu (*m.*) sobrinho

noir preto

noix (*f.*) noz

nord (*m.*) norte

nos nossos(as)

notre nosso(a)

nous nós, nos, a nós

nouveau (nouvelle) novo(a)

novembre (*m.*) novembro

nuage (*m.*) nuvem

objets trouvés (*m. pl.*) achados e perdidos

octobre (*m.*) outubro

œuf (*m.*) ovo

oie (*f.*) ganso

oignon (*m.*) cebola

on se, nós, eles, você

onze onze

or (*m.*) ouro

orage (*m.*) tempestade

où onde

ouest (*m.*) oeste

ouvert aberto

Dicionários **385**

pain (*m.*) pão

pamplemousse (*m.*) toranja

pantalon (*m.*) calça comprida

paquet (*m.*) pacote

par por, através

parapluie (*m.*) guarda-chuva

parc d'attractions (*m.*) parque de diversões

parfois às vezes

parler falar

pâtisserie (*f.*) loja de tortas, bolos e doces (confeitaria)

pelouse (*f.*) gramado

pendant durante

perdre perder

père (*m.*) pai

petit pequeno

peu (de) pouco

piment (*m.*) pimenta

piscine (*f.*) piscina

piste (*f.*) pista

plage (*f.*) praia

pluie (*f.*) chuva

plus mais

pneu (*m.*) pneu

poignée (*f.*) maçaneta

poire (*f.*) pera

poireaux (*m. pl.*) alho-poró

pois (*m. pl.*) ervilhas

poisson (*m.*) peixe

poivre (*m.*) pimenta

pomme (*f.*) maçã

pomme de terre (*f.*) batata

porte (*f.*) porta, portão

portefeuille (*m.*) carteira

poulet (*m.*) galinha

pour para, a fim de

pourquoi por que

pouvoir poder

premier (première) primeiro(a)

prendre pegar, tomar

près (de) perto

presque quase

prêter emprestar

printemps (*m.*) primavera

prix (*m.*) preço

prochain próximo

provisoirement provisoriamente

prune (*f.*) ameixa

pruneau (*m.*) ameixa seca

puis depois

quand quando

quarante quarenta

quart d'heure (*m.*) quinze minutos

quatorze quatorze

quatre quatro

quatre-vingts-dix noventa

quatre-vingts oitenta

que que

quel(le)(s) qual (quais)

quelquefois às vezes

qui quem, que

quinze quinze

raisin (*m.*) uva

raisin sec (*m.*) uva-passa

recevoir receber

reçu (*m.*) recibo

386 Apêndice B

réduire reduzir

regarder olhar, ver

remercier agradecer

remplir encher

remporter levar de novo

rencontrer encontrar

rendre devolver, retornar

renseignements (*m. pl.*) informações

rentrer voltar, retornar

répéter repetir

répondre (à) responder

rester ficar, permanecer

réveiller, se levantar

rez-de-chaussée (*m.*) andar térreo

roman (*m.*) romance

sa sua

samedi (*m.*) sábado

sans sem

saucisse (*f.*) salsicha, linguiça

saumon (*m.*) salmão

savoir saber

savon (*m.*) sabão

seize dezesseis

sel (*m.*) sal

semaine (*f.*) semana

sept sete

septembre (*m.*) setembro

ses seus, suas

seulement somente

sœur (*f.*) irmã

soie (*f.*) seda

soixante sessenta

soixante-dix setenta

soleil (*m.*) sol

somnifère (*m.*) sonífero

son seu

sortie (*f.*) saída

sortie de secours (*f.*) saída de emergência

souliers (*m. pl.*) sapatos

sous debaixo

sous-sol (*m.*) subsolo, porão

souvent frequentemente

stade (*m.*) estádio

sucre (*m.*) açúcar

sud (*m.*) sul

sur sobre

ta sua (informal)

tante (*f.*) tia

tard tarde

tarif (*m.*) preço, tarifa

tasse (*f.*) xícara

te você, a você

tempête (*f.*) tempestade

tes seus, suas (informal)

thé (*m.*) chá

thon (*m.*) atum

timbre (*m.*) selo

toi você

ton seu (informal)

tonnerre (*m.*) trovão

tôt cedo, em breve

toujours sempre, ainda

tout todo, tudo, totalmente, se bem que

tout à coup de repente

tout à fait completamente

tout à l'heure daqui a pouco

Dicionários 387

tout de suite imediatamente

tout droit sempre em frente, direto

tout près perto

travailler trabalhar

traverser atravessar

treize treze

trente trinta

très muito

trois três

trop (de) demais

trouver achar

tu tu, você

un(e) um(a)

valeur (f.) valor

veau (m.) vitela

veille (f.) véspera

vendredi (m.) sexta-feira

vent (m.) vento

verglas (m.) granizo

verre (m.) lente, copo, vidro

vers em direção a

vert verde

vêtements (m. pl.) vestimentas

viande (f.) carne

vide vazio(a)

vieux (vieille) velho(a)

vin (m.) vinho

vingt vinte

vite depressa

voir ver

voiture (f.) carro

vol (m.) voo

volaille (f.) ave

vos vosso, do(a) senhor(a) (formal)

votre vosso, do(a) senhor(a) (formal)

vouloir querer, desejar

vous vós, a vós, você, a você, o(a) senhor(a), ao senhor, à senhora

vraiment verdadeiramente, realmente

y lá

Português-Francês

a fim de pour

abacaxi ananas (m.)

abaixo de au-dessous de

aberto ouvert

abril avril (m.)

acabar achever, finir

acetona dissolvant (m.)

achados e perdidos objets trouvés (m. pl.)

achar trouver

acima de au-dessous de

acompanhar accompagner

acontecer avoir lieu

açougue boucherie (f.)

açúcar sucre (m.)

advertir avertir

aeroporto aéroport (m.)

agência agence (f.)

agir agir

agora maintenant

agosto août (m.)

agradar faire plaisir à, plaire à

agradável aimable, gentil(le), sympathique

388   Apêndice B

agradecer remercier

água mineral eau minérale *(f.)*

   natural plate

   gasosa gazeuse

ainda encore

ajudar aider

além disso d'ailleurs

além do mais d'ailleurs

alfaiate tailleur *(m.)*

alfândega douane *(f.)*

algum de, de la, de l', des du, en

algumas vezes parfois, quelquefois

alimento aliments *(m. pl.)*

alpinismo alpinisme *(m.)*, escalade *(f.)*

alugar louer

aluguel de carros, locação de automóveis location de voitures *(f.)*

aluno élève *(m. ou f.)*, étudiant *(m.)*

amanhã demain *(m.)*

amar aimer

amarelo jaune

amável doux (douce)

amedrontar faire peur à

ameixa prune *(f.)*

ameixa seca pruneau *(m.)*

amigo camarade *(m. ou f.)*, ami *(m.)*

andar (piso) térreo rez-de-chaussée *(m.)*

andar étage *(m.)*

ano an *(m.)*, année *(f.)*

anos, ter ... anos avoir ... ans

anteontem avant-hier

antes avant

antisséptico bucal eau dentifrice *(m.)*

anúncio annonce publicitaire *(f.)*

ao ar livre en plein air

ao invés de au lieu (de)

ao lado (de) à côté (de)

aparar tondre

aparelho auditivo audiophone *(m.)*

aparelho de fax télécopieur *(m.)*, fax *(m.)*

apontador de lápis taille-crayon *(m.)*

apresentar présenter

aqueles(as) ces

aqui ici

ar condicionado climatisation *(f.)*

área de coleta de bagagem bagages *(m. pl.)*, bande *(f.)*

arrancar arracher

arrepender-se regretter

assento place *(f.)*, siège *(m.)*

assinar signer

atalho, caminho sentier *(m.)*

até jusqu'à

atender (ao telefone) décrocher

aterrissagem (avião) atterrissage *(m.)*

atrás (+ hora) il y a (+ hora)

atrás (de) derrière, en arrière

atrasado en retard

através à travers, par

através de à travers

avião avion *(m.)*

avó grand-mère *(f.)*

avô grand-père *(m.)*

azeitona olive *(f.)*

azul bleu

bagagem (de mão) bagages (à main) *(m. pl.)*

balcão comptoir *(m.)*

Dicionários 389

banco banque *(f.)*

band-aid pansement adhesive *(m.)*

banheiro salle de bain *(f.)*, toilettes *(f. pl.)*

barato bon marché

barco bateau *(m.)*

bastão (de esqui) bâton *(m.)*

batata pomme de terre *(f.)*

baunilha vanille *(f.)*

belo(a) beau (belle)

beber boire

bebida boisson *(f.)*

bem bien

bigode moustache *(f.)*

bilhete billet *(m.)*

biscoito biscuit *(m.)*

bloco (de anotações) bloc *(m.)*

boca bouche *(f.)*

bolo gâteau *(m.)*

bom dia, olá bonjour

bom, boa bon(ne)

bonito joli

branco(a) blanc(he)

cabeça tête *(f.)*

cabeleireiro(a) coiffeur (coiffeuse)

cabelo cheveux *(m. pl.)*

cabide cintre *(m.)*

cabine (de telefone) cabine téléphonique *(f.)*

cachimbo pipe *(f.)*

cachorro chien *(m.)*

cachumba oreillons *(m. pl.)*

cadeira chaise *(f.)*, siège *(m.)*

caderno cahier *(m.)*

café café *(m.)*

caixa (funcionário) caissier (caissièrre)

caixa de correio boîte aux lettres *(f.)*

caixa registradora caisse *(f.)*

calça comprida pantalon *(m.)*

calcinha culotte *(f.)*

calculadora calculette *(f.)*

calor, estar com calor (pessoa) avoir chaud

cama lit *(m.)*

camarão grande langoustines *(f. pl.)*

câmera, máquina fotográfica appareil- photo *(m.)*

camisa chemise *(f.)*

cana canne *(f.)*

caneta esferográfica stylo à bille *(m.)*

capa de chuva imperméable *(m.)*

capaz, ser capaz de pouvoir

cardápio carte *(f.)*

carne (picada) viande (hachée) *(f.)*

carne de porco porc *(m.)*

carneiro mouton *(m.)*

caro (a) cher(chère)

carregar porter

carro auto *(f.)*, voiture *(f.)*

carta lettre *(f.)*

cartão carte *(f.)*

cartão de telefone télécarte *(m.)*

cartão postal carte postale *(f.)*

carteira portefeuille *(m.)*

casa de câmbio bureau de change *(m.)*

casa maison *(f.)*

casa noturna boîte de nuit *(f.)*, cabaret *(m.)*

catedral cathédrale *(f.)*

cebola oignon *(m.)*

390   Apêndice B

cedo de bonne heure, tôt

celebrar célébrer, fêter

cem cent

centro da cidade en ville

centro financeiro centre d'affaires (*m.*)

certo ça marche, d'accord, ça va

certo, estar certo avoir raison

chá thé (*m.*)

chamar appeler

chapéu chapeau (*m.*)

charuto cigare (*f.*)

chef patissier pâtissier (pâtissière)

chegar arriver

chupeta sucette (*f.*)

cigarro cigarette (*f.*)

cima, em cima de, na parte superior de au (en) haut (de)

cinco cinq

cinquenta cinquante

cinza gris

clipe trombare (*f.*)

cobertor couverture (*f.*)

código postal code postal (régional) (*m.*)

cogumelo champignon (*m.*)

colar collier (*m.*)

colocar mettre

começar commencer (à), se mettre à

comer manger

como comment

cômodo chambre (*f.*), pièce (*f.*), salle (*f.*)

companhia aérea ligne aérienne (*f*)

compartilhar partager

compras, fazer compras faire des achats (emplettes), faire du shopping

concordar (com) être d'accord (avec)

confeitaria confiserie (*f.*)

consertar réparer

conservante conservateur (*m.*)

consulado consulat (*m.*)

contra contre

controle de passaporte contrôle des passeports (*m.*)

convidar inviter

copo verre (*m.*)

coração coeur (*m.*)

cordão, barbante, fio ficelle (*f.*)

cortador de unhas coupe-ongles (*m.*)

corte de cabelo coupe de cheveux (*f.*)

costeletas de porco côte de porc (*f.*)

couro cuir (*m.*)

creme crème (*f.*)

criança enfant (*m.ou f.*)

cubos de gelo glaçons (*m. pl.*)

cuidar, tomar conta de s'occuper de

culinária cuisine (*f.*)

curto court

custar coûter

dar donner

de (+hora) dès

de (da) (das) (do) (dos) de, de la, de l', du, des, en

de de, de la, de l', des, du,en

de repente tout à coup

decolar (avião) décoller

deixar (para trás) partir, quitter (laisser)

dela sa, son, ses

dele sa, son, ses

Dicionários   391

delegacia de polícia commissariat de police (m.)

deles(as) leurs

delicatessen charcuterie (f.)

demais trop (de)

dente dent (f.)

dentista dentiste (m.)

dentro dans

depois après

depois de amanhã après-demain (m.)

descongestionante nasal gouttes nasalles (f. pl.)

descontar (cheque) encaisser

desculpar pardonner

desculpe pardon

desde depuis

desejar souhaiter

dever, ter que devoir

devolver rendre

dez dix

dezembro décembre (m.)

dezenove dix-neuf

dezesseis seize

dezessete dix-sept

dezoito dix-huit

dia jour (m.)

difícil difficile

dinheiro argent (m.)

direção, na direção de du côté de

direita, à direita (de) à droite (de)

discar composer (faire) le numéro

divertido (ser divertido) amusant

dizer dire, raconter

do(s) senhor(es), da(s) senhora(s) (formal) vos, votre

doente malade

dois deux

domingo dimanche (m.)

dor de dente rage de dents (f.)

dor douleur (f.)

doze douze

durante pendant

duro dur

dúzia douzaine (f.)

duzentos e cinquenta gramas de deux cent cinquante-grammes de

é c'est

echarpe (lenço para o pescoço) écharpe (f.), foulard (m.)

educado poli

ela, lhe (a) elle, la (lui)

ela elle

ele, lhe (a) il, le (lui)

ele il

eles, elas, se ils, elles, on

elevador ascenseur (m.)

em à

em direção a, de du côté de, vers

embaixada ambassade (f.)

embaixo au-dessous de

embaixo sous

embrulhar emballer

emcoberto couvert

empregada fille de chambre (f.)

empresário(a) homme (femme) d'affaires

emprestar prêter

endereço adresse (f.)

enfermeiro(a) infirmier (infirmière)

enfim, finalmente enfin

392 Apêndice B

engraçado comique, drôle

então alors, ensuite, puis

enteada belle-fille *(f.)*

enteado beau-fils *(m.)*

entender comprendre

entrada entrée *(f.)*

entrar entrer

entre entre

enviar envoyer

errado, estar errado avoir tort

erro (errar) faute *(f.)*, erreur *(f.)* (se tromper)

ervilha pois *(m. pl.)*

escada escalier *(m.)*

escala escale *(f.)*

escolher choisir

escova de dentes brosse à dents *(f.)*

escrever écrire

escuro foncé

escutar écouter

esmalte vernis à ongles *(m.)*

espelho glace *(f.)*, miroir *(m.)*

esperar (por) attendre

esperar espérer

espetáculo spetacle *(m.)*

esposa femme *(f.)*

esquecer oublier

esquerda, à esquerda (de) à gauche (de)

esquina, canto coin *(m.)*

estampado de bolinha à pois

este(a), esse(a) ce, cet, cette

estes(as), esses(as), aqueles(as) ces

estrangeiro(a) étranger (-ère)

estudar étudier

etiqueta de identificação étiquette *(f.)*

eu je

explicar expliquer

faca couteau *(m.)*

face figure *(f.)*. visage *(m.)*

fácil facile

faisão faisan *(m.)*

falar parler

falhar, faltar manquer, rater

falso(a) faux(fausse)

famoso célèbre

fatia tranche *(f.)*

fax télécopie *(f.)*, fax *(m.)*

fazer faire

fechar fermer

feliz heureux(-euse)

fevereiro février *(m.)*

ficar rester, séjourner

filé grosso de carne de boi chateaubriand *(m.)*

filha fille *(f.)*

filho fils *(m.)*

fingir faire semblant de

folheto brochure *(f.)*

fome, estar com fome avoir faim

forno four *(m.)*

   autolimpante auto-nettoyant

   micro-ondas à micro-ondes

fósforo allumette *(f.)*

fotocópia photocopie *(f.)*

fotógrafo photographe *(m. ou f.)*

francês français

frente, em frente a devant

Dicionários 393

frequentemente souvant

fresco, estar fresco (tempo) faire frais

frio, estar frio (tempo) faire froid

frio, ter frio (pessoa) avoir froid

fumar fumer

funcionar fonctionner, marcher

funcionário(a) do correio facteur (-trice)

galinha poule *(f.)*, poulet *(m.)*

ganhar gagner

garçom serveur *(m.)*

garçonete serveuse *(f.)*

garfo fourchette *(f.)*

gasolina essence *(f.)*

gasoso(a) gazeux (-euse)

gastar (dinheiro) dépenser

gato chat *(m.)*

gelatina confiture *(f.)*

geralmente d'habitude

gostar aimer

grande grand, gros(se)

gripe grippe *(f.)*

guarda-chuva parapluie *(m.)*

guardanapo serviette *(f.)*

guardar garder

guichê guichet *(m.)*

há il y a (+ tempo)

hambúrguer hamburger *(m.)*

hidratante crème hydratante *(f.)*

história policial film policier *(m.)*

hoje aujourd'hui *(m.)*

homem homme *(m.)*

honesto honnête

hora heure *(f.)*

hora, na hora à l'heure, à temps

horas, a que à quelle heure

idoso âgé

igreja église *(f.)*

imediatamente tout de suite

informações renseignements *(m. pl.)*

inocente naïf (naïve)

inteiro(a) entier(-ère)

inverno hiver *(m.)*

ir aller

irmã soeur *(f.)*

irmão frère *(m.)*

já déjà

janeiro janvier

jardim jardin *(m.)*

jeans jean *(m.)*

joalheria bijouterie *(f.)*

jogar jouer

jornal journal *(m.)*

jornaleiro, banca de jornais kiosk à journaux *(m.)*

julho juillet *(m.)*

junho juin *(m.)*

junto ensemble

lá là, y

lã laine *(f.)*

lápis crayon *(m.)*

laranja orange *(f.)*

laranjada orangeade *(f.)*

lata boîte *(f.)*

lavanderia teinturerie *(f.)*

legume legume *(m.)*

394   Apêndice B

leite lait *(m.)*

lenço de papel mouchoir en papier *(m.)*

lenço mouchoir *(m.)*

lentamente lentement

lentes de contato lentille de contact *(f.)*, verre de contact *(m.)*

ler lire

leste est *(m.)*

levar emmener

limão citron *(m.)*

limpo propre

livraria librarie *(f.)*

livro de bolso sac (à main) *(m.)*

livro livre *(m.)*

lixa de unhas lime à ongles *(f.)*

logo bientôt, tôt

loja de departamento grand magasin *(m.)*

loja de presentes boutique *(f.)*

loja de tortas, bolos e doces pâtisserie *(f.)*

loja magasin *(m.)*

longe (de) loin (de)

lua lune *(f.)*

luva gant *(m.)*

macaco singe *(m.)*

macio(a) doux (douce)

mãe mère *(f.)*

maio mai *(m.)*

maiô maillot de bain *(m.)*

mais plus

mais tarde, até mais à tout à l'heure

mal mauvais

mala valise *(f.)*

mancha tache *(f.)*

mandar chamar faire venir

mandar commander

manhã (de) matin *(m.)* (du)

manteiga beurre *(m.)*

mão main *(f.)*

mar mer *(f.)*

março mars *(m.)*

marido mari *(m.)*

Marrocos Maroc *(m.)*

marrom brun, marron

material de papelaria papier à lettres *(m.)*

mecânico(a) mécanicien(ne)

médico docteur *(m.)*, médecin *(m.)*

meia hora demi-heure *(f.)*

meia-calça collant *(m.)*

meia-irmã demi-soeur *(f.)*

meia-noite minuit *(m.)*

meias chaussettes *(f. pl.)*

meio quilo de demi-kilo *(m.)* de, cinq cents grammes de

meio, no meio (de) au milieu (de)

meio-dia midi *(m.)*

meio-irmão demi-frère *(m.)*

menina fille *(f.)*

menino garçon **(m.)**

menos moins

menta menthe *(f.)*

mercearia épicerie *(f.)*

mês mois *(m.)*

(mesa) posta couvert *(m.)*

mesmo même

metrô métro *(m.)*

Dicionários   395

meus, minhas mes

mexilhão moules *(f. pl.)*

mil mille *(m.)*

milhão million *(m.)*

minuto minute *(f.)*

mistério mystère *(m.)*

misturar mélanger

modelo mannequin *(m.)*

moderado modéré

moderno moderne

montanha montagne *(f.)*

morango fraise *(f.)*

morar (em) demeurer, habiter

mostarda moutarde *(f.)*

mostrar montrer

motor moteur *(m.)*

muito beaucoup (de)

muito tempo longtemps

muito très

mulher femme *(f.)*

museu musée *(m.)*

músico(a) musicien (ne)

musse para cabelo mousse coiffante *(f.)*

nada ne ... rien

nadar nager

náilon nylon *(m.)*

não mais ne ... plus

não non

nariz nez *(m.)*

natural plat

naturalmente, claro bien entendu, bien sûr

no andar de baixo en bas

no andar de cima en haut

noite, estar de noite nuit *(f.)*, faire nuit

norte nord *(m.)*

Noruega Norvège *(f.)*

nós nous, on

nós, para nós nous

nossos(as), nosso(a) nos, notre

notar remarquer

notícias informations *(f. pl.)*

novamente, mais uma vez encore

nove neuf

novembro novembre *(m.)*

noventa quatre-vingt-dix

novo(a) neuf (neuve), nouveau (nouvelle)

nunca, jamais jamais, ne ... jamais

nutrir, alimentar nourrir

o(s), a(s) le, la, les

o, a (pronome oblíquo) le, la

obedecer obéir

oboé hautbois *(m.)*

obrigado merci

obrigar obliger

observar, anotar noter

oceano océan *(m.)*

ocupado être en train de + infinitivo, occupé

oeste ouest *(m.)*

oficial de polícia agent de police *(m.)*

oftalmologista opticien(ne)

oitenta quatre-vingts

oito huit

óleo huile *(f.)*

olhar, ver regarder

olho œil *(m.)* (plural: yeux)

396 Apêndice B

omelete omelette *(f.)*

onde où

ônibus autobus *(m.)*, bus *(m.)*, car *(m.)*

ônix onyx *(m.)*

ontem hier

onze onze

opinião opinion *(f.)*

oportunidade occasion *(f.)*

ordem de pagamento mandat-poste *(m.)*

orégano origan *(m.)*

orelha oreille *(f.)*

organizar organiser

orgulhoso(a) fier(-ère)

orquestra orchestre *(m.)*

os, as, eles, elas, los,las les, elles, eux (leur)

ostra huître *(f.)*

ouro or *(m.)*

outono automne *(m.)*

outubro octobre *(m.)*

ouvir entendre

ovo œuf *(m.)*

pacote paquet *(m.)*

pacote postal colis *(m.)*

padaria boulangerie *(f.)*

pagar payer

pai père *(m)*

Países Baixos Pays-Bas *(m. pl.)*

pantera panthère *(f.)*

pão pain *(m.)*

papel de embrulho papier d'emballage *(m.)*

papel higiênico papier hygiénique *(m.)*

papel papier *(m.)*

para à

para o(s), a(s) à la, à l', au, aux

para pour

parada de ônibus arrêt de bus *(m.)*

parada, desfile défilé *(m.)*

parapente parapente *(m.)*

parar arrêter (s' ... de)

parque parc *(m.)*

participar participer

partida départ *(m.)*

passar (tempo) passer

passar passer

pasta de dentes patê dentifrice *(f.)*

patê patê *(m.)*

patinar patiner

pé pied *(m.)*

pedicure pédicurie *(f.)*

pediz perdreau *(m.)*, perdrix *(f.)*

pegar prendre

peixe poisson *(m.)*

pensar (sobre, em) penser (à, de)

pente peigne *(m.)*

pequeno petit

pera poire *(f.)*

perder perdre

perfeito parfait

perfumaria parfumerie *(f.)*

perfume parfum *(m.)*

perguntar demander

perigoso(a) dangereux (-euse)

permanente permanente

pérola(s) perles *(f. pl.)*

pertencer a être à

Dicionários 397

perto près (de), tout près

perturbar, incomodar déranger

pesado lourd

pescoço cou *(m.)*

pêssego pêche *(f.)*

piano piano *(m.)*

pijama pyjama *(m.)*

piloto pilote *(m.)*

pílula pilule *(f.)*

pimenta poivre *(m.)*

pimenteiro poivrier *(m.)*

pingue-pongue ping-pong *(m.)*

pintor peintre *(m.)*

pintura tableau *(m.)*

pires soucoupe *(f.)*

piscina piscine *(f.)*

platina platine *(f.)*

pneumonia pneumonie *(f.)*

pó poudre *(f.)*

pobre pauvre

pochê poché

poleiro perche *(f.)*

Polônia Pologne *(f.)*

popular populaire

por favor s'il vous plaît

por par

por, colocar poser

porco cochon *(m.)*

por que pourquoi

porta porte *(f.)*

porteiro porteur *(m.)*

possuir posséder

postagem affranchissement *(m.)*

pôster poster *(m.)*

posteriormente après, ensuite

pote bocal *(m.)*

praia plage *(f.)*

prata argent *(f.)*

praticar pratiquer

prato assiette *(f.)*

precisar (de) avoir besoin (de)

preço prix *(m.)*, tarif *(m.)*

preparar préparer

presidente président *(m.)*

presunto jambon *(m.)*

preto noir

primavera printemps *(m.)*

primeiro(a) premier (première)

problema problème *(m.)*

procurar chercher

programador(a) programmeur(-euse)

proibir défendre

propósito, fazer de propósito faire exprès

proprietário propiétaire *(m.)* ou *(f.)*

proteger protéger

provisão provision *(f.)*

próximo prochain

pulôver pull *(m.)*

punir punir

puxar tirer

quadro tableau *(m.)*

qual (deles, delas) lequel, laquelle

qual, quais quel(le)(s)

qual, que qu'est-ce que, que quel(le)

quando quand

quanto(a)(s) combien (de+ noun)

quarenta quarante

398 Apêndice B

quarta-feira mercredi *(m.)*

quatro quatre

quase presque

quatorze quatorze

que que

quebrar se casser, rompre

queijo fromage *(m.)*

quem qui

querer, desejar vouloir

querido(a) cher (chère)

quinta-feira jeudi *(m.)*

quinze quinze

rapidamente vite

realmente vraiment

receber recevoir

receita (médica) ordonnance *(f.)*

recibo quittance *(f.)*, reçu *(m.)*

rede filet *(m.)*

reduzir réduire

refrigerante soda *(m.)*

relógio de parede pendule *(f.)*, horloge *(f.)*

relógio de pulso montre *(f.)*

remédio médicament *(m.)*

remover enlever, ôter, quitter

repetir répéter

reservar réserver

resfriado rhume *(m.)*

responder répondre (à)

restar, sobrar, permanecer rester

robe peignoir *(m.)*

romance roman *(m.)*

rosa rose

roxo violet

sábado samedi *(m.)*

sabão (barra de) savon *(m.)* (savonette [*f.*])

saber savoir

saída de emergência sortie de secours *(f.)*

saída sortie *(f.)*

sair sortir

sal sel *(m.)*

salsa persil *(m.)*

sapatos chaussures *(f. pl.)*, souliers *(m. pl.)*

se soi

se, tu,você, vós, o senhor on, toi, tu, te, vous

seda soie *(f.)*

sede, estar com avoir soif

segunda-feira lundi *(m.)*

segundo(a) deuxième (second[e])

seis six

selo timbre *(m.)*

sem sans

semana semaine *(f.)*

sempre em frente tout droit

sempre toujours

senhor monsieur *(m.)*

senhora madame *(f.)*

senhorita mademoiselle *(f.)*

sentir sentir

ser être

sessenta soixante

sete sept

setembro septembre *(m.)*

setenta soixante-dix

seu(s), sua(s) (informal) ta, ton, tes

Dicionários 399

sexta-feira vendredi *(m.)*

sobre (o, a, os, as, isso, isto, eles, elas) de (du, de la, de l'), (en)

sobre sur

sobretudo, casaco manteau *(m.)*

sobrinha nièce *(f.)*

sobrinho neveu *(m.)*

sogra belle-mère *(f.)*

sogro beau-père *(m.)*

sol soleil *(m.)*

solteiro célibataire

somente seulement

sonolento, estar com sono avoir sommeil

sorvete glace *(f.)*

substituir remplacer

suco jus *(m.)*, jus de + nome da fruta

suficiente, bastante assez de

sujo sale

sul sud *(m.)*

supermercado supermarché *(m.)*

tala (para lesões), atadura attelle *(f.)*

tamanho taille *(f.)*

também aussi

tanque, laguinho étang *(m.)*

tarde après-midi *(m.)*

tarde tard

taxa tarif *(m.)*

telefone téléphone *(m.)*

televisão télévision *(f.)*

tempestade tempête *(f.)*, orage *(m.)*

tempo (estado atmosférico) météo *(f.)*

tempo temps *(m.)*

tempo, de tempos em tempos de temps à autre, de temps em temps

tempo, ter tempo para avoir le temps de

temporariamente, provisoriamente provisiorement

tentar essayer (de)

ter avoir

ter medo (de) avoir peur (de)

terça-feira mardi *(m.)*

terminar terminer

tesoura ciseaux *(m. pl.)*

tia tante *(f.)*

tio oncle *(m.)*

toalha serviette *(f.)*

todo tout

tomar emprestado emprunter

toranja pamplemousse *(m.)*

torta tarte *(f.)*

tortas, bolos e doces pâtisserie *(f.)*

trabalhar travailler

travesseiro oreiller *(m.)*

trazer (coisas) apporter

trazer (pessoas) amener

trazer de volta remporter

trem train *(m.)*

três trois

treze treize

trinta trente

triste triste

tudo tout

último(a) dernier(-ère), passé(e)

um(a) un, une

unha ongle *(m.)*

400   Apêndice B

usar employer, se servir de

uva raisin *(m.)*

valor valeur *(f.)*

vantajoso, valer a pena valoir la peine (de)

vazio vide

velho(a) âgé, ancien(ne), vieux (vieille)

vendedor(a) vendeur(-euse)

vender vendre

vento vent *(m.)*

ver voir

verão été *(m.)*

verde vert

vermelho rouge

vestido robe *(f.)*

vestimentas, trajes vêtements *(m. pl.)*

vestir porter

viagem (fazer uma) voyage *(m.)* (faire un)

viajar voyager

vigiar, observar garder, surveiller

vinho vin *(m.)*

vinte vingt

virar tourner

voo vol *(m.)*

xadrez en tartan

xícara tasse *(f.)*

Índice

A

abreviações, dicionários bilíngues, 53–57
aceitando convites, 249–264
acento agudo (´), 16
acentuação gráfica, 15–88
acentuação (pronúncia), 15
  acentuação gráfica, 16–88
  aprimorando a sua pronúncia, 15–28
  prática, 21–88
acessórios (aluguel de imóveis), 352–356
acomodações de hotéis, 147
  comodidades, 149
  elevadores, números ordinais e, 151–160
  exercícios para praticar recomendações, verbos sapato, 153–160
  necessidades, 150–160
  serviços, 148
adjetivos, 53
  comparação, 279–282
  concordância, 63
  demonstrativos, 207–208
  Descrições, 117
    adjetivos irregulares, 114
    exercícios para praticar, 117
    formação de adjetivos femininos, 111–118
    formas plurais, 116–118
    posição, 117
  expressões de satisfação, 205
  interrogativos, 133–146
adjetivos, concordância, 53
adjetivos interrogativos, *quel* (qual), 133–146
advérbios, 53
  comparações, 282
  descrevendo como alguma coisa é feita, 257–264
  exercícios para praticar, 263
  irregulares, 259–264
  posição, 262
aeroportos/viagem aérea vocabulário relacionado a aviões, 119–129
  expressando incompreensão, 128
  expressões idiomáticas, 39
  expressões que usam contrações, 127
  indicações de lugares
  pedindo, 129
    dando, 126–129
  perguntando, 123
  vocabulário/expressões, 120–129
alergias/sensibilidades (salões de beleza), 270
aller (ir), 123–129
aluguéis
  carros/automóveis, 134–146
    equipamento esportivo, 248–264
    imóveis, 351
      expressando condições, 354
      móveis e acessórios, 352–356
      terminologia, 351–356
      versus compra de imóveis, 352–356
aluguel de carros, 134–146
aluguel de imóveis, 349
    expressando condições, 354
    móveis e acessórios, 352–356
    por, colocar, vestir (verbo *mettre*), conjugação 200–208
    terminologia, 351–356
    versus compra de imóveis, 352–356
animais, 177–190
ansiedades, 8
aonde ir, 247–264
apartamentos
  comprar x alugar, 352–356
    expressando condições, 354

402   O Guia Completo para Quem não É C.D.F. — Aprendendo Francês

móveis e acessórios, 352–356
terminologia, 354
à preposição, 41–49
apresentações, 91–102
  descrições usando adjetivos, 111
    adjetivos irregulares, 114
    exercícios para praticar, 117
    formação de adjetivos femininos 111–160
    formas plurais, 115–118
    posição, 117
  iniciando uma conversa, 92
    conversas informais, 94–102
    être (ser/estar), conjugação, 93–102
    exercícios para praticar, 95–102
    expressões idiomáticas com *être* (ser/estar), 94–102
    perguntando sobre profissão, 96–102
    perguntas informativas, 98–102
  membros da família, 104–118
    descrições, 109–118
    posse, 105–118
arrependimentos, recusando um convite, 250
  convite, 250
artigos, 52

andróginos, 64–71
definidos, 60
exercícios para praticar, 64
indefinidos, 60
le, 66
substantivos no singular, 60–71
substantivos para ambos os gêneros, 62–71
substantivos plurais, 67–71
terminações femininas, 63–71
artigos definidos, 60
artigos de higiene pessoal, artigos de drogaria, 300–310
artigos de papelaria, 336–348
artigos indefinidos, 60
atividades
  aceitando convites, 249–264
    aonde ir, 246–264
    atividades na praia, 252–264
    caminhada/trilha, 249–264
    cinema/televisão, 252–264
    concertos, 256–264
    descrevendo como alguma coisa é feita, 251–264
    esportes, 247–264
      equipamentos para aluguel, 248–264
      locais de prática, 249–264
    estendendo convites, 252–264
    exprimindo indiferença/indecisão, 251

recusando convites, 250
au, preposição, 186
aves domésticas, 213
aviando prescrições médicas, 298
avoir (ter), 46–49

B

bancos
  serviços, 357–366
    termos, 358–366
beber (verbo *boire*), conjugação, 238
    boire (beber) conjugação, 240
    vinho, 238
bebidas, 216–222
boire (beber), conjugação, 238

C

caça (carnes), 213
calendário
  datas, 166–174
    dias da semana, 166–174
    meses do ano, 167–174
caminhada, elementos da natureza, 255–264
carnes, 213, 213–222
carros/automóveis, aluguel de, 139–146
carros/automóveis, peças de, 136–146
cartas, envio de correspondência, 322–332
cartões telefônicos, 313–319
casas
    compra versus aluguel, 352–356
    expressando condição, 356

Índice   403

móveis e acessórios, 352–356

terminologia, 351–356

ce, adjetivo demonstrativo, 206

cedilha (,) acentuação, 16

Celcius, temperatura em graus, 166

ces, adjetivo demonstrativo, 207

cet, adjetivo demonstrativo, 206

cette, adjetivo demonstrativo, 207

cheirar (verbo sentir), conjugação, 220

chez, preposição, 211

ch, som (pronúncia), 24

cinema, 253–264

circunflexo (^), acentuação, 16

cognatos, 29

    cognatos perfeitos, 31–38

    exceções, 36–38

    exercícios para praticar, 34

    quase cognatos, 32–38

    truques de ortografia, 34–38

    verbos, 32–38

cognatos perfeitos, 31–38

combinação *ail* (pronúncia), 19

combinação *eil* (pronúncia), 19

combinação *ill* (pronúncia), 19

comer fora

  pedindo a conta 242

    estabelecimentos, 224

    expressando satisfação, 242

partitivo, 238–242

pedindo a conta, 242

restaurantes, 235

  bebidas, 237–242

  condimentos, 233

  itens do cardápio, 229–242

  itens sobre a mesa, 225–242

  preparações, 232–242

  problemas/devolvendo pratos, 235

  queijos, 235

  recomendações do garçom, 228

  reservas, 225–242

  restrições dietéticas, 234

  sobremesas, 235–242

comodidades, aluguel de imóveis, 349

  móveis e acessórios, 352–356

  terminologia, 352–406

  versus compra de imóveis, 352–406

comodidades, hotéis, 149

cômodos

  móveis e acessórios, 352–356

  terminologia, 351–356

comparações de igualdade, 281

comprando alimentos, 210, 216

  aves domésticas e de caça, 213

bebidas, 216–222

carnes, 213

exercícios para praticar 216

expressões de quantidade, 216–222

frutas, 212

indicando seu destino, 210–222

laticínios, 215

legumes e verduras, 212–222

lojas, 210

nozes e castanhas, 213

pães, 215

peixes e frutos do mar, 214

respondendo a perguntas, 222

sobremesas, 215

comprando imóveis, 352–356

compras

  pedindo ajuda, 203–208

    alimentos

    respondendo a perguntas, 217

      aves domésticas e de caça, 213

      Carnes 213

      exercícios para praticar, 216

      expressões de quantidade, 216–222

      frutas, 212

      indicando seu destino, 210–222

      laticínios, 215

      legumes e verduras, 211–222

      lojas de alimentos, 210

404   **O Guia Completo para Quem não É C.D.F. — Aprendendo Francês**

nozes e casta-
nhas, 213
pães, 215
peixes e frutos
do mar, 214
sobremesas,
215
Bebidas 216–222
buscando os artigos,
303–310
comparando lojas,
281
adjetivos,
281–282
advérbios 280
comparações de
igualdade, 282
comparações
irregulares, 282
exercícios para
praticar, 282
equipamentos para
necessidades espe-
ciais, 301
expressando opini-
ões, 205–208
expressando prefe-
rências, 204–208
expressões com o
passado, 304
indicando um obje-
to/pessoa, 206–208
joias, 193–208
lojas, 192–208
necessidades,
301–310
vestuário, 194–208
cores, 197–208
etiquetas, 199
materiais,
198–208
padronagens,
191
tamanhos,
197–208
computação, necessidades,
340–348

concertos, 256–264
condicional, 356
verbos irregulares,
363
verbos regulares,
362–366
verbos sapato, 362
condições físicas, expressões idiomáticas 46–49
condições meteorológicas,
48–49
condições, modo subjunti-
vo, 363
condimentos, 233
condimentos (alimentos),
233
confeitarias, pães e sobremesas 215
conhecer/saber
connaître, conjugação,
326
diferenciação entre
pessoas e fatos,
326–332
savoir, conjugação,
326
conjugação verbal, 132
aller (ir), 123–129
avoir (ter), 109
boire (beber), 238
connaître (conhe-
cer), 326–332
devoir (dever),
311–319
dicas de estudo, 11
dire (dizer), 290
dormir (dormir),
219
écrire (escrever),
324
être (ser/estar),
93–102
faire (fazer), 172
Llre (ler), 324–332
mettre (por, colocar,
vestir), 199

partir (partir, ir
embora), 219
pouvoir (poder), 246
prendre (tomar,
pegar), 132
savoir (saber), 326
sentir (sentir, chei-
rar), 220
servir (servir), 221
se sentir (sentir-se),
291–295
sortir (sair), 220
venir (vir), 302–310
verbos da família –
er, 77–88
verbos da família
–ir, 80
verbos da família –
re, 81–88
voir (ver), 176–190
vouloir (querer), 245
consertos, joias, 274
consoantes finais, 23
consoantes
ligação, 14
pronúncia, 14–28
consultas médicas, 286
explicando sinto-
mas, 287–295
como se sente,
288–295
duração da do-
ença, 289–295
exercícios para
praticar, 295
partes do corpo,
286–295
problemas de saú-
de/diagnósticos,
289
continentes, 184
contrações, 127
conversas
iniciando, 92
conversas infor-
mais, 92–102

Índice   405

être (ser/estar), conjugação, 93–102
exercícios para praticar, 95–102
expressões idiomáticas com *être* (ser/estar), 94–102
expressões para conversas telefônicas, 316–319
perguntando sobre profissão, 96–102
perguntas informativas, 98–102
convites,
  aceitando, 249–264
  estendendo, 247–264
  recusando, 250
cores 197–208
correios, serviços, 323–332
correspondência, 322–332
c, som (pronúncia), 24
cumprimentos, 91
  apresentações, 104–118
  descrevendo os membros da família, 108–118
  descrições usando adjetivos, 111
    adjetivos irregulares, 114–118
    exercícios para praticar, 117
    formação de adjetivos femininos, 111–118
    formas plurais, 115–118
    posição, 117
  iniciando uma conversa, 92
    conversas informais, 92–102
    être (ser/estar),

conjugação, 93–102
exercícios para praticar, 95–102
expressões idiomáticas com *être* (ser/estar), 94–102
perguntando sobre profissão, 96–102
perguntas informativas, 98–102
cumprimentos/saudações, 91
  apresentações, 104–118
  descrevendo membros da família, 108–118
  descrições usando adjetivos, 111–118
  être (ser/estar), conjugação, 93–102
  exercícios para praticar, 95–102
  expressões idiomáticas com *être* (ser/estar), 94–102
  iniciando uma conversa, 92–102
  perguntando sobre profissão, 96–102
  perguntas informativas, 98–102
custos, 139–146

D

datas, 169–174
delicatessen, frios, 213
Departamento de Turismo do Governo Francês, 7

de, preposição, 105–118
descrições (adjetivos), 111
  adjetivos irregulares, 114
  exercícios para praticar, 117–118
  formação de adjetivos femininos, 111–118
  formas plurais, 115–118
  posição, 117
desculpas, recusando um convite, 250
desigualdade, comparações 281–282
dever/ter que (verbo *devoir*)
  conjugação, 317–319
devoir (dever)
  conjugação, 317–319
diagnósticos, 289
dias da semana, 166–174
dicas para aprendizes intermediários 5
dicas para iniciantes, 5
dicionários
  bilíngues, 7
  dicionários bilíngues, 53–57
    abreviações, 53–57
    exercícios para praticar, 55–57
dire (dizer), conjugação, 290
dizendo as horas, 143, 143–146
dizer (verbo *dire*), conjugação, 291
dizer (verbo *dire*), conjugação, 291
doenças, 283
  partes do corpo, 285–295

406 O Guia Completo para Quem não É C.D.F. — Aprendendo Francês

problemas de saúde/diagnósticos, 289
sintomas, 287–295
  como se sente, 291–295
  duração da doença, 289–295
  exercícios para praticar, 288
dormir (dormir), conjugação 219
dormir (verbo dormir), conjugação, 219
drogarias, 298
  buscando os artigos, 303–310
  equipamentos para necessidades especiais, 301
  itens de drogarias, 299–310
  (tempo verbal) passado, expressões, 302

E

écrire (escrever), conjugação, 324
elementos da natureza, 256–264
elevadores, números ordinais, 151–160
elles, pronome sujeito, 74
e-mail, 340
ênfase
  pronúncia, 14
    pronomes enfáticos, 277–282
en, preposição, 41
en, pronome, 239–242
entonação, 82–88
entradas, 230
entretenimento
  aceitando convites, 249–264

aonde ir, 251–264
atividades na praia, 252–264
caminhada/trilha, 255–264
cinema/televisão, 253–264
concertos, 256–264
descrevendo como alguma coisa é feita 257–264
esportes, 244–264
  aluguel de equipamento, 248–264
  locais de prática, 247–264
estendendo convites, 249–264
expressando indiferença/indecisão, 251
recusando convites, 250
enviando correspondência, 322–332
equipamentos (esportivos), 248–264
equipamentos para necessidades especiais, 301
ervas, 233
esportes
  atividades, 244–264
    aluguel de equipamento, 248–264
    locais de prática, 247–264
    praticar, 171–174
estabelecimentos (comer fora), 224
estações do ano, 168
est-ce que
  fazendo perguntas, 83
    perguntas informativas, 101–102
etiquetas (vestuário), 199

être (movimento), como verbo auxiliar, 308–310
être (ser/estar)
  indagando sobre procedência, 93
  conjugação, 93–102
  expressões idiomáticas, 94–102
  (pretérito) imperfeito, 330
exceções, cognatos, 36–38
exercícios para praticar
adjetivos, 117
  adjetivo interrogativo *quel* (qual), 133–146
  advérbios, 262
  cognatos, 32
  comparações, 281
  datas, 169
  desculpando-se, 319
  dicionários bilíngues, 53–57
  estendendo convites, 251
  expressões idiomáticas, 46–49
  fazendo perguntas, 85
  gênero, 68–71
  hotel, itens de comodidade, 151
  iniciando uma conversa, 92–102
  marcadores de substantivos, 60
  números, 142
  Números Ordinais 153
  ordens, 126–129
  passado composto, 306–310
  pedindo indicações, 124
  perguntando sobre o passado, 304

Índice 407

perguntas informativas, 101
(pretérito) imperfeito, 331–332
pronomes objeto, 203
(tempo verbal) futuro, 347–348
exercícios. Veja exercícios para praticar estendendo convites, 247–264
expressando que irá para outro país, 184–190
expressando sua procedência, 185
expressão *il fait ...*, 47
expressão *n'est-ce pas*, fazendo perguntas, 83
expressões de indecisão, 251
expressões de indiferença, 251
expressões de satisfação, 241
expressões, fazendo perguntas, 82
expressões idiomáticas, 39–49, 41
   avoir (ter), 46–49
   condições físicas, 47–49
   condições meteorológicas, 48–49
   direcionamento/local, 125
   être (ser/estar), 93–102
   exercícios para praticar, 48–49
   expressões de opinião, 45–49
   faire (fazer), 172–174
   gírias versus, 40–49
   localização e direcionamento, 43–49

tempo, 42–49
viagens e transportes, 41
expressões indispensáveis para a aprendizagem 11–13
expressões negativas, 305–310

F

Fahrrenheit, temperatura em graus, 164
faire (fazer)
conjugação, 171
   exercícios para praticar, 173
   expressões idiomáticas, 172–174
farmácias, 298
   buscando os artigos, 301–310
   equipamentos para necessidades especiais 301
   expressões no passado, 302
fatos, expressando, 326–332
faxes, 336–348
fazendo o pedido, bebidas/comida, 228
fazendo perguntas, 82
   adjetivo interrogativo *quel* (qual), 133–146
   entonação, 82–88
   est-ce que no início da pergunta, 85
   exercícios para praticar, 85
   expressão *n'est-ce pas*, 83
   iniciando uma conversa, 97–102
   inversão, 83–88

perguntando sobre o passado, 304–310
viagens aéreas/aeroportos, 123–129
fazer (verbo *faire*)
conjugação, 171
   exercícios para praticar, 173
   expressões idiomáticas, 172–174
forma plural
adjetivos, 115–118
   membros da família, 104
   pronomes pessoais, 74–88
   substantivos
      gênero, 65–71
      números e, 139
formas irregulares das palavras
adjetivos, 114
   advérbios, 261–264
   comparações, 281–282
   modo imperativo, 126
   verbos, 33–38
      condicional, 356
      devoir (dever), 317–319
      écrire (escrever), 324
      formação do particípio passado, 306
      lire (ler), 324–332
      modo subjuntivo, 365–366
      prendre (tomar/pegar), 132
      (pretérito) imperfeito, 330
      (tempo verbal)

408   O Guia Completo para Quem não É C.D.F. — Aprendendo Francês

futuro, 347
verbos terminados em –ir,
219–222
formas verbais, 221
fotocópias, 337
frutas, 212
frutos do mar, 214
fusão (elisão), 14–28
futuro, expressões, 346
  aller mais infinitivo,
344
  (tempo verbal) futuro, 344
    exercícios para praticar,
346–348
    verbos irregulares, 346
    verbos sapato,
345

G

gênero, 59
  marcadores de substantivos, 60
    andróginos,
65–71
    exercícios para praticar, 64
    substantivos no singular, 60–71
    substantivos para ambos os gêneros, 62–71
    terminações femininas, 63–71
    terminações masculinas,
63–71
  substantivos, 31–38
  substantivos plurais, 66–71
gênero feminino, 59
  adjetivos, 111–118

marcadores de substantivos, 60
  andróginos,
65–71
  exercícios para praticar, 64
  substantivos no singular, 60–71
  substantivos plurais, 67–71
  terminações,
63–71
países, 182
substantivos 31
gênero masculino, 59
  marcadores de substantivos 60–71
  andróginos,
65–71
  exercícios para praticar, 64
  substantivos no singular, 60–71
  substantivos plurais, 66–71
  terminações,
64–71
países, 182
substantivos, 31
gírias, 40–49
gn, som (pronúncia), 25
gramática, 51
  adjetivos, 53
  advérbios, 53
  dicionários bilíngues, 53–57
    abreviações,
54–57
    exercícios para praticar, 55–57
  substantivos, 52
  verbos, 52–57
grave (`), acento, 16–28
g, som (pronúncia), 25

H

habilidades, expressões de,
325–332
hábitos de estudo, 8–13
  conjugação verbal,
11
  frases indispensáveis para aprendizagem, 11–13
  pronúncia, 10
  vocabulário, 10
h, som (pronúncia), 26

I

ils, pronome sujeito, 76
incompreensão, expressões de, 128
indicações de direcionamento
  pedindo indicações,
125–129
    dando indicações,
126–129
    expressando confusão, 128
    expressões idiomáticas, 43–49
    expressões que usam contrações,
128
    viagem de automóvel, 138
infinitivos, verbos regulares, 76
iniciando uma conversa,
92
    conversas informais, 92–102
    être (ser/estar), conjugação, 93–102
    exercícios para praticar, 95–102
    expressões idiomáticas com *être* (ser/estar), 94–102

Índice 409

indagando sobre procedência, 93–102
perguntando sobre profissão, 96–102
perguntas informativas, 98
   exercícios para praticar, 101
   expressão *est-ce que*, 99–102
   inversão, 100
iniciando uma conversa telefônica, 314–319
instrumentos musicais, 256–264
inversão
   fazendo perguntas, 82–88
      perguntas informativas, 100
ir (verbo *aller*)
   conjugação, 123–129
      expressando o futuro, 346
i, som (pronúncia), 18
itens do cardápio, 229–242

J

je, pronome pessoal, 74
joalheria, 193–208

L

laticínios, 215
le, artigo, 31
legumes e verduras, 211–222
leitura
   lire (ler), 324–332
      objetos de leitura, 325
ligação, 14
ligações telefônicas
   cartões telefônicos, 313–319

conversas telefônicas, frases úteis, 314–319
desculpas para não atender, 317
expressando outras obrigações, 316–319
partes de um aparelho telefônico, 312–319
problemas, 315–319
tipos de chamadas, 312
uso do telefone celular, 316
ligações telefônicas para casa
   cartões telefônicos, 313–319
      conversas telefônicas, frases úteis, 314–319
      desculpas para não atender, 319
      expressando outras obrigações, 316–319
      partes de um aparelho telefônico, 312–319
      problemas, 312–319
      tipos de chamadas, 312
      uso do telefone celular, 316
limitando a quantidade de alimento, 217
língua portuguesa, palavras/expressões emprestadas, 35
líquidos (alimentos e bebidas),
   medidas, 216
lire (ler), conjugação, 324–332

locais de prática (esportes/ diversão), 247–264
lojas, 192–208
lojas de fotografia, 274–282
lojas de música, 275–282
lugar
   expressões de incompreensão, 128
      expressões idiomáticas, 42–49
      expressões que usam contrações, 127
      preposições, 186–190

M

marcadores de substantivos, 60
   andróginos, 65–71
   exercícios para praticar, 64
   substantivos no singular, 60–71
   substantivos para ambos os gêneros, 61–71
   substantivos plurais, 66–71
   terminações femininas, 63–71
   terminações masculinas, 63–71
marcadores (substantivos), 52
medicamentos, artigos de drogaria, 299–310
medicamentos sem receita médica 298
medidas, alimentos (sólidos), 217
medos, 8
meios de transporte, 131
   pronome interrogativo *quel* (qual), 133–146

410 O Guia Completo para Quem não É C.D.F. — Aprendendo Francês

verbo irregular *prendre*, 132
meios de transportes, 131
  adjetivo interrogativo *quel* (qual), 133–146
  aluguel de carros/automóveis, 134–146
  custos, 139–146
  verbo irregular *prendre* (tomar/pegar), 132
membros da família
  descrição dos, 104–118
    apresentações, 104–118
    formas plurais, 105
meses do ano, 167–174
mettre (por,colocar,vestir), conjugação, 200–208
modo subjuntivo, 363, 365–366
  condições, 360
  exercícios para praticar, 366
  expressões mais comuns, 365–366
  presente do subjuntivo, 362–366
  verbos irregulares, 363–366
  verbos sapato, 362–366
móveis, 352–356
movimentos (*être*), 308–310

N

necessidade financeira
  serviços bancários, 359–366
    termos bancários, 358–366
necessidades financeiras, 360–366

necessidades
  hotéis, 149–160
    condições, 363
    exercícios para praticar, 366
    expressões mais comuns, 365–366
    lojas, 298–310
    necessidades, modo subjuntivo, 362
    presente do subjuntivo, 361–366
    verbos irregulares 363–366
    verbos sapato, 362–366
necessidades médicas, 283
  partes do corpo, 286–295
  problemas de saúde/diagnósticos, 289
  sintomas, 288–295
    como se sente, 291–295
    duração da doença, 290–295
    exercícios para praticar, 288
negócios
  termos de negócios, 342–348
    expressando o futuro, 345
      aller mais infinitivo, 344
      (tempo verbal) futuro, 344–348
    fax, envio de, 337–348
    fotocópias, 337
    necessidades relacionadas à computação, 340–348
    suprimentos de

artigos para escritórios, 336–348
nomes próprios, substituição por pronomes pessoais, 74–88
nozes e castanhas, 213
números
  cardinais, 139–146
    circunstâncias especiais, 141–146
    dizendo as horas, 142–146
    exercícios para praticar, 142
    ordinais, 151–160
    substantivos no plural e, 141
números cardinais, 139–146
números ordinais, 151–160

O

on, pronome pessoal, 75
opiniões, frases para expressar, 205–208
  cinema/televisão, 253–264
  expressões idiomáticas, 45–49
  respondendo a sugestões, 180–190
optometristas, 275–282
ordens, 126–129
ortografia
  cognatos, 32–38
    (pretérito) imperfeito, 331
o, som (pronúncia), 19
ovos, preparo, 234

P

padaria, pães e doces, 215
padronagens (vestuário), 199
pães, 215

Índice 411

países, 182–190
palavras/expressões emprestadas, 35
partes do corpo, 286–295
particípios passados, 306–310
partir (partir, ir embora), conjugação, 219
partir (verbo partir), conjugação, 219
partitivos, 238–242
passado composto, 302
   exercícios para praticar, 309–310
   formação do particípio passado
      verbos irregulares, 305
      verbos regulares, 303
   formas negativas, 305–310
   verbos auxiliares
      avoir (ter), 302
      être (movimento), 306–310
passado (tempo verbal), 329
   expressões, 304
   passado composto
      verbos auxiliares, 302–310
      exercícios para praticar, 304–310
      formação do particípio passado, 303–310
      formas negativas, 303–310
   passé composé, 329–332
   perguntando sobre o passado, 304–310
   (pretérito) imperfeito, 329–332

verbos reflexivos, 318
passé composé, 329–332, 332
passeios turísticos, 176
   animais, 177–190
   expressando o que deseja ver, 176–190
   fazendo sugestões, 178–190
   respondendo a uma sugestão, 180–190
peças
   carros/automóveis, 136–146
   telefones, 312–319
pegar, tomar (*prendre*), conjugação, 132
peixes, 214
perguntas (fazendo perguntas), 82
   entonação, 82–88
   est-ce que no início da pergunta, 83
   exercícios para praticar, 85
   expressão *n'est-ce pas*, 83
   iniciando conversas, 97–102
   inversão, 83–88
   perguntando sobre o passado, 306–310
   pronome interrogativo *quel*, (qual), 133–146
   viagens aéreas/aeroportos, 123–129
poder (verbo *pouvoir*), conjugação 246
pondo a mesa, 235, 226–242
pontos cardeais, 139
posição
   adjetivos, 117
   advérbios, 262
   pronomes objeto, 202–208

verbos reflexivos, 294
posse, 105–118
pouvoir, (poder), conjugação, 246
praia, atividades na, 252–264
preferências de cores (salões de beleza), 269–282
preferências de estilo (salões de beleza), 269–282
preferências, pronomes interrogativos, 204
prendre (tomar, pegar), conjugação, 132
preparo (alimentos), 232–242
preposições
   à, 42–49
   au, 184
   chez, 211
   de, 105–118
   en, 41–49
   expressões de orientação/lugar, 126
   lugar, 184–190
presente do subjuntivo, 361–366
prestação de serviços
   loja de fotografias, 274–282
      comparando lojas, 281–282
      conserto de joias, 274
      Loja de Música 275–282
      obtendo informações, 272–282
      optometristas, 276–282
      problemas, 276
      serviços de lavanderia, 272–282

412   O Guia Completo para Quem não É C.D.F. — Aprendendo Francês

serviços de sapateiro, 273
tinturaria, 271–282
pretérito imperfeito, *tempo*, 327
exercícios para praticar, 328–332
formação, 327–332
mudanças ortográficas, 329
passé composé versus, 329
previsão do tempo, 164
problemas de saúde, 289
problemas
preparo de alimentos, 234
ligações telefônicas, 314–319
serviços, 276
profissões, 96–102
pronomes enfáticos, 277–282, 282
pronomes interrogativos, 204–208
pronomes objeto
direto, 200–208
enfáticos, 279
en, referindo-se a lugares mencionados anteriormente, 240
exercícios para praticar, 203
indireto, 201–208
interrogativos, 204–208
objetos indiretos, 201–208
posição, 202–208
pronomes sujeito, 74–88
y, como substituto para preposições de lugar, 186–190
pronomes objeto direto, 291–295

pronomes objeto indireto 201–208
pronomes
objetos diretos, 200–208
pronomes pessoais no singular, 74–88
pronomes possessivos, 106–118
pronomes sujeito, 75
pronúncia, 13, 27–28
acentuação, 15–28
consoantes, 23–28
dicas de estudo, 10
elisão, 14–28
ênfase nas sílabas, 14
ligação, 14
som nasal, 21–28
sons vocálicos, 16–28
pronúncia, ênfase (sílabas), 14

Q

quantidade, expressões de comprando alimentos, 216–222
quase cognatos, 31–38
queijos, 235
queixas, consulta médica, 288
como se sente, 291–295
duração da doença, 290–295
exercícios para praticar, 288
quel, adjetivo, expressando satisfação, 241
quel (qual), fazendo perguntas, 133–146
querer (verbo *vouloir*), conjugação, 245

R

razões para estudar francês, 3–13

receita médica, 298
recomendações
restaurantes, 231
verbos sapato, 153
exercícios para praticar, 159
verbos terminados em -cer, 154
verbos terminados em -er, 156–160
verbos terminados em -ger, 155
verbos terminados em -yer, 156
recusando convites, 250
relacionamentos, 327–332
religar (fazendo uma ligação telefônica), 314
reservas (restaurantes), 224–242
respondendo a perguntas, 85–88
respondendo a uma sugestão, 180
respostas afirmativas, 85–88
restaurantes
pedindo a conta, 242
bebidas, 237–242
condimentos, 233
expressando satisfação, 241
itens do cardápio, 229–242
pondo a mesa, 226–242
preparo, 232–242
problemas/ devolvendo pratos, 235
queijos, 235
recomendações do garçom, 228

Índice 413

reservas, 224–242
restrições dietéti-
cas, 234
sobremesas,
235–242
restaurantes
queijos, 235
bebidas, 237–242
condimentos, 233
itens do cardápio
229–242
itens sobre a mesa,
225–242
preparações,
232–242
problemas/devol-
vendo pratos 235
recomendações do
garçom, 228
reservas, 225–242
restrições dietéti-
cas, 234
sobremesas,
236–242
restrições dietéticas, 234
r, som (pronúncia), 26

S

sair (verbo *sortir*),
conjugação, 221
saudações, 91–102
apresentações,
104–118
descrevendo mem-
bros da família,
109–118
descrições usando
adjetivos
formação
de adjetivos femini-
nos,
111–118
adjetivos irre-
gulares, 114
exercícios para

praticar, 117
formas plurais,
115–118
posição, 117
iniciando uma con-
versa, 92
conversas infor-
mais, 92–102
être (ser/estar)
conjugação,
93–102
exercícios
para praticar,
95–102
expressões idio-
máticas com
être (ser/estar),
94–102
perguntando
sobre profissão,
96–102
perguntas
informativas,
98–102
savoir (saber)
conjugação, 326
connaître versus,
326–332
sensibilidades/alergias
(salões de beleza), 268
sentir-se, conjugação,
291–295
sentir (sentir, cheirar), conjugação, 221
sentir-se (verbo *se sentir*),
conjugação, 291–295
sentir, (verbo *sentir*), conjugação, 220
ser capaz de/poder (verbo
pouvoir),
conjugação, 246
ser/estar (verbo *être*)
indagando sobre proce-
dência, 93
conjugação, 93–102
expressões idiomá-

ticas, 95–102
(pretérito) imper-
feito, 330
serviços
bancários, 359–366
hotéis, 148
serviços de lavagem a seco,
273–282
serviços de lavanderia, 272
serviços de salão de beleza,
268–282, 269–282
serviços de sapateiro, 273
serviços
loja de fotografias,
274–282
comparando lojas,
279–282
conserto de joias,
274
lojas de música,
275–282
obtendo informa-
ções, 270–282
optometristas,
273–282
problemas, 276
salões de beleza,
268–282
serviços de lavande-
ria, 272–282
serviços de sapatei-
ro, 273
tinturaria, 271–282
serviços telefônicos
cartões telefônicos,
313–319
conversas telefô-
nicas, frases úteis,
314–319
desculpas para não
atender, 319
expressando outras
obrigações, 316–
319
partes de um apa-
relho telefônico,

414 O Guia Completo para Quem não É C.D.F. — Aprendendo Francês

312–319
problemas, 317–319
tipos de chamadas, 312
uso do telefone celular, 316
servir (servir), conjugação, 221
servir (verbo *servir*), conjugação, 221
sílabas, ênfase 14
sintomas, 288–295
como se sente, 291–295
duração da doença, 290–295
exercícios para praticar, 288
sintomas (médicos), 290
sistema métrico
quantidades de alimentos, 217
tamanhos, 196–208
sobremesas, 215–222
som nasal (pronúncia), 21–28
sopas, 232
sortir (sair), conjugação, 220
sorvete, 236
s, som (pronúncia), 24–28
substantivos
gênero, 30–38
marcadores, 52
número, 52
substantivos no singular, 60–71
sujeitos
pronomes, 74–88
verbos, 74
suprimentos de artigos de escritório, 336–348

T

tabela de conversões
quantidades de alimentos, 217

países, 182–190
de onde você é, 185
viagem internacional, 183–190
preços, números cardinais, 139–146
tamanhos, 196–208
tamanhos, 197–208
tarefas domésticas, 171
tecidos, 198–208
televisão, 253–264
temperatura, 164–174
tempo, 144
exercícios para praticar, 145
expressões, 144–146
expressões idiomáticas, 42–49
ter (verbo avoir), 47
como verbo auxiliar, 302
conjugação, 109
exercícios para praticar, 110
expressões idiomáticas, 109–118
th som (pronúncia), 27
transportes, 131
adjetivo interrogativo *quel*, (qual), 133–146
aluguel de carros, 134–146
custos, 139–146
expressões idiomáticas, 41
verbo irregular *prendre*, 132
trema (¨), acentuação, 16
tu, pronome sujeito, 75
turismo
compras
vestuário, 194–208
joias, 193–208

lojas, 192–208
passeios turísticos
animais, 177–190
expressando o que gostaria de ver, 176–190
fazendo sugestões, 178–190
respondendo a uma sugestão, 180–190

U

ua, som (pronúncia), 20
Ultralingua, software de dicionário 7
Ultralíngua, software de dicionário, 7
uso do telefone celular, 316
u som (pronúncia), 20
u, som (pronúncia), 20

V

venir (vir), conjugação, 302–310
verbos, 52
avoir (ter), 46
cognatos, 32–38
conjugação, 52
aller (ir), 123–129
boire (beber), 238
connaître (conhecer), 326
devoir (dever, ter que), 317–319
dicas de estudo, 11
dire (dizer), 291
dormir (dormir), 219

Índice   415

écrire (escrever), 324
être (ser/estar), 93–102
faire (fazer), 171
lire (ler), 324–332
mettre (por, colocar, vestir), 200
partir (partir, ir embora), 219
pouvoir (poder), 246
savoir (saber), 326
sentir (cheirar, sentir), 220
servir (servir), 220
se sentir, (sentir-se), 291–295
sortir (sair), 220
venir, (vir), 302–310
voir (ver), 176–190
vouloir (querer), 245
dando indicações, 125
irregulares, 32–38
  condicional, 356
  écrire (escrever), 324
  formação do particípio passado, 306
  lire (ler), 324–332
  modo subjuntivo, 363–366
  prendre (pegar, tomar), 132

(pretérito) imperfeito, 328
(tempo verbal) futuro, 346
pronomes pessoais, 74–88
reflexivos, 292–295
regulares, 32
  condicional, 354–356
  conjugação, 77–88
  fazendo uma pergunta, 82–88
  formação do particípio passado, 305
  infinitivo, 77
  modo subjuntivo, 362
  respondendo afirmativamente a uma pergunta, 85–88
selecionando as formas verbais corretas 221
verbos sapato, 153
  condicional, 355
  exercícios para praticar, 159
  modo subjuntivo, 362–366
  (tempo verbal) futuro, 344
  verbos terminados em -*cer*, 154
  verbos terminados em -*er*, 156–160
  verbos terminados em -*ger*, 155

verbos terminados em -*yer*, 156
verbos terminados em -*er*
  condicional, 354–356
  (pretérito) imperfeito, 328
  Tempo Verbal Futuro 344
verbos terminados em -*ir*
  condicional, 354–356
  (pretérito) imperfeito, 328
  Tempo Verbal Futuro 344
verbos terminados em -*re*
  condicional, 354–356
  (pretérito) imperfeito, 328
  (tempo verbal) futuro, 344
verbos auxiliares
  avoir (ter), 302
    être (movimento), 306–310
    exercícios para praticar, 309
verbos reflexivos, 295
  exercícios para praticar, 295
  posição, 295
  (tempo verbal) passado, 319
verbos regulares, 32
  condicional, 354–356
  conjugação
    verbos da família -*er*, 77–88
    verbos da família -*ir*, 80–88

416   **O Guia Completo para Quem não É C.D.F. — Aprendendo Francês**

verbos da família -re, 81–88
entonação, 82–88
est-ce que no início de uma pergunta, 83
exercícios para praticar, 85
expressão n'est-ce pas, 83
fazendo uma pergunta, 82
formação do particípio passado, 305
forma infinitiva, 77
inversão, 83–88
modo subjuntivo, 363
respondendo afirmativamente a uma pergunta, 85–88
vestuário, 194–208
cores, 197–208
etiquetas, 199
o que usar, 199
Padronagens, 199
tamanhos, 196–208
tecidos, 198–208
viagem internacional, 186
viagem aérea, 120
dando indicações, 126–129

expressando incompreensão, 128
expressões idiomáticas, 127
expressões que usam contrações, 128
fazendo perguntas, 123
pedindo indicações, 124–129
vocabulário relacionado a aeroportos, 121–129
vocabulário relacionado a aviões, 120–129
vinhos, 237
vir (verbo venir), conjugação, 302–310
vogais
elisão, 14–28
ligação, 14
pronúncia, 15–28
voir (ver), conjugação, 177
vous, pronome pessoal, 75

X - Y

x, som (pronúncia), 27
y, pronome, 188, 186–190

Conheça outros livros da série *para Quem Não é C.D.F.*

Todas as imagens são meramente ilustrativas

Assim como nossos outros títulos

ALTA BOOKS EDITORA

- Idiomas
- Culinária
- Informática
- Negócios
- Guias de Viagem
- Interesse Geral

Visite também nosso site para conhecer lançamentos e futuras publicações!

www.altabooks.com.br
twitter.com/alta_books
facebook.com/altabooks

Impresso na Rotaplan Gráfica e Editora LTDA
www.rotaplangrafica.com.br
Tel.: 21-2201-1444